大国杏林工匠

中华历代中医药名家

甄雪燕　李俊峰　梁永宣　主编

海峡出版发行集团
THE STRAITS PUBLISHING & DISTRIBUTING GROUP
福建科学技术出版社
FUJIAN SCIENCE & TECHNOLOGY PUBLISHING HOUSE

图书在版编目（CIP）数据

大国杏林工匠·中华历代中医药名家／甄雪燕，李俊峰，梁永宣主编. —福州：福建科学技术出版社，2023. 4

ISBN 978-7-5335-6906-8

Ⅰ. ①大… Ⅱ. ①甄… ②李… ③梁… Ⅲ. ①中医学－医学家－生平事迹－中国 Ⅳ. ①K826.2

中国国家版本馆CIP数据核字（2023）第020680号

书　　名	大国杏林工匠·**中华历代中医药名家**
主　　编	甄雪燕　李俊峰　梁永宣
出版发行	福建科学技术出版社
社　　址	福州市东水路76号（邮编350001）
网　　址	www.fjstp.com
经　　销	福建新华发行（集团）有限责任公司
印　　刷	雅昌文化（集团）有限公司
开　　本	787毫米×1092毫米　1/16
印　　张	22
字　　数	289千字
插　　页	4
版　　次	2023年4月第1版
印　　次	2023年4月第1次印刷
书　　号	ISBN 978-7-5335-6906-8
定　　价	128.00元

书中如有印装质量问题，可直接向本社调换

编委会

主　编： 甄雪燕　李俊峰　梁永宣

副主编： 黄英华　李　敏　王利敏　赵　歆

编　委：（按姓氏笔画排序）

王利敏　田芮凡　闫　珺　孙丽妠　李　敏　李泽慧
李俊峰　杨照坤　迟芬芳　张子仪　陈邦德　赵　歆
郭阳阳　黄英华　梁永宣　梁亚楠　韩胜斌　甄雪燕

绘　者：（按姓氏笔画排序）

丁　雷　于　理　马唯驰　王　军　王　岚　王　瑛
王一帆　王水清　王东方　王永红　王栗源　王海滨
王慧晓　卞文学　邓先仙　边　敏　延德钊　刘文斌
刘金贵　刘泉义　刘振波　安　佳　孙成河　孙志钧
苏　童　李　欣　杨　斌　杨　藩　杨怀武　何馥君
余宏达　沙洪洲　宋文波　张　猛　张　静　张艳丽
罗梦达　姜伟玲　姚秀明　袁玲玲　贾宝锋　夏荷生
顾迎庆　徐　默　高　明　唐秀玲　盛天晔　崔景哲
董竟成　韩振刚　路　宾　褚晓莉　谭凤环　戴　杰

扫描二维码，了解主编、医家画像题款者和绘者简介

序一

中华历代中医药名家的成长史料是传承中华优秀传统文化的重要载体。但因朝代更迭，历史变迁，文化成分复杂多变，社会、自然因素变化等原因，中国古代医学人物的资料非常繁杂，尤其早期文献记载，既有内容上的出入，还有部分神话色彩；历史名人的画像亦在流传过程中衍生扩散出许多不同的版本。因此，亟需系统梳理中华历代中医药名家的史料，构建古代医学人物“标准像”，正本清源，才能更好地传承中医药文化精华，守正创新。

《大国杏林工匠·中华历代中医药名家》编创团队汇集了中医药界、历史服饰界、美术界、国学界等多个领域多位知名权威专家学者，其中文字创作主要由北京中医药大学科普团队完成，该团队具有深厚的中国医学史、中外医学史、中医药文化教学和科研工作背景，并长期致力于中医药知识的科普和传承研究，有丰富的中医药文化作品创作与推广经验。中医药名家“标准像”的绘制工作则由李俊峰老师统筹，联合首都师范大学美术学院孙志钧教授、韩振刚教授、王海滨教授，中央美术学院刘金贵教授等80余位资深工笔画画家共同绘制。同时，本书在编撰过程中还邀请了中医史学家、美术史专家、历史服饰专家等进行考证指导。

本书坚守“还原历史、尊重历史、完美展现历史”的初心，提炼总结了一系列具有中医药特色和浓厚底蕴的中医药典故和名家故事，构筑了极具优秀传统文化基因的中医药文化殿堂，描绘了一幅中医药文化的灿烂发展史长卷，具有极高的学术价值。此外，成批量地呈现历代中医药名家“标准像”，其画像各成风貌、渊源有自、形神兼具，人物特征突出，体现中医药特点，符合时代新人的审美习惯，具有极高的历史价值和艺术价值。

本书的出版，将促进中医药文化传承发展、弘扬大国工匠精神与科学精神、提高中医药队伍的人才素养、推动中华优秀传统文化教育、促进中医药走向世界，并整体提升我国文化软实力和创造力。故欣然为序。

中国中医科学院中国医史文献研究所研究员、博士生导师 李经纬

2022 年 5 月

序二

习近平总书记指出："中医药学是中国古代科学的瑰宝，也是打开中华文明宝库的钥匙。深入研究和科学总结中医药学对丰富世界医学事业、推进生命科学研究具有积极意义。"党的"十八大"以来，以习近平同志为核心的党中央高度重视中医药事业发展，从国计民生的大局出发，把发展中医药融入"两个一百年"奋斗目标，融入实现中华民族伟大复兴"中国梦"的征程之中，出台了《中医药发展战略规划纲要（2016—2030年）》《中华人民共和国中医药法》《中共中央 国务院关于促进中医药传承创新发展的意见》《中医药文化传播行动实施方案（2021—2025年）》《"十四五"中医药发展规划》等一系列政策文件，明确要深入挖掘、传承、推广和发展中医药文化，推动中医药文化贯穿国民教育，融入生产生活，促进中医药文化创造性转化、创新性发展，为中医药振兴发展、健康中国建设注入源源不断的文化动力。

《大国杏林工匠·中华历代中医药名家》的编创团队由梁永宣、甄雪燕、李俊峰等领衔，其秉承"传承精华，守正创新"的初心，与中医史学家、国医大师等专家反复论证，最后从原始奠基、学术原创、开创流派、历史影响等4个角度，从中医药发展史中遴选了极具代表性意义的70位医药人物，对他们的出身背景、从医动机、习医经历、医疗事迹、医学著作等进行了细致、翔实、精益求精的研究与系统梳理，并创作了中医药名家的“标准像”，深入挖掘、整理中医药文化精华，探究中医药文化发展起源，展现了历代中医药名家为中医药事业发展所做出的突出贡献，铸就了大国杏林工匠的精神高地，构建了历代医学人物文化创新传播体系，具有重要的学术意义、历史意义和社会意义。

本书着力于讲好“中医药故事”，讲好“中华传统文化故事”，极具特色，且富于原创，是一部优秀的中医药科普作品。它的出版有利于解读中医药发展历史，培养一支技艺超群、敬业奉献的复合型中医药人才，促进中医药守正创新、传承发展，弘扬优秀中医药传统文化，振兴新时代中医药事业；有利于丰富中医药科学内涵和精神标识，弘扬富有永恒魅力、具有当代价值的文化精神，充分发挥中医药文化特色优势，推动习近平新时代中国特色社会主义文化繁荣兴盛；有利于弘扬科学家精神，培育和践行社会主义核心价值观，提升民族和人民的精神境界，服务新时代铸魂育人工程，培育时代新人、弘扬时代新风。故欣然为序。

北京中医药大学原副校长、终身教授、博士生导师 王庆国

2022年5月

目 录

神农炎帝

神农尝百草的故事家喻户晓。传说神农为了辨识草药，品水泉甘苦，尝百草滋味，历经千辛万苦，开创了药物学发展的先河。

开创农业文明

神农是中华民族从野蛮走向文明时代的英雄人物的象征和化身。据文献记载，神农是上古传说中的炎帝。他人身牛首，因为生长在姜水边，所以姓姜。受当时五行文化影响，神农位在南方，主夏，以火得名，称为炎帝。炎帝带领大家放火烧山，开垦荒地，教天下人种植农作物。“炎”字由两个“火”组成，正是原始农业初创时刀耕火种景象的反映。

炎帝神农氏不仅是我国农业文明的开创者，在上古华夏文明的发展中也做出了许多重大的贡献。他最早发明了生产工具，使原始先民从采集狩猎的野蛮时代过渡到农业定居的文明时代；他提出物物交换，教民交易经商，使民众互通有无，提高了人民的生活水平；他削桐为琴，结丝为弦，发明了五弦琴，使人们得以娱乐；他削木为器，创造了弓箭，防止野兽的袭击，使人们的生命安全得到保障；他制作陶器，教人们用它蒸煮加工食物，改善了民众的生活条件；他亲尝百草，发现了中草药的功效，用以治疗疾病，从而结束了人们得病无药可治的状况……由此

神农炎帝像

癸巳九七叟邓铁涛题

癸巳年仲冬日劉金貴畫並題之

（作品由刘金贵创作，国医大师邓铁涛题款，李俊峰提供）

可见，炎帝神农氏是中国上古时期半神半人式的“圣人”，是中国农业文明出现的象征。

其实，炎帝本身就是个泛义的尊称，并不是指某一个具体的人，而是若干代部落领袖的统称。炎帝时代的文化反映了中华民族由狩猎采集过渡到有组织的农业社会的过程，人类从此开辟了新的生产领域——农业，从而推动了人类社会文明的进步。

以身试药尝百草

农业与药物的出现都与神农有关，这两者有什么关系吗？

上古时期，人们在寻找食物时，首先要辨识清楚哪些野生植物可以吃，哪些不可以吃，哪些有毒，哪些无毒。在寻找食物、认识植物的过程中形成并积累了原始的药物学知识。人们在认识、辨别植物时，逐渐认识到某些植物具有治疗作用，于是产生了最初“药”的概念，随之便衍生出“神农尝百草，始有医药”的传说。

本草真的是靠“神农”的舌头尝出来的吗？在这里，“尝”字有两层含义，一个是“品尝”，一个是“尝试”。神农时代，一部分人，我们可以称之为早期的医学开拓者，他们开始关注疾病现象，并尝试探索自然界各种草木的作用，尝试依靠自然界的植物治愈人体的疾病，这是一个伟大探索的开始。受时代的限制，这些神农时代的医学探索者在尝试用植物治病的过程中，只能依靠舌头来品尝植物的味道，用自己的身体来验证植物的功效及毒性。这种尝试十分危险，服用后中毒的现象时有发生，甚至会出现中毒身亡的情况。因此，又有“神农尝百草……一日而遇七十毒”的传说。正是因为这种极具风险的反复尝试，人们才能逐渐积累了丰富的药物学知识，对药物毒性也有了深刻了解。“一日而遇七十毒”也正是神农时代医学开拓者们辨识、积累中药知识过程的写照。但是，在后世的传说中，人们将诸多医学探索者的贡献集中在一个人身上，这个人就是神农，于是神农的形象在历史的传颂中也越来越丰满。据说他还有一条赭鞭，可以用它抽打植物，以观察有毒无毒，然后再去品尝。

神农的故事告诉我们，中药知识的积累是许多代人前赴后继、不断努力的结果，而“神农尝百草”的传说正是这种艰辛探索过程的缩影。

神农与《神农本草经》

早期医学先驱者们拥有开拓进取和自我牺牲的精神，他们通过智慧的头脑和勤劳的双手积极探索，取得了显著的成绩。为了感怀神农时代的医药先驱者们，我国已知最早的药物学专著《神农本草经》就冠以“神农”之名，充分表达了溯本求源、敬仰崇拜之情。

其实，《神农本草经》并不是神农一人所写，它是由秦汉以来许多医药学家不断搜集、整理各种药学资料，最终于东汉时期整理汇集加工而成。书中所记载的药物知识颇为丰富，无论是本草学的基本知识、理论，还是编撰体例和内容安排，都具有一定的科学性、系统性和开创性，一直被奉为中国本草学的经典著作。《神农本草经》不仅总结了公元 2 世纪以前我国劳动人民防病治病的用药经验，并把经验上升到了理论阶段，形成了初创的中药学理论体系，奠定了我国药物学的基础，中药学在《神农本草经》之后得到了不断传承与发展。

从神农时代的医药探索到《神农本草经》的总结与传承，中药学经历了由初创、积累、发展到成熟的过程。“神农”作为早期医药开拓者的标志，伴随并激励着后世医药工作者不断探索与发现，最终形成了今天较为成熟完整的中药学体系。

轩辕黄帝

黄帝是中华民族的始祖，也是中华民族的象征。在上古传说中，黄帝既是二皇之　，也是五帝之首，更被后人供奉为华夏民族的“人文初祖”。在先秦文献的记载中，黄帝是一个集人、神于一体的伟大形象，同时也是上古时代构建医学体系的人物。

人文初祖

司马迁在《史记》中对黄帝作了全面介绍：黄帝本姓公孙，名轩辕。由于长期居住在姬水之滨，遂改姓姬。后来活动于熊出没一带，故又称为有熊氏。黄帝是少典之子，他禀赋神异，在阪泉之野击败了神农氏领导的炎帝族，从而在我国中原地区定居下来。为了巩固领地，他与中原各氏族部落联姻，并结成了部落联盟，自己也被拥戴为部落联盟的领袖。后来南方部落来侵扰，黄帝率领各部落在涿鹿击败以蚩尤为首的南方部落，逐渐发展成为强大的华夏族。当时人们以土为崇拜对象，因土色黄，故称为“黄帝”。

为了巩固领地并进一步发展壮大，黄帝领导部落联盟在政治制度、天文历法、衣食住行等各领域全面发展，还有很多发明创造。据说，黄帝最早设计制作了兵器、造舟车、制弓矢，并且分兵四野，镇守边疆；

（作品由孙志钧创作，国医大师邓铁涛题款，李俊峰提供）

他让妻子嫘祖带领女子养蚕纺织，染制五色衣裳；让仓颉等人取法兽形鸟迹，创造文字；让人烧制陶器蒸煮食物，建筑房屋以避风霜雨雪；他又召集名医岐伯等人研讨医学问题，促进医学理论体系的形成。黄帝有诸多丰功伟绩，其中之一就是“使岐伯尝味百草，典医疗疾，今经方、本草之书咸出焉”，由此促进了中医药体系的形成。

综上所述，黄帝不仅是上古时期的部落首领，也是奠定中华文明的第一座基石，更是医学体系的创建者。

文化象征

读到这里，我们不禁产生怀疑，黄帝仅凭一人之力，何以能够完成这么多伟大的发明创造？难道他真的是一位“神”吗？

黄帝并不是一个“神”，也不是一个“人”。黄帝是上古时代英雄人物的象征和化身，他身上集中了黄帝部落几代首领的伟大成就。在文字产生之前，上古时期英雄人物的事迹，通过一代又一代人的口述流传下来。黄帝的成就在流传过程中逐渐成为一个氏族部落的文化象征，一个时代的符号。当然，在口口相传的过程中，也难免出现附会、夸张甚至神化的色彩。

据学者考证，黄帝时代，相当于距今约5000年的“仰韶文化”时期，处于新石器时代的晚期。在这个时代，黄帝部落通过战争或联姻的方式，融合了远古的其他部落，实现了中国历史上第一次人口融合，为华夏族的形成奠定了基础；在这个时代，黄帝部落逐渐成为中华民族凝聚的一股力量，成为中华文明创始的标志；在这个时代，黄帝部落对医学现象进行深入观察，初步创建了医学理论体系的雏形，促使医学向成熟和完整化方向发展。

黄帝时期是中华民族各种文化从无到有的重要时期。在那个以口口相传为主要传承方式的时代里，黄帝的丰功伟绩被神圣化，其地位也远远超过了其他文化的创建者，成为后世所尊崇的“圣人”。

托名之作

周代以后，黄帝因其“丰功伟绩”被正式载入史书，受诸子百家所崇拜。各家各派都通过托“黄帝”之名以抬高自身的地位。如道家学派以黄帝为本学派的创始人，糅合黄帝、老子学说，形成了黄老之学。从《山海经》《庄子》等典籍开始，黄帝在帝王形象之外，又被披上了仙人的羽衣。到秦汉时，方士们不断鼓吹黄帝成仙的故事。对于那些久远而神异的神话人物，世人总有一种不自觉的敬畏崇信，正如《淮南子·修务训》中所说：“世俗之人，多尊古而贱今，故为道者必托之于神农、黄帝而后能入说。”因此，将书籍托名为“黄帝”等上古圣人是当时较为流行的做法。据《汉书·艺文志》记载，当时以“黄帝”命名的书籍足有二三十种。

医学界也不例外，中医理论的奠基之作《黄帝内经》就是一部托名于黄帝的著作。《黄帝内经》全书以黄帝向属下臣子学习和考问医学问题的“问答式”写作为体例。黄帝分别向岐伯、伯高等提出问题，或者采用雷公问、黄帝答的形式。《黄帝内经》讨论的内容相当丰富，涉及医学的各个方面，对整体观念、阴阳五行、摄生、藏象、病因病机、经络针刺、疾病、诊法、治则等，都作了较为详细的论述。由此来看，《黄帝内经》应该是根据黄帝与岐伯等人问答医学问题的讨论记录整理而成。然而，这终究只是一种猜测，因为黄帝时代还没有文字出现，宋代司马光就曾提出过疑问：“黄帝亦治天下，岂终日坐明堂，但与岐伯论医药针灸也？此周汉之间，医者依托以取重耳。”也就是说，《黄帝内经》的编撰者们为了追本溯源，托名黄帝及其医官以立说，无非是为了让这部著作能借远古圣人之名而流传后世。

战国秦汉之际，我国的中医学还处于草创时期，属于医学理论形成的起始阶段，《黄帝内经》假托“黄帝”之名，将许多医家的观点汇集起来，以问答的形式说明医学理论知识，成为中医理论的渊薮。

伊尹

伊尹是夏末商初时期的人物，在先秦典籍《尚书》《论语》《孟子》等书中对其事迹多有记述，民间也有不少他的故事流传。据说伊尹曾辅助商汤灭夏，又帮助商汤制定了各种典章制度，是中国古代贤能名臣的典范。同时，伊尹精通烹饪，教民调和五味，又被尊为“中华食祖”。伊尹还撰写《汤液经法》一书，创汤液之法，促使中药单方走向了复方时代。

从厨子到第一贤相

伊尹的一生充满了传奇色彩。他姓伊，名挚，尹是其官名。伊尹也是“伊”姓的始祖。据《吕氏春秋》记载，伊尹是一个孤儿。伊尹的母亲原本生活在伊水边，她怀有身孕后，梦见天神对她说：“当你家的石臼冒出水的时候，就是发洪水的征兆，你要不顾一切向东走，不要回头，更不要告诉别人。”不久，伊尹母亲家中的石臼果然涌出水来，她心地善良，不忍乡亲们被淹死，便急忙告知乡里，带领大家向东逃走。走了十里路后，她难舍家乡，忍不住回头观望，发现家乡已是一片汪洋。由于伊尹的母亲没有听从天神的劝说，把水灾的事告知了众邻，并在出走时回头观望，所以她在生下伊尹后不久便死去了，化为一棵空心的桑树。这时候，有莘国的一位女子去采桑叶，在这棵桑树的空心里发现了伊尹。

（作品由徐默创作，国医大师邓铁涛题款，李俊峰提供）

她把伊尹抱了回去，并报告给有莘国国君，国君便命令庖人收养了这个孤儿。因为伊尹是从伊水边被捡来的，所以定为伊姓。

在庖人的悉心照顾下，伊尹不仅聪明好学，而且志向高远。他不仅跟养父学得高超的烹饪技术，还博学多闻，广知事物，时人称赞其为“贤人”。此时，商汤听闻伊尹博学贤德，便派人去请伊尹协助自己治国。为了达到目的，商汤想出了一个主意，他向有莘国国君求联姻，有莘国国君便把女儿嫁给了商汤。伊尹作为陪嫁的媵臣一同送给了商汤，商汤通过联姻达到了求贤的目的。此后，在伊尹的协助下，商汤打败了夏桀，建立了商王国。汤去世后，伊尹又相继辅佐汤的两个儿子和孙子。在商汤嫡长孙太甲为王期间，因不守法度，昏庸暴虐，被伊尹流放到外地三年，此间伊尹亲自代理朝政，史称“伊尹放太甲”。太甲在流放途中十分悔恨，洗心革面，于是伊尹又将其迎回朝，重新继位。伊尹一生辅佐了四位商王，为感念他为国家所做的贡献，商王在伊尹死后用天子之礼厚葬了他。

伊尹的一生实现了从厨子到宰相的转变，以其卓越的政治才干被誉为中国历史上的第一贤相。

中药汤剂的创制者

中药的服用方法，经历了从生药吞食到煮汁饮汤的发展过程。早在“神农尝百草”时代，人们直接把药放在嘴里咀嚼，或者将干燥的药物切碎吞服，这种“冶为末”的原始吞服方法在古籍中被称为“㕮咀”。这种服药方法因药物未经加工，不仅影响肠胃吸收及药效的发挥，还容易产生毒副作用。后来，随着制陶、冶炼业的发展及用火技术的普及，药物制剂方法也随之发展变化。人们在烹调菜肴的启示下，把几味药物混合起来，加水煮成汤液饮服，药食同源的思维促进了汤剂的诞生。

为什么伊尹被认为是汤剂的创制者呢？原因主要有两方面：其一，伊尹是厨师出身，不仅善于调和五味，精于烹饪，又是商汤时期最有名的贤能之士，受药食同源理念的影响，人们便把发明汤剂的功绩归功于他；其二，《汤液经法》一书的流传为伊尹创汤液提供了佐证。《汤液经法》是我国商代医药史上的重要典籍，最早记载在《汉书·艺文志》中，至宋代原书亡佚。魏晋时期的皇甫谧曾在其所著的《针灸甲乙经》序言中讲道："伊尹以亚圣之才，撰用《神农本草》，以为《汤液》。"认为伊尹在《神农本草经》的基础上，撰写《汤液经法》，创制了汤剂。《汤液经法》对后世方剂学产生了很大影响。南北朝名医陶弘景在《辅行决脏腑用药法要》中说："诸名医辈张机等咸师式此《汤液经》。"元代王好古也认为："殷伊尹用《本草》为汤液，汉仲景广《汤液》为大法，此医家之正学，虽后世之明哲有作，皆不越此。"陶弘景和王好古都认为，汉代医圣张仲景的经方就是在参考了《汤液经法》的基础上撰写的。由此可见，伊尹对方剂理论的形成影响深远，《汤液经法》也被认为是最早记载汤剂的著作。因此，伊尹创制汤液的故事也广为流传。

促单方转变为复方

后世有人将伊尹与黄帝、神农并称为"三圣人"，认为："原百病之起愈，本乎黄帝；辨百药之味性，本乎神农；汤液则本乎伊尹。"认为伊尹是汤液的创制者。从"神农尝百草"到"伊尹创汤液"，实现了从中药单方到复方的转变。此后，中医方剂学的基本原理逐渐形成并且不断完善。

相对生药，汤剂吸收快、起效速，且可以随证加减，灵活方便，适用范围更为广泛。汤剂的出现使药物组合成方变为现实。在传统的方剂学中，方剂的组成药物可按其在处方中所起的作用分为君药、臣药、佐药、使药，简称为君、臣、佐、使。从单方到复方的进步，为中医内服药物的治疗提供了更为广阔的发展空间。

伊尹虽然不是专职医生，他一生所从事的事业也多与医药无关，但伊尹创汤液的故事已深入人心，他的事迹亦被后人所敬仰。伊尹作为汤剂的创制者在中国医学史上留下了美名。

岐伯

岐伯是一位音乐家、医学家和养生大家，是古代医药文化的创始人和代言人，他与黄帝一样，都是中国医学文化的象征，是值得被铭记并大力弘扬的伟大人物。

与黄帝对话的人

据《史记》记载，汉武帝时有一个方士，名叫公玉带。有一天，他向汉武帝宣称，自己不仅可以看见神仙，还能跟他们求得不死药，学习化石为金之术。公玉带能看到的仙人中就有“岐伯”。后来，司马相如也因为了解汉武帝的喜好，作了一篇《大人赋》，描写了“大人”和众仙一起畅游的景象，其中提到的十八位神仙中也有“岐伯”。

在古文献记载中，岐伯是一位音乐家。相传，黄帝与蚩尤战于涿鹿之野，在大战最关键的时刻，一时间号角声响，战鼓雷鸣，震天动地，士兵为之鼓舞，敌人闻之丧胆，黄帝的军队取得了胜利。原来，为了鼓舞士气，黄帝命岐伯发明了号角和战鼓，它们是用来鼓舞士气、讥讽敌寇的重要作战工具。此外，岐伯还创作了中国最早的军乐——号角曲《龙吟御》。这首乐曲慷慨激昂、悲壮雄浑，能砥砺士气。不仅如此，据传，岐伯还发明了多种乐器，如鼓、角、镯、铙、灵鞞、神钲、短箫、钟等。

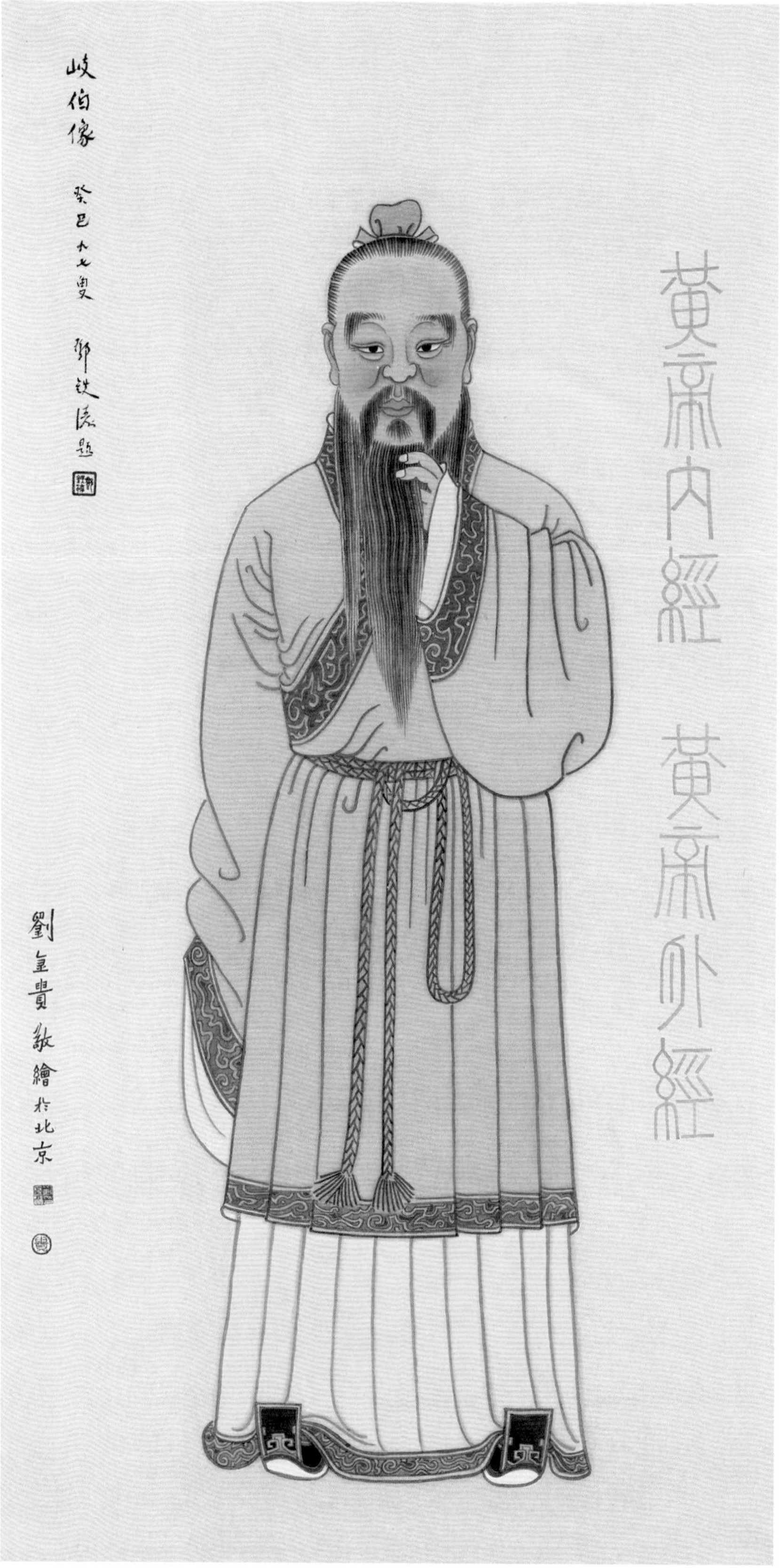

岐伯像

癸巳九七叟 鄧鐵濤題

黄帝内經 黄帝外經

劉金貴敬繪於北京

（作品由刘金贵创作，国医大师邓铁涛题款，李俊峰提供）

岐伯更是一位德高望重的医学家。据《汉书》记载："方技者，皆生生之具，王官之一守也。太古有岐伯、俞拊，中世有扁鹊、秦和，盖论病以及国，原诊以知政。"据传，岐伯喜好观察日月星辰、风土寒暑、山川草木等自然现象，且多才多艺。黄帝在一次访贤时见到岐伯，听他讲述治国之道，被他的才学折服。岐伯从此得到黄帝的重视，黄帝尊他为"天师"，并委以重任，共谋治国方略。后来，黄帝见到百姓为疾病所苦，心存怜悯，便请岐伯研究医理，致力于医学。为此，岐伯四处寻访良师益友，品尝草木之滋，终于成为一位精通医术脉理的名医。他与黄帝坐在一起对话，共同探讨医学问题，中医理论的奠基之作《黄帝内经》就是根据二者的问答内容整理而成，因而"岐黄之术"成为中医学的代称，岐伯也因此被奉为中华医学之祖。

然而，医史学家李经纬教授指出：岐伯并不是黄帝时期的臣子，他是西周时期的医学家。西周统一以后，周公撰著《周礼》，周文王在伏羲氏画八卦的基础上作卦辞，而后有了《周易》。在这种情况下，岐伯召集了多位医者共同探讨医学问题，构成了《黄帝内经》的大部分内容。后世为了凸显《黄帝内经》的价值，将其托名为上古时期的黄帝所著。岐伯的"岐"是指陕西岐山，"伯"是对老人的称呼。岐伯是当时人们对德高望重、医术高明的老者的尊称，并不是指某一个人。

岐伯故里今何在

时至今日，关于岐伯，仍然有很多未解之谜。岐伯是哪里人？岐伯文化源于何处？目前关于岐伯故里有陕西岐山、甘肃庆阳、四川盐亭三种不同的观点。

"岐山说"的依据是南宋罗泌所著的一本书，叫作《路史》。书中记载："黄帝至岐见岐伯，引载而归，访于治道。""岐山说"的观点认为：古人常常依地名为姓，岐伯以岐为姓，岐又作"歧"，本意是指山有了分岔，正如岐山的山形山势。所以岐伯应该与岐地的起源有关系。

上古时期，部族多以山水地名为姓，那么岐伯以“岐山”和“岐水”为其姓，这就是最为直接的依据。岐伯被认为与岐山有联系，就在于“岐”字的关联。

“庆阳说”的依据是宋代地理书《舆地纪胜》。书中记载：“上古岐伯，郡人，黄帝尝与论医，有《素问》《难经》行于世。”这里的“郡”指庆阳府。从这本书开始，岐伯被认为是庆阳人。《明一统志》也沿袭了相同记载，认为“岐伯，北地人”。这里的“北地”属庆阳管辖。到清乾隆时的《庆阳府志》承续了这种说法，人们还建庙予以祭祀。

“盐亭说”的依据主要是当地的两个传说。第一个传说是“岐舌国”。岐舌国是远古岐姓人组成的岐姓部落，岐伯姓岐，所以是此部落的首领或贵族。岐舌国与现在的盐亭距离不远，因此推断岐伯故里在盐亭。第二个传说是嫘祖。盐亭是黄帝正妃嫘祖的故里。据传，岐伯是嫘祖的舅父，因此也是盐亭人。这两个传说的依据稍显不足。

为何各地都要证明自己是岐伯故里呢？究其原因，还是因为岐伯是中国医学文化不可磨灭的象征，具有重要的历史文化意义。

岐黄文化“代言人”

尽管岐伯的时代已经远去，岐伯究竟是人是神还是仙，都已经无法深入考证了，但是岐伯对医药文化的贡献依然有着深远的影响和深刻的意义。

作为古代医药文化的创始人和代言人，岐伯对医学的贡献是不可磨灭的。他尝味草木，深明药性；研习经脉，教制九针；剖腹鬫肠，熟识解剖；熏香防疫，兴起灸焫；运气养生，健体防病。尤其是他与黄帝论医，解答黄帝问难，医学理论被娓娓道来，医学体系由此奠基。《黄帝内经》因记载了黄帝与岐伯的医学问答内容而被后世尊为医书之祖，它不仅创立了中医学的理论体系，还涵盖了中医药学的各个方面，旁及天文、地理、物候、气象等。

岐伯还是一位养生大家，他将上古时期养生家的经验和方法进行归纳和整理，为养生文化的发展奠定了基础。《黄帝纪》记载："其师岐伯明于方，世之言医者宗焉。"他注重养生防病的理念，在《黄帝内经·四气调神大论》篇中，他以治理社会来比喻治病防病，强调"圣人不治已病治未病，不治已乱治未乱"，并加以详细系统的阐释，对后世养生学的发展有重大而深远的影响。

扁鹊

扁鹊是中国历史上第一位有正式传记的医家，司马迁在《史记》中对扁鹊充满神话色彩的描述，使他在医学界声名鹊起。他是一位全科医生，中医四诊的鼻祖，医术高超，受人敬仰，促进了“医”与“巫”的分离。

是“神医”还是“神鹊”

20 世纪 70 年代，山东微山县两城山曾出土四块东汉画像石，一幅浮雕为半鸟半人像，胸以上为人身，胸以下是鸟身，手持石针，举手做针刺状，被学者称为“扁鹊行针图”。

据学者考证，早在仰韶文化时期，东夷部族以鸟为图腾神物，三皇时代的少昊部落，“以鸟纪官”，即以鸟名官，“某某官”称为“某某鸟”。“鹊”是一种有灵性的鸟，有鹊飞翩翩之意，是吉祥的象征。“扁”是“砭”的谐音，扁鹊是主管砭石的官员。因“扁鹊”是古代崇拜的图腾，后来就逐渐被作为先秦时代众多良医的代名词。人们把发生在名医身上的事迹都集中安置在“扁鹊”身上。

至司马迁笔下，扁鹊成为中国历史上第一位有正式传记的医家。据司马迁在《史记》中记载：“扁鹊者，渤海郡郑人也，姓秦氏，名越人。

（作品由王海滨创作，国医大师邓铁涛题款，李俊峰提供）

少时为人舍长……”由此可知，扁鹊姓秦，名越人，年轻时做过旅馆的主管。后来旅馆中来了一位客人长桑君，两人交往了十余年。一天，长桑君“乃呼扁鹊私坐，间与语曰：‘我有禁方，年老，欲传与公，公毋泄。’”于是便将私藏的医学秘籍传给了扁鹊，随后便隐身不见了。同时，长桑君还赠予扁鹊一种神奇的药物，嘱咐他连续三十天用上池水冲服。上池水是指未曾触地的雨水或露水。从此，扁鹊便能够透视人的五脏，开始了长期在民间行医的人生。他来往于各诸侯国之间，齐、赵、宋、卫、秦等地都留有他的足迹。扁鹊医术高超，医德高尚，深受群众爱戴。但遗憾的是，他晚年行至秦国，太医令李醯自知医术远不如扁鹊，因而十分妒恨他，竟然派人残忍地将他杀害。

从上述故事可以看出，扁鹊高超的医术并非完全是靠自学得来，而是借助了仙人所赐予的一种力量。不仅如此，根据《史记》中记载的故事年代分析，扁鹊的活动时间从公元前 746 年到公元前 509 年，前后竟跨越了 245 年，远远超越了一个普通人的寿命。对此，我们不禁产生了质疑，扁鹊到底是神医还是巫医？对于一个具有神异色彩的人物，司马迁为什么要给他立传呢？

中医四诊的鼻祖

扁鹊根据民间流传的经验和他自己多年的医疗实践，总结出诊断疾病的四种基本方法，即望诊、闻诊、问诊和切诊，总称“四诊”。司马迁在《史记》中记载有三则扁鹊诊病的医案，全面展现了扁鹊运用四诊，尤其是望诊和脉诊的水平。

扁鹊诊赵简子。扁鹊行医到晋国，正遇上晋国权柄赵简子病重，已昏迷五日，举国慌乱。他的亲人和幕僚非常担心，便请扁鹊来给赵简子治病。诊脉后，扁鹊认为脉象很好，没有问题。后来他又了解到当时晋国的政治斗争非常激烈，于是扁鹊断定赵简子是由于过度劳心而出现昏睡，并不是真的生病，并预言三天后赵简子就会自然清醒。后果如其言。

扁鹊入虢之诊。扁鹊路经虢国，听说虢太子暴亡，正要准备埋葬，宫里的管事中庶子向扁鹊讲述了得病经过：太子鸡鸣起床后到宫院练习刀枪时，突然栽倒在地，不治身亡。扁鹊听罢，沉思良久，告诉中庶子太子尚且有救，并让他进去摸太子的大腿内侧，一定会感到体温尚存。中庶子急返宫内查看，果然与扁鹊所说一模一样，急忙请扁鹊入诊。扁鹊为太子诊脉后，认为这种现象是“尸厥”，并不是真正的死亡，于是针刺太子的三阳五会穴，按摩其四肢和胸、腹、颈部，虢太子渐渐地苏醒过来。继而扁鹊又熨敷太子两肋之下，不一会儿，太子便能坐起。看到这种神奇场景，周围的人们惊叹不已。之后，经过二十多天服药调理，太子完全恢复健康。后世“起死回生”的典故即源于此。

扁鹊见齐桓侯。据《史记》记载，扁鹊路过齐国，上朝拜见齐桓侯时，扁鹊看着对方说：“君王皮肤腠理处有病，不治恐怕会加深。”齐桓侯说：“寡人没有病。”扁鹊出去后，桓侯对左右人说：“医生好利，想治疗没有病的人以邀功。”过了五天，扁鹊再见桓侯，又提示说：“君王血脉里有病，不治恐怕会加深。”齐桓侯说：“寡人没有病。”扁鹊出去后，桓侯很不高兴。又过了五天，扁鹊去见桓侯，继续说：“您的病已到肠胃间，不治将更深入体内。”桓侯此时已不肯答话。扁鹊出去后，桓侯更不高兴了。五天后，扁鹊又去，这次看见桓侯什么都不说就连忙掉头走了。桓侯派人问他退走的缘故。扁鹊说：“疾病在皮肉之间，汤剂、药熨的效力就能达到治病的目的；疾病在血脉中，靠针刺和砭石的效力就能达到治病的目的；疾病在肠胃中，药酒的效力就能达到治病的目的；疾病进入骨髓，就是掌管生命的神也无可奈何了。现在疾病已进入骨髓，我也不再请求为他治病了。”五天后，齐桓侯果然病故，此时扁鹊早已逃离齐国。

扁鹊在脉诊和望诊方面高超精湛的技术一直为后世称颂，因此便有了“至今天下言脉者，由扁鹊也”的论断，认为扁鹊是脉诊的“祖师爷”。正是由于他对中医诊断学的突出贡献，司马迁在《史记》中才会专门给扁鹊作传，在医学史上留下浓墨重彩的一笔。

“巫”与“医”的分水岭

人类社会早期，医学与巫术相互交融，医学被披上了一层神秘的色彩。随着医学向科学化方向不断地发展，“医”与“巫”逐渐分离。扁鹊正处在医巫分离的重要阶段，是他使医学走出了巫术。

首先，扁鹊是一个精通多科的民间医生，他运用医学诊断方法和治疗技术救治病患。司马迁在《史记》中说他：“过邯郸，闻贵妇人，即为带下医；过洛阳，闻周人爱老人，即为耳目痹医；来入咸阳，闻秦人爱小儿，即为小儿医；随俗为变。”这段记载说明他具有“全科”医生的能力，而且是一个切切实实运用医疗手段治病的全科医生。

其次，扁鹊提出了“六不治”的医学规范，即“骄恣不论于理，一不治也；轻身重财，二不治也；衣食不能适，三不治也；阴阳并，藏气不定，四不治也；形羸不能服药，五不治也；信巫不信医，六不治也”。这不仅是医学史上最早建立的行医规范，也体现出扁鹊的治学思想。其中的“信巫不信医者不治”，明确举起反对巫术与医学合流的大旗。

扁鹊的故事广泛流传，在很多地方都设有纪念扁鹊的墓地，古人甚至将《难经》也托名为秦越人所著，表明扁鹊在人们心目中有很高的地位，借其名以示书的重要性，也表达了人们对他的尊敬与怀念。

淳于意

西汉唯一见于正史记载的医学家就是淳于意。司马迁在《史记》中记载了他的25则医案，称为“诊籍”，这也是中国现存最早的病案记录，开创了后世病历记录的先河。他实事求是的医学研究态度至今仍值得我们学习。

精于医术的粮官

淳于意（约公元前205年至公元前150年），西汉临淄（今山东淄博）人，因其曾任齐国的太仓长，人称仓公或太仓公。太仓是古代国家设置的大粮仓，淳于意就是掌管粮仓的官员。作为粮官，淳于意却热衷于医学，并且有着精湛的医术。

早年，淳于意为了学习医学，拜公孙光为师，研习古方。公孙光非常喜爱这个学生，认为他天资聪颖，将来“必为国工”。于是，公孙光又将淳于意推荐给临淄的名医公乘阳庆。当时公乘阳庆已年过花甲，他将古人传授的“脉书上下经”“五色诊”“奇咳术”“揆度阴阳外变”“药论”“石神”“接阴阳”等全部传授给淳于意。出师后，淳于意医术大进，尤其精于诊断，临证时辨证施治，针药合用，有起死回生之效。

此后，淳于意四处行医，足迹遍及山东，曾为齐国的侍御史、齐王

（作品由刘振波创作，国医大师邓铁涛题款，李俊峰提供）

的孙子、中御府长、郎中令、中尉、中大夫、齐王的侍医等人诊治过疾病。由于淳于意医术精湛且学识渊博，各诸侯王均想招募其为己所用，但淳于意不甘心只为王公贵族治病，便时常找借口拒绝。他曾经先后拒绝了赵王、胶西王、济南王、吴王等诸侯王的邀请，因此遭到诸侯王们的嫉恨。

史载齐文王患肥胖病，气喘、头痛、目不明、懒于行动。淳于意听说后，认为这些症状属于形气俱实致病，应当调节饮食，运动筋骨肌肉，舒畅情怀，疏通血脉，以泻身体内的有余之物，反对庸医使用灸法治疗。然而，齐文王没有听从，最终死于庸医之手。齐文王死后，几个诸侯王便借机诬告淳于意“不为人治病，病家多怨之者”，汉文帝派人拘拿了淳于意，并押送到长安定罪。查案时，又发现淳于意曾经私自迁徙户籍，违背了汉代的户籍管理制度，最终淳于意被判“肉刑”。

缇萦救父传千古

身陷牢狱，淳于意该怎样脱身呢？淳于意没有儿子，只有五个女儿，当皇帝下诏书命他进京问罪时，淳于意感伤自己没有儿子，押解进京无男随行。此时幼女缇萦却挺身而出，愿意随父起解西入长安。

一路上缇萦悉心照顾老父，到达长安后，她又大胆上书汉文帝，为父申冤，同时陈述“肉刑”的种种弊端，并提出愿为官婢，以换得父亲“改过自新”的机会。汉文帝感其赤诚，不但释放了淳于意，还废除了由来已久的“肉刑”。“缇萦救父”的壮举推动了西汉王朝刑法体制的改革，令后世赞叹。班固曾在《咏史·缇萦》中题诗称赞道：“百男何愦愦，不如一缇萦。”“缇萦救父”也成为中国历史上二十四孝故事之一得以流传千古，后被刊入清同治时期的百孝图中。

病案诊籍开先河

汉文帝在诏问淳于意时，要求他介绍自己的经历，淳于意如实向皇帝陈述了自己拜师、行医、授徒的经历。其间，在讲述自己行医过程时特别提到："今臣意所诊者，皆有诊籍。"这里的"诊籍"就是医案，是淳于意临床诊疗病例的记录，一共有25则。每则病案均记载了患者的姓名、年龄、性别、职业、居里、症状、病名、治疗、预后等内容。

可贵的是，司马迁将这些内容详细地记载在《史记》中。"诊籍"成为我国医学史上现存最早的医案记录，其内容可靠且完整，已涵盖了现代医案的基本要素，集中反映了淳于意的学术思想，开创了后世病历记录的先河。

"医之有案如史之有传"。确实，医案既是复诊或病案讨论的一手资料，也是疾病统计和临床科研的重要依据。淳于意的"诊籍"为后世了解西汉时期的医学水平保留了珍贵的历史资料。

从"诊籍"所记录的患者身份、职位来看，既有王侯将相、达官贵人，也有百姓、奴仆、侍者、医生等，说明淳于意的接诊范围较广。其中，男性18例、女性7例，涉及内、外、妇、儿、五官各科疾病。值得一提的是，25例病案中并不是全部治愈，而是"时时失之"，其中病情较重，难以医治而亡者有10案。淳于意对自己主观认识上的失误也如实记载，反映出淳于意认真严谨的态度。

同时，"诊籍"中所使用的诊断方法已包括望、闻、问、切四诊法，尤其注重脉法，在25则病例中有20例主要通过脉诊进行诊断。其中一案讲到，齐国的淳于司马患病，每日"泄数十出"，泻下情况非常严重，淳于意仔细诊脉后认为，淳于司马因饱食之后又驱疾行走，伤及胃肠，嘱其"为火剂米汁饮之"。有个叫秦信的医生听后大笑，认为淳于意诊断错误，断言淳于司马在九日后会死掉。九天后，患者在淳于意的调治下痊愈了，其关键就在淳于意根据其脉象做出了正确诊断。

从"诊籍"所记述的25例病案中可以看出，每案都对发病机理进行了详细分析，其治疗方法和剂型亦颇为丰富。在治愈的15则病案中，就有内服、外用、针灸、物理疗法等治法，如苦参汤治龋齿、药酒祛风、芫花驱虫、莨菪止痛、硝石逐瘀、熏药祛寒、冷敷泻火等，这些治法和用药至今仍为中医界所习用。而“诊籍”中齐太医使用的“半夏丸”的病案，则被认为是我国最早使用丸药的记载。

“诊籍”为后世研究淳于意的医学成就、医学思想提供了可靠的医史文献资料，在我国医药史上具有极高的研究价值。

华佗

中国历史上最早的麻醉药——麻沸散，其发明者是东汉名医华佗。华佗，字元化，又名旉，东汉谯县（今安徽亳州）人，与董奉、张仲景并称“建安三神医”，尤擅外科，人称“外科鼻祖”。

麻沸散为何物

据《后汉书·华佗传》记载：“若疾发结于内，针药所不及者，乃令先以酒服麻沸散，既醉无所觉，因刳破腹背，抽割积聚。”华佗最早将麻沸散运用于外科手术中。因《后汉书》中没有详细说明麻沸散的配方，使其成为千古之谜。

民国初期，出版了一本名为《华佗神医秘传》的著作，记载了“麻沸散方”的配方：“羊踯躅 3 钱、茉莉花根 1 钱、当归 1 两、菖蒲 3 分，水煎服一碗。”此书一出就在中医界引起了不小的震动，难道“麻沸散”的谜团真的被破解了？经考证，学界认为这本《华佗神医秘传》是伪书，该书在清以前历代书志中均不见著录，且其所载“麻沸散方”的配方，经核实，明显出自清代赵学敏的《串雅内外编》。虽然目前麻沸散的配方仍然是个谜，但通过对古文献中具有麻醉作用药物的了解，我们大致可以推测其组成药物，主要包括乌头、附子、莨菪子、闹羊花、曼陀罗花等。

（作品由刘金贵创作，国医大师邓铁涛题款，李俊峰提供）

毒药与麻药

麻沸散的组成药物在文献记载中均属于有毒药物，需要严格控制使用的剂量，其副作用就是致幻、致昏迷，乃至抑制呼吸中枢，如过量服用还会导致昏迷死亡。由此推测，华佗发现这些药物与麻醉术有不可分割的关系，这些药物的“毒性”可以恰到好处地起到麻醉的作用。麻醉药物在历史上并不神秘。尽管史料对麻沸散的配方没有直接记载，但后世古文献中对麻醉药的描述却颇为详细。

麻沸散产生于东汉时期，彼时人们已经对如何使用麻醉药物积累了较为丰富的经验。早在《尚书·说命》中就曾说过：“若药弗瞑眩，厥疾弗瘳。”说明先秦时期，人们已经发现吃了某些药物后能令人头晕眼花或昏昏欲睡。长沙马王堆汉墓出土的西汉早期医学帛书《五十二病方》中也记载有“令金伤毋痛”方，即“已饮，有顷不痛。复痛，饮药如数。不痛，毋饮药”。药方中用于止痛的药物是“毒堇”，即乌头，这是医学书籍中用乌头麻醉止痛的最早记载。不仅如此，书中还提及麻醉药的使用剂量，认识到出现麻醉效果后就不能再多服用了，多服则令人死。历史事实也能证明这一点，如西汉宣帝时，宫廷女医淳于衍与大将军霍光的夫人合谋，用乌头、附子等药毒杀了许皇后。

已知最早的药物学专著《神农本草经》也曾记载“莨菪子”，“多食令人狂走”，说明莨菪具有致幻和麻醉作用。由此可见，麻沸散并不是当时记载的唯一的麻醉药物。麻沸散产生的年代，人们已初步摸索出麻醉药的使用方法和禁忌。麻沸散的出现不是偶然的，它建立在人们对毒性药物使用经验的积累基础上。

晋唐以后，麻醉药种类越来越多，麻醉术得到了提高。唐代蔺道人著有《仙授理伤续断秘方》，该书是现存最早的骨伤科专著，书中记载了整骨用麻醉药——“用大草乌……温酒调下。如未觉，再添二分药，酒下”。蔺氏的“接骨药”“定痛丸”配方中也都有乌头的成分。

宋代窦材撰《扁鹊心书》，其中有“睡圣散方”，此方由山茄花（曼

陀罗花）、火麻花组成，共为末，每次服 3 钱，小儿只服 1 钱，用于艾灸人难忍艾火灸痛时，服此即昏睡不知痛。从这时开始，曼陀罗花作为口服麻醉剂，也被后世临床医家所重视。

元代危亦林在《世医得效方》中又提及“草乌散，治损伤骨节不归窠者，用此麻之，然后用手整顿”。此方所用药物主要有猪牙皂角、木鳖子、紫金皮、川乌、草乌等，并指出如果伤重刺痛，不能触碰者，可以追加服用曼陀罗花，每次服二钱，好红酒调下，直到起作用为止。术后要用盐汤或盐水促清醒。由此可以看出，医生已能根据患者体质强弱和耐受性的不同进行麻醉剂量的控制，并且意识到术后催促清醒的重要性，使临床麻醉剂的使用进一步完善。

明代王肯堂在《证治准绳》中首次使用了局部麻醉术——“川乌、草乌、南星、半夏、川椒各等分，为末，水调搽之”。清代政府刊行的《医宗金鉴》中也记载了以蟾酥为主药的“琼酥散”和以乌头为主药的“整骨麻药”等。这些古文献对麻醉药的记载，反映了我国古代口服麻醉药的发展状况。

中医外科鼻祖

作为麻沸散的发明者华佗，也是我国外科医学的鼻祖。他精通临床各科，尤擅长外科、针灸及养生之术。《后汉书》《三国志》均曾为其列传，详叙华佗的故事与医案。历史上能被史书列传的医家人数极少，由此可见，当时华佗的医术已经名扬天下。

从目前有限的史料来看，华佗的学术涉猎广泛，影响深远。他通晓修身养性之术，创造出五禽戏，对后世导引术影响深远；他对脉诊、望诊的娴熟运用令人赞叹；华佗被誉为“中医外科的鼻祖”，有着精湛的外科手术技艺，能“刳破腹背，抽割积聚”，“断肠湔洗，缝腹膏摩”；华佗是个全面发展的“全科医生”，他在针灸学方面的贡献功不可没，用其名字命名的“华佗夹脊穴”，至今仍是临床常用腧穴。

华佗被后世敬重的原因还包括他的高尚医德和铮铮傲骨。据说，曹操有头痛中风之疾，发作起来十分痛苦，华佗用针灸为其治疗，能够有效缓解曹操的头疼痼疾。曹操想将华佗留在身边，可华佗有自己的抱负，不愿成为曹操的私人医生。于是，华佗谎称妻子染疾，曹操便批准其回家探望，可是华佗去后却迟迟不归，曹操多次催促后大怒，派人前去核实其妻子是否身患疾病。他发现华佗欺骗了自己，一怒之下便将华佗处死。华佗被害同年，曹操最喜爱的小儿子曹冲因不治之症去世，曹操后悔万分，说了一句："吾悔杀华佗，令此儿强死也。"

华佗因拒绝留在曹操身边做侍医而被杀，临终前他将毕生所著文字装在青囊中交予狱吏，希望流传后世，但狱吏不敢接受，华佗无奈便将医书焚毁。因此"青囊"也是中医的另一个代名词。

张仲景

张仲景，东汉末年医学家，爱民为民，医术高明，医德彪炳千秋。他广收众方，撰写了《伤寒杂病论》，为后世中医的发展奠定了重要基础。历史上真实的张仲景是什么样的，他又是怎样成为医圣的呢？

长沙太守坐堂行医

晋代王叔和撰有《脉经》，其序言中首次提到张仲景："夫医药为用，性命所系。和鹊至妙，犹或加思；仲景明审，亦候形证，一毫有疑，则考校以求验。"这是古籍中最早出现的"张仲景"名字。此后，魏晋时期的皇甫谧在《针灸甲乙经》序言中说："伊尹以亚圣之才，撰用《神农本草》，以为《汤液》。"又云："张仲景论广《伊尹汤液》为十数卷，用之多验。"这也是关于张仲景较早的记载。由此可见，魏晋时期，张仲景的著作已经对王叔和、皇甫谧等医家产生一定的影响。

张仲景曾经出任长沙太守，这个说法肇始于《名医录》。唐代的甘伯宗曾编撰《名医录》七卷，这是中国最早关于医学人物传记的专著，书中记载张仲景："南阳人，名机……举孝廉，官至长沙太守。始受术于同郡张伯祖，时人言，识用精微，过其师。"也就是说，张仲景不是一位专职医生，他是长沙太守，医学只是他的副业和爱好。张仲景跟随

（作品由韩振刚创作，国医大师邓铁涛题款，李俊峰提供）

同族的张伯祖学习医术，他的医术很快就青出于蓝而胜于蓝。近年来，有历史学者进行考证，《后汉书》中所列长沙太守的名单中没有张仲景，对其是否曾经出任长沙太守一职也产生了疑问。尽管学界争论不休，但张仲景为长沙太守之说已广泛流传，后世医著中也常用“张长沙”来称呼张仲景。据传，张仲景在长沙担任长沙太守期间择每月初一和十五，大开衙门，不问政事，在大堂上为百姓诊病。这便是“坐堂行医”典故的由来。

皇甫谧在《针灸甲乙经·序》中还记载了张仲景为王仲宣诊病的故事，反映出张仲景高超的诊断技术。王仲宣是著名的“建安七子”之一。有一次，张仲景见到年轻的王仲宣，观察后断言他年至四十将出现须眉脱落，眉落半年后死亡，让王仲宣服用五石汤。然而，王仲宣嫌其夸大其词，没有服药。几日后，张仲景见到王仲宣，询问他是否服药，王仲宣糊弄说已服汤药，张仲景认为王仲宣的色候不像服用过汤药，叹息道：“君何轻命也？”尽管如此，王仲宣依然不信，到四十一岁时王仲宣果然眉落，半年后死亡。

这则故事虽然有夸张的成分，但有学者认为故事有一定真实性，王仲宣所患的病应该是“麻风病”。麻风病后期的典型症状就包括眉落、鼻柱损、肢指脱等，有些麻风病患者早期无典型症状，且进展缓慢，而发作后则迅速恶化，临床上早期常难以及时做出诊断。《后汉书》中也记载王仲宣因“貌寝而体弱”不受统治者重用。“寝”指容貌丑陋。“貌寝”与“体弱”并叙，不能排除其已染麻风的可能性。由于病情轻浅，普通人难以察觉，只看到“其貌不扬”，但在有丰富临床经验的张仲景看来，其面貌丑恶是患病所致。

博采众方撰《伤寒论》

既然张仲景不是专职医生，他为什么要写《伤寒杂病论》？“伤寒”到底是一种怎样的疾病？

张仲景生活在东汉末年，这是中国历史上一个极为动荡的时代，不仅战乱频繁，而且蝗灾、洪灾、旱灾等自然灾害频发，百姓流离失所，造成疫病广泛流行。曹植的《说疫气》记载："建安二十二年，疠气流行，家家有僵尸之痛，室室有号泣之哀。或阖门而殪，或覆族而丧。"生动地展现出疫病流行带来的灾难性后果。张仲景家族也未能幸免，张氏本是一个大家族，有二百余人，不到十年，三分之二的人都死于流行性热病。于是，张仲景"感往昔之沦丧，伤横夭之莫救，乃勤求古训，博采众方"，深入研究热病，撰写《伤寒杂病论》。

《伤寒杂病论》是我国医学史上影响最大的古典医著之一，是中医方药配伍的肇始，是"医方之祖"，创造性地确立了伤寒病"六经分类"的辨证施治原则，后世医家称其为"启万世之法程，诚医门之圣书"。

值得注意的是，中医古籍所载"伤寒"与现代医学所说的"伤寒"病不是一个概念。现代医学所说的伤寒（或副伤寒）是指由细菌引起的肠道传染病，而《伤寒杂病论》中的"伤寒"则是指一切外感热病的总称。

传世经典广为传抄

张仲景编撰《伤寒杂病论》16卷，原书包括"伤寒"和"杂病"两个部分，其中伤寒部分专论多种热病的证治，杂病部分主要论述内科杂病。书成后不久，即因战乱而散佚不全。魏晋时期，太医令王叔和首次对《伤寒杂病论》进行整理，他将原书中伤寒部分摘出，整理编辑为《伤寒论》10卷。经王叔和整理后，张仲景关于"伤寒"的论述得以保存下来。

由于当时印刷技术尚未出现，仅靠辗转传抄，加上一般医生有保守思想，往往将《伤寒论》视作枕中鸿秘，不肯轻易示人，因此《伤寒论》在宋以前未能得到广泛流传。唐代名医孙思邈也曾感叹道："江南诸师，秘仲景要方不传。"北宋嘉祐年间，校正医书局成立，这是一个专门出版医学书籍的机构。校正医书局于1065年校订刊行了《伤寒论》。随着印刷技术的发展，《伤寒论》在宋以后得到广泛流传，医家们研究《伤寒论》

蔚然成风。

《伤寒杂病论》中关于“杂病”的部分又是如何流传后世的呢？北宋翰林院学士王洙在馆阁中整理蠹简时发现《金匮玉函要略方》三卷，该书上卷辨伤寒、中卷论杂病、下卷载方药及妇科内容。王洙发现的《金匮玉函要略方》并非《伤寒杂病论》原本，而是唐宋期间后人对张仲景原书的修改手抄本。于是，校正医书局勘校此书时删去上卷伤寒部分，整理保存了其中杂病和妇科部分，又将《千金要方》《外台秘要》等书中仲景疗杂病方补入，更名为《金匮要略方论》流传于世。

至此，《伤寒杂病论》以《伤寒论》和《金匮要略方论》的形式在宋以后广泛流传，成为后世业医者必修的经典著作。

“医圣”之名流芳百世

张仲景是什么时候被称为“医圣”的呢？据考证，金代刘完素最早在《素问玄机原病式》中明确提出“仲景者，亚圣也”，自此仲景开始跻身“圣”的行列。金代医家成无己在《伤寒明理药方论》自序中评：“惟张仲景方一部，最为众方之祖……实大圣之所作也。”称赞张仲景为“大圣”。到了明代，李濂著《医史》，该书是现存最早的医史专著，也是为张仲景立传的作品，但书中也只是说“论者推为医中亚圣”。一直到清顺治十三年（1656 年），南阳府丞张三异重修医圣祠时立碑：“先生讳机字仲景……谥医圣，南阳人”。至此，“医圣”大彰于世，后人多用“医圣”表示对张仲景的敬意，清代医学家陈修园表达得更为直接——“医门之仲景，儒门之孔子也”。

皇甫谧

针灸是利用针刺和艾灸治疗疾病的传统疗法，是中国传统医学的重要组成部分。中国历史上现存第一部针灸学专著是《针灸甲乙经》，作者是魏晋名医皇甫谧。皇甫谧是一位博学多才的学者，将毕生精力投入了文史学与医学的研究，硕果累累，至今仍为后人敬仰。

浪子回头金不换

皇甫谧（215—282），幼名静，字士安，自号玄晏先生，晋朝安定郡朝那人（今甘肃平凉，一作灵台）。他出身于东汉名门世族，至其父辈时家道中落。幼年过继给叔父，并随叔父迁居新安（今河南渑池）。皇甫谧年少时顽皮不羁，荒于学业，到 20 岁还终日游荡，无所事事，到处惹是生非。然而，他虽然顽劣却很孝顺，邻居送的一些瓜果之品，总是先呈给叔母任氏品尝。一日，皇甫谧又拿着瓜果看望叔母，叔母苦口婆心地劝皇甫谧勤奋读书。叔母的一番教诲，令皇甫谧幡然醒悟，他发誓一定要痛改前非，以报答叔父、叔母的养育之恩。于是他开始发奋读书，还拜乡里有名的学者席坦为师，立志成才。因家境贫寒，他白天管理农事，利用空隙时间读书，晚间不顾劳累秉烛夜读。朋友告诫他过分专注将会耗损精神，皇甫谧却说："朝闻道夕可死矣……"说的是，早晨学到了知识道理，黄昏死去也是值得的。乡里人见他不眠不休地学习，便给他

（作品由延德钊创作，国医大师邓铁涛题款，李俊峰提供）

起了个“书痴”的绰号。

首屈一指的学者

通过数十年坚持不懈的努力，皇甫谧终于博综典籍百家之言，成为集文、史、医于一身的学者，在当时学术界享誉盛名。他尤其擅长诗文，写出许多脍炙人口的诗赋。相传，当时尚不为人所知的文学家左思花费近10年时间写成《三都赋》一文，以反映成都、建业、洛阳三座都城的繁荣景象。但他自觉人微言轻，便携带文稿拜见皇甫谧求取序文。皇甫谧阅后大加赞赏，欣然许之。果然，在名人作序推荐之下，《三都赋》顿时名声大振，京城文人贵族争相传抄，以致洛阳街头的纸店供货紧张，纸张的价格也随之不断上涨，留下了“洛阳纸贵”的千古佳话。这也从侧面反映出皇甫谧在当时文坛上的显著地位。

皇甫谧不仅是一名文学家，更是一位杰出的历史学家。他所著的《帝王世纪》是专述帝王世系、年代及事迹的一部史书，是继司马迁之后，又一部上起三皇、下迄汉魏的著名史书。书中对三皇五帝至汉魏数千年间的重大历史事件做了详尽的考证和整理，记述内容涉及地理、都邑、垦田、户口等方面，校核精审，具有很高的史料价值。此书在唐宋以前很受欢迎，被后世史学界列为“弥堪宝重”之著。由此可见皇甫谧影响力之巨大。

作为一位名士，皇甫谧受到朝廷的重视，魏朝地方官和相国司马昭均多次请他出仕，晋武帝曾多次征召他入朝为官。尽管如此，皇甫谧仍然淡泊仕途，清贫自守，视名利为粪土，视著述为生命。他不仅将功名利禄婉拒于门外，撰书立说，还专门向晋武帝求借一车书籍来习读，皇帝敬他品格高尚、学识丰富，准许借阅，一时成为街巷美谈。皇甫谧流传后世的文章和著作很多，堪称“晋时著书之富”，记载有《三都赋序》《玄守论》《释劝论》《高士传》《逸士传》《列女传》《玄晏春秋》《针灸甲乙经》《皇甫谧脉诀》《寒食散论》《解寒食散方》等，涉及文学、史学、医学诸方面，论述有道，字字珠玑，在学界影响深远。

久病成医著佳作

作为一名文人，皇甫谧无疑是成功的。但是，致使他在历史长河中留下一抹浓重印记的，却不是他的文史兼备之才，而是他在医学领域的卓越成绩。那么，究竟是何原因使这位文坛巨匠转身投入医学事业呢?

42岁时，皇甫谧因长期服用五石散，导致半身麻木，疼痛不已，右脚萎缩，行动非常不便，甚至一度出现耳聋。长期卧床，病痛难忍，皇甫谧忍不住要拿刀自杀，幸亏被叔母劝住。之后，他下定决心要克服病痛的折磨，悉心研究医学。随着研究的深入，他发现当时流行的医书中关于针灸的内容文多重复，错互非一，不成体系。于是对针灸理论认真地进行了全面整理，加上自己久病成良医的实践体会，最终取得了辉煌的成就，为后世留下了《黄帝三部针灸甲乙经》（又称《针灸甲乙经》《甲乙经》《黄帝三部针灸经》）这样一部极其珍贵的医学书籍。

《针灸甲乙经》共12卷，128篇，以天干为序编次，故以“甲乙”命名。该书卷一至卷六是中国医学的基本理论和针灸学的基本知识，卷七至卷十二为针灸临床治疗部分。全书总结了晋以前的中医理论及针灸学成就，是我国现存最早的一部针灸学专著。全书归纳厘定了腧穴总数349个，其中包括双穴300个，单穴49个，详细介绍了这些穴位的名称、定位、取穴方法，系统总结了针灸操作手法和针灸禁忌，介绍了内科、外科、妇科、儿科、五官科等上百种病证的针灸治疗体会，详述病因、病机、证候、腧穴、针灸治法、禁忌和预后等，收载了针灸治疗的各种病证及腧穴主治500余条。

自问世以来，《针灸甲乙经》为针灸学提供了临床治疗的具体指导和理论依据，受到了后世医家的高度评价和重视。唐代医家王焘评价它是“医人之秘宝，后之学者，宜遵用之”。不仅如此，该书还被列为学医者必读的古典医书之一，如《新唐书·百官志》中便明确规定其为唐太医署学习和考核的必修课目。多年以来，《针灸甲乙经》相继传到朝鲜、日本等国家，风靡世界，受到了各国的重视。

董奉

“敷浴治疠”“妙手活燮”“杏林春暖”，董奉留下的这些脍炙人口的医学典故，被后人世代传颂。在中国历史的长河中，董奉不仅是一位崇尚返璞归真的道者，更是一位拥有高尚医风的苍生大医。

养生有道

“吾亦知医术，平生慕董君；药非同市价，杏以代耕耘；山下虎收谷，溪边龙出云；芳林伐已久，到此仰余芬。”这首诗是清初诗人方文所作的《杏林》，抒发了诗人对名医董奉的敬仰之情。董奉究竟是何许人也？

董奉，约生活于公元 2 世纪后期至 3 世纪初，又名董平，字君异，号拔墘，侯官董墘村（今福建长乐古槐镇青山村）人，是东汉建安时期著名的医学家。据说，董奉高寿有术，能百岁不老。三国时期，东吴孙权在位时，有一年轻人，中年得志当了县令，他见到董奉时，董奉四十多岁。后来这位年轻县令调任他地，一别五十多年，二人重逢时，县令已满头白发，而董奉已近百龄，容颜却丝毫未变。据《神仙传》载：“奉在人间百年，其颜色常如三十许人。”可见董奉精于养生之术。

少年时期，董奉除了发奋学习岐黄之术外，尤为信奉道家。道家崇尚自然，主张清静无为，提倡道法自然，无所不容。也许正是受到道家

（作品由王海滨创作，国医大师邓铁涛题款，李俊峰提供）

遗世独立、无为而治的哲学思想熏陶，在那战火纷飞、群雄割据、民不聊生的战乱年代，董奉毅然选择了归隐山林、修道行医。

妙手回春

董奉医术高明，仙术有方，特别是对一些垂危患者的抢救和治疗，经常取得惊人的疗效。据《神仙传》记载，有一个人得了严重的疠风病，皮肤溃烂，危在旦夕，被人用车拉着来见董奉，叩头哀求救命。董奉安排患者坐在一间房子里，用五层的布巾盖住他身上的溃烂之处，告诉他不要随意活动。之后放置小动物，让小动物舐吸患者的身体，过了一会儿，董奉揭下患者身上的布巾，让他入池中用水冲洗，洗完之后，就让他回家。临走时，董奉告诉患者：“你很快就会康复，注意不要吹风。”果然二十日后，患者身上长出了新皮，皮肤光滑如凝脂。患者后来回忆道，感觉有一个东西在舔他的身体，痛得他难以忍受。那个东西的舌头好像有一尺多宽，气息像牛一样，不知是什么动物，舔了很久才离去。当时他身上疼痛不堪，但一经董奉的池水洗过后，疼痛马上就停止了。董奉神奇的“换皮术”使用的是何种动物？其玄妙何在？至今我们不得而知，但不容置疑的是，董奉的医术是非常精湛的。

还有一次，交州太守杜燮病危，不省人事，众医束手无策，得知董奉就在交州一带云游，遂请他来诊治。董奉检查诊断后，将三颗丸药放入杜燮口中，用水灌下，然后让人把杜燮的头捧起来摇动，从而方便药丸溶化。稍后，杜燮的手脚就出现活动的迹象，面色也逐渐恢复正常，不到半日工夫，竟然能够起身坐起；四日之后，便能言语，不久便恢复了健康。杜燮痊愈后，对董奉“起死回生”的医术非常敬佩。

誉满杏林

董奉与张仲景、华佗齐名，被誉为“建安三神医”。在诸多与他有

关的传奇事迹中，最有影响力的，莫过于他在庐山行医济世的故事。董奉曾长期在江西庐山隐居，热心为百姓诊疗疾病。他医术高明，对求治的患者，不论病情轻重，不分身份贵贱，一视同仁，从不拒绝。在治病施药时他不计报酬，只要求治愈的患者在其住宅周围种植杏树，其中病重者种五棵，病轻者种一棵，以示报答。积年累月，治愈者不计其数，董奉的房前屋后已有杏树万株，郁郁葱葱，蔚然成林。董奉在此品茗读书，修身养性，修道行医。

每到杏熟的季节，董奉就在杏林中搭建一个草仓储杏，并贴出告示，凡有买杏之人都不必通报，只要将带来的稻谷倒入粮仓，自己取走相同容量的杏子就可以了，通过这样公正的方式，董奉每年都能换来粮食。所换得的粮食，董奉会全部用于赈济贫困孤寡和无依无靠的人，以及旅途上盘缠告缺的路人，一年之中救助的百姓数以千计。从此，“杏林”美名四传，誉满天下，“杏林”之词也逐渐演绎成良医和中医学界的代称，后世称颂医家医术高明和医德高尚的“杏林春暖”“誉满杏林”之语，亦源于此。

董奉仙逝后，庐山一带的百姓便在杏林中设坛祭祀这位仁慈的医家。时至今日，在江西九江庐山莲花峰下，双剑峰的山脚有一处林木非常茂盛、风景十分优美的地方，周围依然有着一片茂盛的杏林，相传这是当时董奉的居处，人们将此处设为纪念馆。这里不仅成了人们慕名前来感受“杏林春暖”千古佳话意韵之处，也成了医师从业者激励自己要努力提高医技、德艺双馨的神圣殿堂。

王叔和

王叔和一生有两大贡献：一是撰著《脉经》，首次系统总结脉学；一是整理编辑《伤寒论》，使仲景学说得以流传后世。他在中国医学史上的这两大贡献，对医学的发展产生了深远的影响。

首定寸口诊脉法

望、闻、问、切是中医诊断疾病的主要方法。其中，“切”主要指脉诊。脉诊是中医独特的诊断方法，用三根手指触摸患者手腕，便能知晓病情。神秘的“脉”到底是什么？中医脉诊又是如何诊断疾病的呢？

中医“脉诊”历史悠久，大约从春秋战国开始，人们就已经用脉诊病了。《周礼》中记载了秦公派名医医和为晋侯诊病的事迹，医和运用了脉诊知识来分析晋侯的病情。至两汉时期，脉诊已被普遍应用于临床。

其实，中医最早并不是使用手腕部的寸口来诊脉的。古人曾先后使用了三种诊脉法：一是“遍诊法”，指触摸全身可以摸到的动脉来诊病，包括头面部、颈部的动脉，上肢的动脉，下肢的足背及股动脉等。二是“三部诊法”，指触摸颈部的人迎（即喉结旁颈总动脉搏动处）、腕部的寸口（桡动脉搏动处）和足部的趺阳（足背动脉搏动处）来诊病。三是“寸口诊法”，触摸前臂桡动脉来诊病，又称“独取寸口”诊脉法；

（作品由顾迎庆创作，李经纬题款，李俊峰提供）

这种诊法最早记载于《难经》中，但是书中没有对“寸口脉法”进行具体阐述。魏晋时期，王叔和在研究古人诊脉部位的基础上，正式确立了寸口诊脉法，并简化了脉诊过程，进一步把“寸口”分为寸、关、尺三个部位，并将左、右手的寸、关、尺与相应脏腑建立了对应关系。王叔和首次对脉学进行了系统的总结，撰写了《脉经》一书，奠定了中医脉学发展的基础。

王叔和，名熙，魏晋时期著名的医学家之一。王叔和出身贵族家庭，少年时期便博览群书，通晓经史百家。后因时局动荡，为躲避战乱，王叔和举家移居荆州。在荆州的时候，王叔和与张仲景的弟子卫汛关系很好，受其影响，逐渐对医学产生了兴趣，立志钻研医道，之后医术日精，名噪一时。还有一种说法，曹操南下征战荆州时，王叔和曾被推选为曹操的随军医生，其后任王府侍医、皇室御医等职，最后被提升为太医令。唐代甘伯宗在《名医录》中称王叔和“性度沉静，通经史，穷研方脉，精意诊切，洞识摄养之道，深晓疗病之说”。

脉诊指下摸什么

王叔和在《脉经》中首次归纳了24种常见脉的名称，包括浮、芤、洪、滑、数、促、弦、紧、沉、伏、革、实、微、涩、细、软、弱、虚、散、缓、迟、结、代、动等，而且对每一种脉象都加以详细描述，使之更好地运用于临床。例如：感知脉搏的紧张度，如果按下去，感觉像按在琴弦上，强而硬的为弦脉；如果感觉松弛和缓则为缓脉。根据脉搏的节律是否均匀来区分，有促脉、结脉、代脉的区别。根据脉搏的流利度，也就是脉搏来势的流畅程度来区分，脉来圆滑流利为滑脉，往来艰涩为涩脉。而据脉搏的长度，即手指能够感觉到的脉动的轴向范围的长短，可分为长脉和短脉。据脉搏的宽度，即手指能够感觉到的脉动的径向范围大小，则可分为大脉和细脉等。

不仅从形态上准确描述了各种脉象不同的指下感觉，王叔和还将外在脉象与内在病证建立了联系，对脉象主病进行了原则性的概括，如“迟则为寒”“缓则为虚”“涩则少血”等，为脉象的鉴别确立了标准，使脉学向规范化发展。同时，书中还记述了一些危重患者的异常脉象，如胃气将绝之人，脉搏很久才跳动一次，且间歇时间不匀，慢而无力，这种脉象仿佛屋漏残水般，良久才会落下一滴水滴，因此用“屋漏”脉来命名这种危重患者的脉象。又如，脾气已绝的患者，脉搏被称作“雀啄”脉，好似燕雀啄食一样，脉在筋肉间，连连急数，三五不调，止而复作。这些生动的描述使初学者更容易理解和应用脉诊。

王叔和在长期的临床实践中，深深体会到脉诊的重要性及复杂性，他筛选了《黄帝内经》《难经》，以及扁鹊、仓公、张仲景、华佗等著名医家有关脉论的精华，编纂出我国现存最早的脉学专著《脉经》，将脉学研究推进到 个新的阶段，促进了中医诊断学的发展。

传承“伤寒”功不可没

《伤寒杂病论》由东汉名医张仲景编著而成，由于当时战祸绵延，该书很快就散佚不全，未能发挥其应有的作用。这种情况令王叔和痛心不已，他凭借一己之力，将张仲景论述伤寒的内容进行汇集、整理与补充，编次成《伤寒论》一书，使张仲景论述伤寒的内容比较完整地保存且流传下来。王叔和重新编次的《伤寒论》在宋代以后大行于世，被历代医家奉为经典。

然而，由于受到中国学术思想发展史中“疑古思潮”的影响，晚明时期，医学界兴起了“伤寒错简”的学风。以方有执为代表的医家们认为，王叔和在整理《伤寒论》时，只述伤寒，不涉及杂病，编次欠妥，并且内容互相矛盾，并非张仲景最初写作的本意。伤寒“错简派”医家甚至提出，要正确研究《伤寒论》，必须按张仲景的原意，对王叔和整理后的《伤寒论》进行重新整理和编订。尽管后世医家对王叔和的整理有所争议，有关《伤寒论》编撰情况的猜测和《伤寒论》篇幅的真伪，都已经湮没在历史的滚滚洪流之中，无法明辨对错。但是，王叔和是第一位整理编次《伤寒论》的医家，他的贡献是大家公认的，正是由于他的整理，仲景之学得以保存并流传下来，成为中医学宝库中一份珍贵的遗产。无论古今褒贬者如何评说，王叔和对仲景学说的传承之功不可磨灭，这是不争的事实。

葛洪

2015年10月5日，中国女科学家屠呦呦因其在疟疾治疗研究中取得的成就获得诺贝尔生理学或医学奖，成为第一位获得诺贝尔科学奖项的中国本土科学家。屠呦呦在获奖后宣布，她的灵感来自东晋医家葛洪所著的《肘后备急方》一书，这本书是记载世界医学史之最最多的中医古籍。葛洪为我国古代科技及医药学做出了巨大的贡献。

道骨仙风

葛洪（283—343），字稚川，自号抱朴子，丹阳郡句容（今江苏句容）人，东晋著名的道教思想家、医药家、养生家和炼丹家。

葛洪生于一个没落的官僚贵族家庭，祖父葛系是三国时代吴国的大鸿胪，父亲葛悌出任过晋邵陵太守，葛洪的童年无忧无虑。然而好景不长，葛洪13岁时父亲葛悌病逝，葛洪与母亲的生活陷入困厄之中，后来母子扶柩还乡，开始自食其力的农樵生活。由于家境败落，葛洪只能靠卖柴换取生活和学习用具，经常苦读到深夜。青年时期葛洪就对神仙方术产生了兴趣，师从叔祖父葛玄的弟子郑隐学习炼丹术。公元303年，葛洪因平息农民起义有功，被任命为伏波将军，赐关内侯。中年时，晋元帝及晋咸帝都曾以高官厚禄赐召葛洪做官，但都被他拒绝了。葛洪一心致力于炼丹术的研究，他还主动提出到盛产炼丹原料的广东一带做县令。

（作品由谭凤环创作，薛永年题款，李俊峰提供）

到了广东，葛洪拜南海太守鲍靓为师。幸运的是，鲍靓不但把技术毫无保留地传授给他，还把女儿鲍姑也嫁给了他，鲍姑后来成为著名的女灸家。

葛洪认为道家应该兼修医术，提出“古之初为道者，莫不兼修医术，以救近祸焉”的主张。他一边炼丹和采药，一边从事著述。葛洪一生著述颇丰，据史籍记载，葛洪的医学著作有《金匮药方》100 卷、《神仙服食方》10 卷、《服食方》4 卷等，可惜均已散佚。流传至今的主要是《抱朴子》和《肘后备急方》。

急救宝典

《肘后备急方》，又称《肘后救卒方》《肘后方》，书中主要记载了一些常见病证的简便疗法和急救疗法，是中国医学史上第一部临床实用急救手册。该书收载药物约 350 种，最早记载了青蒿抗疟，为后世抗疟药物的开发奠定了可靠的基础。

由于醉心于医学研究，葛洪在阅读了《黄帝内经》《金匮要略》等经典古医籍的基础上，结合民间的验方、秘方及本人的医疗经验编著了一本百卷巨著《金匮药方》。葛洪编撰该书的目的是为了普及医药知识，方便百姓诊疗疾病，但是由于《金匮药方》卷帙浩繁，难于携带，也不方便随时翻阅查找，葛洪便将其中临床常见病、急病等内容单独摘出，简编成《肘后救卒方》3 卷，以便临床急救检索之需。由于古人的衣袖比较宽大，口袋便置于袖内的肘后，把书随身放在肘后的口袋中，可以随时查阅，因此书名为“肘后”，“救卒”意为救治突发的急症。

南朝时，陶弘景曾经对《肘后救卒方》进行增补，改订为华阳隐居《补阙肘后百一方》。后来唐代医家将隋唐时期的一些有效验方补入《肘后方》，进一步丰富了该书的内容，同时将书名中的“救卒”改为“备急”。此后，金代医家杨用道又将宋代唐慎微《证类本草》的部分方剂补入书中，改书名为《附广肘后方》，该书成为现在各种版本《肘后方》的祖本，一直流传至今。

医史之最

《肘后方》不仅是一部以治疗急症为主的综合性医著，也是记载世界医学史之最最多的中医古籍。

该书最早提出“疠气”的概念，认为各种急性传染病并非鬼神作祟，而是由自然界中一种不同于“风、寒、暑、湿、燥、火”等六淫之气的“疠气”所造成的。

该书最早记载了沙虱病，该病的发病特点与今之恙虫病十分相似。这种病是由恙虫的幼虫（恙螨）作为媒介而散播的一种急性传染病。直到20世纪20年代，国外才逐渐发现了恙虫病的病原是一种比细菌小得多的“立克次氏体”，而葛洪早在1600年以前，就把恙虫病的发病地域、感染途径、预后和预防等描述得十分清楚。

该书最早记载了天花的流行。《肘后方》中第一次准确而详细地描述了天花的典型症状，并且将其命名为“虏疮”，认为是由俘虏传入中原，并第一次提出了治疗方药。

该书最早记载了狂犬病，提出应用狂犬的脑敷贴在被咬伤的创口上治疗狂犬病。后世学者认为，狂犬脑中含有抗狂犬病的物质，19世纪，法国微生物学家巴斯德从狂犬的脑中成功培养出狂犬病疫苗，葛洪因此被认为是最早提出“以毒攻毒”思想的人，是人工免疫法的先驱。

该书最早记载了结核病，书中不仅明确记载了肺结核的病状和发病过程，而且还指出其具有传染性，将其称为“尸注”。

该书最早记载多种隔物灸的方法，对隔蒜、隔盐、隔椒、隔面等灸法的应用作了描述，为灸疗方法的多样化开辟了道路。

该书最早记载小夹板固定法治疗骨折。葛洪首次采取竹板固定的方法治疗四肢骨折，并将开放性创伤口称为“疮”，还描述了多种伤口止血的方法。同时，他创立的急症治疗技术，大大提高了我国古代的急症治疗效果，包括人工呼吸法、洗胃术、救溺倒水法、腹穿放水法、导尿术、灌肠术等。该书还最早使用“角弓反张”这个医学名词。此外，葛洪创

用的葱豉汤至今仍是中医临床常用方剂。书中还记载了用牛奶和松叶等食疗方法治疗脚气病，现代研究证明这些食物和植物含有丰富的 B 族维生素，可以有效防治 B 族维生素缺乏引起的脚气病。

鲍姑

鲍姑是我国医学史上第一位女灸学家，名医葛洪的发妻。她用医术惠泽苍生，行医济世，名震岭南，丰富和发展了我国的针灸学体系，值得赞赏传颂。

名医发妻　鹣鲽情深

罗浮山是蓬莱仙岛中的一个小岛。据说，浮山随着风浪从东海漂浮到南海，最后停在罗山旁，两山合而为一，因此命名为罗浮山。罗浮山素有仙境的美誉，山上有一个冲虚道观，道观中有葛仙祠。与大殿内其他神像竟不同，葛仙祠中还供奉着一位女子的塑像。在中国历史上鲜有女性得到如此受尊重的地位，这个人是谁？她与葛洪有着怎样的关系呢？这位端庄秀美、神态安然的女子，就是东晋名医葛洪的发妻鲍姑。

鲍姑（约 309—363），名潜光，上党（今山西长治）人。她出身于一个官吏及道士之家，其父鲍靓（亦名静），字太玄，曾师从真人阴长生学习炼丹术，道学水平较高，且兼通天文地理、河图洛书。鲍靓曾多次被朝廷征召，官至黄门侍郎，后来出任南海太守。鲍姑从小深受父亲的影响，对道教、炼丹、医学都有着浓厚的兴趣。

鲍靓在南海期间，结识了同样笃信道教的葛洪。他十分看重葛洪的才识和品性，便将鲍姑许配与他。葛洪是东晋时期著名的道教思想家、

（作品由谭凤环创作，薛永年题款，李俊峰提供）

医学家、养生家和炼丹家。鲍姑与葛洪志同道合，夫唱妇随，这对神仙眷侣在罗浮山隐居清修，过着恬淡悠闲的逍遥日子。他们常常一起上山辨药、采药，共同研习医术，为百姓治病，在中国古代医学史上留下了一段“医界伉俪，鹣鲽情深”的佳话。

作为一名封建时代的女性，鲍姑并没有局限于厅室之间，广东南海、番禺、广州、惠阳、博罗等地的崇山峻岭、溪涧湖畔之间都留下了她采药的身影。清代王言在《西华仙箓》中记载：“蘋花溪相传洪崖先生炼丹地，尝有老姥采蘋其间，莫测所自来，问之曰，吾鲍姑也。忽不见。”其中，“蘋”指的是中药浮萍，具有宣散风热、透疹、利尿的功效，临床多用于麻疹不透、风疹瘙痒、水肿尿少之症。通过这段文字的描述，我们仿佛看到了鲍姑头戴斗笠，身背药篓，爬上云雾缭绕的高山，步入人迹罕至的蘋花溪畔采浮萍的景象。古代医门大都是男性的世界，鲍姑以自己的实际行动证明了“女性医者”的伟大与神圣。

医术精湛　尤擅灸法

鲍姑医术精湛，尤擅灸法。所谓灸法是中国古代先民首创的一种物理疗法。鲍姑为了治疗当地患者的赘瘤和赘疣等难治疾病，认真总结了前人的治疗经验，就地取材，以当地盛产的红脚艾作灸材，制成艾绒条，取一点用火点燃，熏于人身，赘疣便全部脱落，这一事迹至今仍可见于地方县志、碑记文献中。如《南海县志》记载，鲍姑用“越冈天产之艾，以灸人身赘瘤，一灼即消除无有，历年久而所惠多”。

也许是受到妻子的影响，葛洪对灸法也非常重视。他认为对于百姓而言，艾草易得，灸法易学，这种简单方便、廉价有效的治疗方法应该大力推广。葛洪在《肘后备急方》中记载了109个针灸医方，其中90余条是灸方，尤其对施灸部位、灸用壮数、注意事项等的论述十分详细，使针灸医学的内容得到了充实和完善。这些很可能得益于鲍姑在灸法上的经验总结。葛洪和鲍姑还改进了传统艾灸的方式，首创隔物灸疗，包括隔盐灸、隔蒜灸、隔川椒灸等，减少艾灸给患者带来的直接创伤。这些灸法形成了艾灸学的雏形，一直影响至今。

惠泽苍生　医迹颂传

由于鲍姑的事迹广泛流传，民间更是把她列入神仙行列，称她为“鲍仙姑”“女仙”，她所用之艾也被称为“神艾”。相传鲍姑升仙后，常常化身为凡人到世间游历，行踪不定，如遇有缘之人即施以援手，治后则翩然遁去。

据野史小说《太平广记》记载，唐德宗贞元年间，有一个叫崔炜的人，早年家境不错，但因他不善于治理家业，又性情豁达，很崇尚豪士侠客，没过几年，他家的财产就全都用光，只好经常住在寺庙里。当时正是七月十五日中元节，广东百姓都在庙里陈设珍肴异馔，在开元寺中有许多人唱戏，崔炜也去看热闹。在熙熙攘攘的人群中，他看到一位要饭的老妇人跌倒后不慎打破了别人的酒瓮，因为无钱赔偿而正遭受殴打。崔炜看到后，非常同情她，就脱下自己的衣服抵偿酒瓮钱。事毕，老妇人竟没有感谢他便悄然离去。

几天后，崔炜在路上又遇到老妇人，她说：“谢谢你为我解围，我擅长用灸法治疗赘疣，现在给你一些越冈山产的艾叶。以后如果遇到患有赘疣者，你只需要点燃一根，灸一炷后，不仅赘疣会消失，而且还能美容。”崔炜高兴地接受了。数日之后，崔炜游玩海光寺，遇到了一个耳部患有赘疣的老和尚。崔炜便用老妇人传授的方法为他治疗，果然效果显著。后来崔炜用艾草先后灸治了富商、高僧，最终依靠灸疗技术成家立业，衣食无忧。后来他在机缘巧合中得知，那位送艾草的老妇人正是鲍姑，乃东晋鲍靓之女，葛洪之妻，一生在岭南一带行医救人。崔炜闻言，遂生求道之心，于是散尽万贯家财，携妻室至罗浮山寻访鲍仙姑去了。这段奇幻的传说充分体现了鲍姑灸术流传之广泛及疗效之显著，以及后人对她的敬仰。

雷敩

中药炮制技术是中国传统非物质文化遗产之一，历史悠久，独具特色。我国的第一部药物炮制学专著是《雷公炮炙论》。这本书第一次全面总结了中药炮制技术，奠定了中药炮制学的基础，它的作者是雷敩。

雷敩的身份之谜

关于雷敩，有几种不同记载：明代的徐春甫认为雷敩是黄帝时期的大臣，北宋的苏颂认为雷敩是隋代人，明代的李时珍则认为雷敩是刘宋时期人，众说不一。

因为雷敩所写的书名为《雷公炮炙论》，有人据此猜测，雷敩会不会就是雷公呢？雷公是上古时期大名鼎鼎的人物，在《黄帝内经》中，雷公与黄帝对答，讨论了脏腑理论、经脉理论、色诊、脉诊等，但并未谈到中药炮制这方面的内容。而且，黄帝时期，文字尚未产生，雷敩就是雷公这种说法似乎依据不足。北宋时期，苏颂所编写的《本草图经》一书中，在介绍滑石这味药时，后面写道："然雷敩虽名隋人，观其书乃有言唐以后药名者，或是后人增损之欤？"大意是说，雷敩虽说是隋朝人，但他的书里记载了唐以后的药物名称，也许是后世有人增减了原书的内容。宋朝与隋朝年代相对接近，所以苏颂的话应当有一定可信度。

（作品由褚晓莉创作，邵大箴题款，李俊峰提供）

李时珍在《本草纲目》中认为雷敩并不是黄帝时期的雷公，而是南朝刘宋时期的人物。

由于雷敩的生平难有定论，因此《雷公炮炙论》的成书时间也成了“悬案”。有人据《本草图经》所载，认为成书于隋朝（581—618），也有人依据其他中药书、炼丹史料等的记载，认为这部书成书于南北朝刘宋时期（420—479）、五代时期（907—923）、北宋时期（960—1127）等。但是，每一种证据又都不完备、不充分，大家对这些证据的理解也不同，造成许多疑义。无论雷敩生于何时，身份如何，他所撰写的《雷公炮炙论》不仅流传后世，而且成为后世炮制技术的奠基之作。

什么是药物炮制

“炮”与“炙”都指中药处理加工技术，现代一般称“炮制”，是指中草药原料制成药物的过程。《雷公炮炙论》原书三卷，记载药物达300种，分别介绍了药物修事、鉴别、修治和切治、文武火候的掌握、辅料的取舍和加工炮制方法，以及中药饮片的贮藏、炮制的作用、禁忌等基本知识。书中还将药物炮制系统地归纳为17种方法，被后世称为“雷公炮炙十七法”，包括炮、炙、煨、炒、煅、炼、曝、水飞等常用的中药炮制方法。这些炮制方法至今仍然在使用，甚至在现代中药炮制学的教材中，仍然是教学的基本内容，可见书中记载的方法符合客观规律，《雷公炮炙论》之所以流传至今也与此有关。

通常矿物药多含有一定的毒性成分或杂质，将此类药物与植物药同煮，可以通过植物药的吸附，或物理、化学反应减少毒性成分，沉淀杂质，从而有效地减少人体对有害成分的吸收，降低毒副作用。《雷公炮炙论》记载，炮制朱砂，用甘草、紫背天葵、五方草等有清热解毒作用的药物与之同煮，从一定程度上除去了朱砂中的有毒成分和杂质，使矿物药的使用更加安全，还增强了朱砂清心解毒的功效。又如，书里记载用羊脂油炙的方法炮制淫羊藿。淫羊藿是用来补肾阳、强筋骨、祛风湿的药物，可治疗阳痿、不孕等，中医认为其味甘、性热，能温散寒邪、益肾补阳。炮制方法是将净选或切制后的药物，加入一定量的液体辅料，用文火拌炒，使辅料逐渐渗入药物组织内部；羊脂油炙后，淫羊藿温肾助阳的作用得到增强。现代实验研究证实，生用淫羊藿无促进性功能的作用，甚至部分指标还有抑制性功能的作用，而羊脂油炙后的淫羊藿促进性功能的作用明显增强，足证此书的价值。

援道入医论炮制

道教炼丹需要用到丹砂、铅、汞等矿物药，有时也用到植物药和动物药，将其放在鼎中烧炼后服用，以期长生不老。这一过程离不开中药炮制的知识。而《雷公炮炙论》中记载的炮制禁忌、操作、器具及繁琐和独特的炮制方法，与道教炼丹术有着很密切的关系。因此，有人认为《雷公炮炙论》的炮制方法并非主要为医家而设，也并非对当时医药学家实用炮制方法的总结，而主要是着眼于道教修炼药材所需的药材炮制技术。

比如，《雷公炮炙论》中多次用到一种容器，名为“铛”，类似于我们今天的平底锅。但此前中药炮制的相关记载中，并未用到过，而铛在炼丹的操作中却是常用之物。再如，道教炼丹中用到一种方法“六一泥固济法”，是将药物置于反应器中，用六一泥将容器密封，有时六一泥也参与反应。《雷公炮炙论》的操作中也用到了这一方法。《雷公炮炙论》中还用到了“伏火”法，这是道教炼丹过程中常涉及的操作方法：把矿物药加热，通常过程中还要使用辅料，使矿物药的易燃、易爆、易挥发等特性得以制伏。《雷公炮炙论》中对白矾的炮制便用到此法，用大火煅烧白矾，色如银，使其伏火，这明显借用了炼丹的操作。根据以上种种相似之处，人们认为《雷公炮炙论》受道教影响甚深。

无论《雷公炮炙论》的理论源于何处，不能忽视的是，这部书所记载的炮制技术是先进的，对中药炮制行业的发展产生了深远的影响，雷敩的功绩值得被历史铭记。

陶弘景

陶弘景（456—536），南朝齐、梁时道教思想家、炼丹家、医药学家，本草学的集大成者。陶弘景在医药学的贡献主要体现在本草学方面，其编撰的《本草经集注》是中国药学史上一部承上启下的著作，它开创了新的药物分类方法。

山中宰相隐山林

由于家庭的熏陶，陶弘景从小勤勉好学，通晓天文地理、医药炼丹，琴、诗、书、画无所不工，博学多才，著作颇丰。因在隐居时为皇帝出谋划策，被誉为“山中宰相”。

少年时的陶弘景神仪明秀，长眉大眼。成年后，他同南朝士子一样，怀揣儒家修身齐家治国平天下的政治志向，奔波于求仕之途。陶弘景 17 岁时，在礼部尚书刘秉府中供事，后因通晓历代典章制度，在齐朝做官，出任诸王侍读。但陶弘景的仕途并不顺利，加上家庭的不幸，种种打击让陶弘景身心俱疲，最终在 37 岁时上表辞禄，归隐山林。

后来，南朝齐皇帝萧鸾即位后，欲敕迎陶弘景出山，陶弘景赋诗曰：“山中何所有？岭上多白云。只可自怡悦，不堪持赠君。”婉拒萧鸾征召。梁武帝萧衍登基后，亦欲召陶弘景出山任职，陶弘景作《双牛图》，画面上，

（作品由王东方创作，薛永年题款，李俊峰提供）

一牛在水草间自由自在，一牛以金络头，任人执绳驱使劳作。梁武帝看后自然明白了陶弘景隐居山林的决心，也就不再勉强他出山入仕。

陶弘景虽然人不在廊庙之上，但却从未放弃过济世的抱负，国家每有吉凶征讨大事，梁武帝无不前去咨询，平日也常有书信往来。

承前启后理本草

陶弘景生活在南北朝这一政治动荡的历史时期，因之前的本草学著作已分散杂乱，因而决定对本草学著作进行全面整理。陶弘景根据魏晋以来流传的本草著作，仿照《神农本草经》整理成《名医别录》，记载药物 365 种。后来他又在《神农本草经》基础上，加入《名医别录》中的 365 种药物，增录注释成《本草经集注》，对南北朝之前的药物学进行了全面总结，是中国药物学史上一部承上启下的著作。

陶弘景曾参考大量的书籍、医方和标本，对我国最古老的药物学经典《神农本草经》中的药物，仔细做了整理和校订，舛误者纠之，脱缺者补之，编成《本草经集注》七卷。可惜《本草经集注》原本已佚，虽不能窥其全貌，但主要内容却在宋代《证类本草》和明代《本草纲目》中被引用和保存下来。《本草经集注》对本草学的贡献，大致可以概括为以下几个方面。

增加了本草数量。除厘定《神农本草经》中 365 种药物外，又增补《名医别录》中的 365 种药物。他对《神农本草经》与《名医别录》所列的 730 种药物“分别科条，区畛物类，兼注铭时用土地所出”。为了区别《神农本草经》中原有的药物和新增加的药物，陶弘景用朱红颜色写原有的药，而用黑色书写新加的药，这种方法新颖醒目，具有文献学价值，可供后世效仿。

创用新的药物分类方法。他将《神农本草经》的三品分类法改为按药物的来源进行分类。将药物分为玉石、草木、虫鱼、禽兽、果菜、米食等六类，而将一些当时未经实际验证的药物归入第七类——“有名无用”类，以利于澄清人们在药性认识上的混乱。后来这种分类方法成为我国古代药物分类的常用方法，一直被沿用并发展。

首创药物编撰体例。总结诸病通用药物，开列各种病的通用药，如祛风药有防风、防己、秦艽、川芎、独活等，统归于“诸病通用药”。这种药物归类方法对医生临证选药处方有很大的实用价值。此外，他指出植物药大多在二八月采收，并说明“春宁宜早，秋宁宜晚，花实茎叶各随其成熟”的采收经验。还考订了药用度量衡，规定了汤剂、酒剂、膏药及丸散的制造常规，使药剂学的内涵益趋丰富。

陶弘景在继承《神农本草经》已有成果的基础上，对魏晋南北朝时期的药物学进行了全面系统的总结，其所著的《本草经集注》大大丰富了本草学的内容，也提高了本草著作的科学水平。

形神双修重德善

陶弘景10岁时得葛洪《神仙传》，昼夜研读，并说：“仰青云，睹白日，不觉为远矣。”从此立下养生的志向。15岁时作《寻山志》，“倦世情之易扰，乃杖策而寻山”，追慕“反无形于寂寞，长超忽乎尘埃”的境界。

陶弘景隐居山中时，积极采用吐纳养生，空余时间才“游意方技，览本草药性”，可见其十分重视养生学的研究，主张修炼应从养神、炼形入手，并撰写了《养性延命录》。书中强调养神当“少私寡欲”“游心虚静，悉虑无为”，调节喜怒哀乐情绪，防止劳神伤心；炼形则要“饮食有节、起居有度”，避免过度辛劳和放纵淫乐，辅以导引、行气之术，方能延年益寿。

陶弘景的生命观为其养生思想奠定了坚实的理论基础，他强调和看重生命的延长，以及生命的健康和质量，并总结、探寻实际可行的养生方法。他也亲身履行“游心虚静、虚虑无为”的养生原则，为人圆通谦谨，心如明镜，遇物便了。

陶弘景以自身勤奋好学、渊博多识、高尚品德去体悟“真道”，同时又将“仙道贵生，命由自己”的积极生命观贯彻到自身思想、实践和境界追求等诸多层面，这也是他在医药学领域进行探索和取得成就的巨大动力。

龚庆宣

中医外科学不仅历史悠久，内容宏富，而且很多治疗方法和技术被沿用至今。这些方法技术得以流传下来，离不开一代代中医人的努力，现存最早中医外科学专著的整理者龚庆宣便是其中之一。龚庆宣整理的《刘涓子鬼遗方》较系统地总结了晋以前外科方面的成就，对后世外科学的发展产生了较大影响。

喜获“秘籍”

中医外科学家龚庆宣生活于南北朝时期齐、梁之间，其生卒年已不得而知。相传，龚庆宣喜欢方术，跟一位远房亲戚比邻而居，两家往来频繁，关系非常要好。邻居临终前，请来了龚庆宣，告诉他家里有本祖传的“神书”，书中不仅记载了如何诊治疾病，还说明如何辨识药性等。邻居因家中儿子尚且年幼，不知道长大后是否能将此书传下去，怕埋没了这部书，所以想把书传给龚庆宣。龚庆宣本来就喜欢医术，便欣然接受。此书就是《刘涓子鬼遗方》，巧合的是龚庆宣正是刘涓子姐姐的重孙。

自从得到这部书后，龚庆宣经常用里面的方子给患者治病，经过五年的检验，书中的方子果然有桴鼓之效，所治疗的患者大都痊愈了，于

龚庆宣像

甲午 李经纬题

己亥 宝锋

（作品由贾宝锋创作，李经纬题款，李俊峰提供）

是他更加看重这本书。多年翻看后，龚庆宣对这本书已烂熟于心，觉得原书是草草写就，其中的先后次序有待调整，于是便把前后顺序重新拟定，分门别类整理清楚，好让这本书能够更好地流传下去。

典籍传说

据龚庆宣记载，此书之所以名为“鬼”遗之方，还有一段荒诞的传奇故事。晋末之际，刘涓子在丹阳（今江苏丹阳）郊外射猎，天色渐暗时，忽然，他看见前方有一个两丈多高的庞然大物，心中一惊，匆忙之间朝它射了一箭，一击即中。可那大物声如雷电，行动非常敏捷，趁夜色逃走，刘涓子未敢再去追寻。第二天，他率领众人前去寻觅那大物的踪迹，大家沿着踪迹一路追踪，刚至山下，正巧遇见一个孩童提着罐子，便问这个孩子要往哪儿去。这小孩儿回答说：“我的主人被刘涓子给射中了，我去取点水给他洗伤口。”刘涓子一听提到了自己的名字，便赶紧问道：“你的主人是谁呀？”小孩儿答道：“黄父鬼。”听到此处，众人决定暗自随着孩童一道往前走。不久，便看到前方山间有一户房舍，还隐约听到有捣药的声音，众人边走边往里望去，见内有三个人，一人正在翻看书籍，一人正在捣药，还有一人卧床休息。刘涓子等人悄悄走到门前，大呼而入，那三人一听，吓得一齐仓皇逃走，书和药罐都没来得及带走。刘涓子等人走上前去，发现留下的是一卷医书，内容多是治疗痈疽的方子。因这书乃是“黄父鬼”所遗，故命名为《鬼遗方》。其实，古人为了渲染某本书非同寻常，往往伪托出自神仙鬼怪之手。该书成书时期，带有神秘色彩的医籍为数不少，刘涓子杜撰的故事也为这部书增添了几分诡秘色彩。那刘涓子是什么人，又为何能写下这部书呢？

其实，刘涓子本是一名生活在晋朝末年的军医，当时战乱频繁，金创一类的战伤颇为常见。刘涓子一路随着宋武帝刘裕北征，长期的军旅医疗生涯使他掌握了精湛的外科技术，积累了实用的外科学经验。在这一过程中，刘涓子很可能还搜集了不少治疗外伤的方子，都记载在《刘涓子鬼遗方》中。他本人用书中的方药治愈了无数外伤，名声大噪。

相关传说虽为书籍增添了神奇色彩，但其真正能够流传下来的原因，还是书中所记载的方药确有实用价值。

外科留名

魏晋以降，服石之风日渐盛行，很多人出现痈疽、皮肤溃烂等大量服用金石类方药引发的病症，社会急需治疗这些疾病的方法，而《刘涓子鬼遗方》中记载的140首方剂中有100余首均是治疗此类病证的方子，有很强的实用性。书中对痈与疽的鉴别、发病部位与愈后的关联、危急症的表现等都有准确的认识。对痈肿如何穿刺、切开、排脓、引流等手术步骤进行了十分详细的记载，有很强的可操作性。而且，书中不仅有技术细节的描述，还有理论的指导。书中首次提出了中医外科的消、托、补三大治疗原则，提出对于体质壮实的痈疽患者，疾病初期应更多地采用清热消散法治疗；对体质虚弱的患者，则应采用补法及托法治疗；对痈疽后期，已经气血不足者，应多用有托补功效的方药。这一治疗原则对后世中医外科产生了重要影响。

由于当时战乱频发，《刘涓子鬼遗方》中还记载了大量治疗战伤的方法，因此这本书也是一部军事外科医学著作。书中对战时常见的刀刃伤及如何取箭头、止痛、止血、消瘀血等都有详细记载，还准确描述了外伤导致肠管外流的还纳手术，并指出患者术后禁食等护理原则，均是很科学的。书中所载外治方法十分丰富，有洗、熏、浴、溻、贴、敷、薄、烙、针、灸等，并首次记载了围法，即以水将药末调成糊状，围箍在痈疮四周使邪毒收束，有很好的效果。

从《刘涓子鬼遗方》的记载不难看出，1500多年前我国的中医外科已有相当高的水平，对日本、朝鲜的外科学都曾产生很大的影响。当时，日本官方将该书列为日本医学生的必读课本，朝鲜将该书列为医学生的考试内容，其价值可见一斑。这部影响深远的外科专著，正是因为龚庆宣的整理才得以流传，由此，龚庆宣也在中医外科史上留名。

巢元方

巢元方主持编撰的《诸病源候论》是我国现存最早的中医病因病机证候学专著。本书第一次对中医极具特色的"病源学"和"证候学"进行了精细、准确的分类记载，发前人所未发，是隋代医学发展史上一部承前启后的重要医籍。该书同时也受到朝鲜、日本等国医界的重视，其传承对中国中医药学的发展有着不可磨灭的贡献。

著作的主编之谜

古代中医典籍倡导理、法、方、药俱全，但《诸病源候论》是一部非常"另类"的著作，书中只论疾病的病因证候，没有记载治法和方药。不仅如此，对于该书的作者，历代说法也并不统一。

据《隋书·经籍志》记载，《诸病源候论》的作者是吴景贤。但是，《旧唐书·经籍志》却记载《诸病源候论》的著者是吴景，两者均未提及"巢元方"此人，直到《新唐书·艺文志》里才开始出现"巢元方"这个名字。到了《宋史·艺文志》时，吴氏的名字就消失了，只提到了作者是巢元方。对于这种主编不清的现象，有一种观点，认为隋代当时应有两部《诸病源候论》，一部为吴景贤所著，一部为巢元方所著。至宋代，吴景贤所著的《诸病源候论》散佚了，只有巢元方所著的《诸病源候论》流传了

（作品由于理创作，李经纬题款，李俊峰提供）

下来。因此，后世多称本书为《巢氏诸病源候论》。还有一种观点，认为《诸病源候论》是官修医书，是集体创作的结晶。清代《四库全书总目提要》指出，作为官修医书，巢元方与吴景两个人，一人为监修，一人为编撰，所以后世有的写吴景，有的写巢元方。而“吴景贤”中的“贤”字乃是“监”字的误写。

除了《诸病源候论》，隋代还有一部重要的官修医书，那就是《四海类聚方》。《四海类聚方》由隋炀帝敕编，成书于隋大业年间，全书共2600卷。由于隋唐时期印刷术尚未广泛应用，加之卷帙浩繁，保管与传播难度较大，又有兵燹战乱等影响，《四海类聚方》在唐代以后亡佚。有人提出，《诸病源候论》与《四海类聚方》可能是官修姊妹书，《诸病源候论》专论病因症状，《四海类聚方》专论治法与治方。

由于史书缺传，对巢元方的记载未见到详细的考证，只是在宋代传奇小说《炀帝开河记》中有载：隋炀帝时，主持运河工程的隋朝大总管麻叔谋患了风逆证，全身关节疼痛，不能行动，终日卧床。隋炀帝便命令巢元方来治疗。巢元方诊后认为，此病是因风湿侵入腠理而得。于是，他将嫩肥羊蒸熟，掺上药粉给麻叔谋服食。麻叔谋共吃了半只羊，久患不愈的风湿病便治好了。另外，巢元方在大业年间（605—618）曾任太医博士，因此一般认为，他应该是奉诏主持编撰了《诸病源候论》一书。此书是在巢元方主持下，集体编撰而成的一部官修医学专著。

病因学的新发现

隋代以前，医学界对病因病机的认识继承了《金匮要略》中“千般疢难，不越三条”的三因致病观点。而《诸病源候论》却大胆创新，提出了病因学的新论点，确切地认识了某些疾病的病源，把病因学提高到了新的水平。

对于传染病，该书最早提出“乖戾之气”的观点。隋以前，医学界认为传染病属伤寒、时病范畴，多为气候变异，人体感触而发病。而《诸病源候论》却提出，传染性热病是由于感受了外界的一种“乖戾之气”

造成的，而且“人感乖戾之气而生病，则病气转相染易，乃至灭门”，指出这种“乖戾之气”能引起大流行，导致染病之人全家及所接触之人也感染此病。在一千多年前，能提出这样的见解是很难得的。

对于寄生虫病，该书首次提出其与饮食相关。例如，牛绦虫病是一种危害人体健康的寄生虫病，人若吃了未熟的牛肉，牛绦虫的尾蚴就会在人体发育成虫。《诸病源候论》中指出，牛绦虫病是因为人吃了以桑枝贯串的半生不熟的烤牛肉引起，并起名为“寸白虫候”。书中对多种肠道寄生虫病也有较详尽的病因学描述。

对于皮肤病，该书科学地提出虫源性致病因素。隋以前，医家普遍认为皮肤病的病因是风邪或邪热伤于皮肤所致。《诸病源候论》则发现并描述了某些皮肤病的真正病原体。例如，对“疥”的认识为“疥者，有数种……并皆有虫。人往往以针头挑得，状如水内瘑虫”，即“疥疮”是由疥虫引发的，而且小儿患疥疮多因乳养之人病疥传染所致。此外，书中还描述了十余种“甚细微难见”的虫所致的疾病。

此外，对于妇人无子的问题，《诸病源候论》并不完全认为是女方的问题，而是强调能否成功怀孕与男女双方均有关系，并第一次大胆提出可人工流产终止妊娠，提出“妊娠之人羸瘦，或挟疾病，既不能养胎，兼害母，故欲去之”的观点。

精准的证候描述

《诸病源候论》中对临床各科疾病的症状都进行了详细描述和深入剖析，其中针对多种疾病的症状均是首次记载，原书发前人之未发，对于后世证候学研究有较高的实用价值。

书中非常详细地记载了“鬼剃头”的现象，认为“人有风邪在于头，有偏虚处，则发秃落，肌肉枯死，或如钱大，或如指大，发不生亦不痒，故谓之鬼舐头”。这也是世界上最早记载“圆顶秃发症”的重要文献。

书中对麻风病的认识更为详细，并对不同发病时期的症状均有描述。例如，早期为“初觉皮肤不仁，或淫淫痒如虫行，或眼前见物如垂丝”；

中期“或在面目、羽羽奕奕、或在胸颈，状如虫行，身体遍痒，搔之生疮，或身面肿，痛彻骨髓”；晚期则出现“眉睫堕落”“鼻柱崩倒”“肢节堕落”等；这些与现代对麻风病三个时期不同症状的描述基本一致。“彻外从头面部即起为疮肉，如核桃小枣”，这一症状与近代结核样型麻风相似；而“拘急难以俯仰，手足不能支援，面无颜色，恍惚多忘”，则与近代神经型麻风的临床症状相似。

此外，在古代医著中，《诸病源候论》最早全面描述了脚气病从两脚缓弱、疼痛不仁，到心腹胀急、上气肿满等整个病理过程。这里的脚气病是现代医学中的维生素 B_1 缺乏病。维生素 B_1 是参与体内糖及能量代谢的重要维生素，其缺乏可导致消化、神经和心血管诸系统的功能紊乱。

医学气功的典范

《诸病源候论》虽然未载治疗方药，但每论之后附以补养宣导之法。全书共记载了 213 种不同功法，其记载治法数量之多、方法之全、实用性之强，在气功发展史上是少见的，成为医学气功研究的经典著作。

其中，“六字诀”是该书完整收集的代表功法之一。六字诀是用读字出气的导引方法来预防和治疗疾病。书中以五行学说指导临床应用，成为中医经典理论指导气功经典功法应用的榜样。如肝病患者，愁忧不乐，悲伤忧思发怒，头晕眼痛，用“呵”字出气可治愈；脾病患者，体表有游风微微作痛，身体痒，烦闷疼痛，用“嘻”字出气治疗等。

调身、调神、调息一直被称为气功锻炼的三大要素。《诸病源候论》中的“三调”内容十分丰富，其中不少为后世所引用，对后世医学气功的发展影响巨大。如“叩齿”“赤龙搅海”“鼓漱咽津”等保健功法，与《诸病源候论》书中琢齿炼精内视法极为相似，可以说是发源于琢齿炼精内视法。唐代《备急千金要方》和《外台秘要》中的导引方法也基本引自《诸病源候论》。因此，《诸病源候论》在医学气功方面是承先启后之作。

孙思邈

孙思邈是中国历史上最长寿的医家，据文献史料记载，他至少活到101岁。他医德高尚，在临证各科及食疗、养生方面多有建树。唐太宗李世民赞他为“百代之师”，宋徽宗敕封其为“妙应真人”，他写下的两部医学巨著流传至今，后世尊称他为“药王”。

文化巨人　德高望重

孙思邈（约581—682），京兆华原人（今陕西铜川）。其年幼时体弱多病，屡次求医，几乎耗尽全部家产。孙思邈亲历病痛的折磨，加之年少时战乱频繁，徭役赋税繁重，民不聊生，亲见疫病流行，尸横遍野，于是立志学医。他天资聪颖，勤奋好学，还不远万里跋涉于各地采药、诊疗，很快就积累了丰富的药学知识和临床经验。唐初四杰之一的卢照邻患有风疾，病情很重，在长安养病时与孙思邈比邻而居，向孙思邈求诊并请教医道，其感佩孙思邈的学识，对他执弟子礼。

据《新唐书·孙思邈传》记载，孙思邈并非只通医药，阴阳哲学、演算历法、天文气象无不擅长，书法也颇有造诣。《淳熙秘阁续帖》是宋孝宗于淳熙十二年（1185年）下诏命人石刻于禁中并拓印成册的书法珍品。该帖卷首收录钟繇、王羲之书帖，卷二收录王献之书帖，卷三即

（作品由刘泉义创作，薛永年题款，李俊峰提供）

收录欧阳询、孙思邈、张旭、颜真卿等的书帖，孙思邈与二王（王献之、王羲之）、欧阳询、颜真卿等并列，可见孙思邈书法水平之高。

孙思邈一生经历了北周、隋、唐三个朝代。北周时，有位名为独孤信的官员，见到年少时的孙思邈行事大方，能日诵千言，就感慨其年幼便显现出如此宏才大器，称他为“圣童”，只是遗憾他恐怕不能为朝廷所用。的确，成年后的孙思邈名声更显，却选择隐居在太白山。隋文帝杨坚主持朝政时，曾想授予孙思邈国子博士的官职，但他没有接受。孙思邈对旁人说：“五十年后，会有圣人出世，那时我将助他。”果然，唐太宗即位时，他奉召到了京都长安，此时他虽已年迈，却耳聪目明。唐太宗见此情景，敬佩孙思邈养生有道，希望安排他出任官职，但孙思邈并没有接受。唐高宗在位时也曾召见孙思邈，还任命他为谏议大夫，也被孙思邈婉言谢绝了。后来，孙思邈称病到秦岭太白山隐居，唐高宗便赐他良马，还把鄱阳公主的旧邸给他居住。隋文帝、唐太宗和唐高宗先后招孙思邈做官，都被谢绝，可见他无欲于仕途，一心执着于医学。孙思邈学识渊博、医术超人，从帝王将相到庶民百姓都很敬重他。

人命至重　有贵千金

孙思邈悬壶之余勤于笔耕，本着“人命至重，有贵千金”的理念，集唐以前医方之大成，编纂成《备急千金要方》。30年后，又著成《千金翼方》，以补正前书之不足。此两部书各30卷，共收方6500余首，书中论述了中医内、外、妇、儿、五官等临床各科，以及针灸、食治、养生等方面内容。不仅融入了他自身的临床实践与学术思想，还涉及少数民族和国外传入的医学知识，内容非常丰富，可以说是我国最早的医学实用百科全书。他在《备急千金要方·序》中写道：“余缅寻圣人设教，欲使家家自学，人人自晓。”体现出其普及医学、对大众进行健康教育的思想，这在当时无疑是很先进的。孙思邈还特别重视妇儿健康，《备急千金要方》中论治疾病，将妇科、儿科置于首位，这在古代综合性医籍中是前所未有的，对于后世妇科、儿科的发展有着举足轻重的作用。

孙思邈对于药物也有深入研究，《千金翼方》载药800余种，记述了药物的栽培、种植、采集、加工、贮藏、炮制及性味、功效、主治、处方等。他周游各地名山大川，实地考察地理气候，提倡使用道地药材，也注重天然药物的自采自种，并主张医生亲自加工。书中还收录了龙脑、安息香、诃子等许多外来药物。该书成书后还远播海外，对日本、朝鲜都有很大影响。

医术至精　医德至诚

孙思邈医术高超，常不拘泥于常法，并有所创建，取得很多成就。

相传孙思邈隐居时，有位老猎人患了腿疾，疼痛难忍，多方求治无效，后听闻孙思邈医名，便前去求治，谁知治了一段时间也不见好转，老猎人自觉命该如此，灰心之下便要辞别。这时，孙思邈一边苦劝老猎人要坚持治疗，一边回想自己的诊疗经过。他按照常规给老猎人吃了舒筋活血止痛的汤药，也用了针刺的方法，可收效甚微，难道已经有记载的穴位都治不了他的病，还需要考虑别的穴位？想到此处，他在老猎人的腿上逐个穴位按，还不停地问："是不是这里疼？"老猎人均说不是。最后，不小心按到三阴交穴上方时，老猎人惊呼："啊，是！"于是，孙思邈毫不犹豫地针刺了这个部位，随后老猎人的腿疼减轻了，又针刺几天之后就痊愈了。后来孙思邈给别的患者诊病时也用到了这样的方法，哪里疼痛感明显便针刺哪里，收效甚佳。在给这种没有固定位置的穴位起名时，他突然想到最初给老猎人诊病时他喊出的"啊，是"，遂称其为"阿是穴"。"阿是穴"这一名称由此流传下来，至今仍在使用。

孙思邈不仅在针灸方面有建树，外科也有其特色。贞观年间，有一位名将在战役中被流矢击中了脊背，入肉四寸。他访求名医，大家都不敢贸然拔出箭头，伤口处经常流脓不止，苦不堪言。后请来孙思邈为其诊治，孙思邈认为，凡箭镞刺入身体者，筋肉必定十分拘急，应当服用令肌肉和缓的瞿麦丸。患者服药后，果然患处不再紧绷，肿处松弛下来，箭镞也随之露出。持续服药至翌年春季，箭镞不拔自出，箭长有三寸半。孙思邈竟然用内服药代替了外科手术，可见其医术高超，且不拘泥于常法。

孙思邈治病的妙处不只于此，还有许多令人称道的疗法。他曾用葱管导尿治疗尿潴留患者，令其迅速缓解了症状，这比国外的外科导尿术早了好几百年。他还十分重视食疗，倡导用动物肝脏治疗夜盲症，谷皮煎汤煮粥预防脚气病等，这些在现代都被证实是有效的。

孙思邈在医德方面也颇有建树，写有传世名篇《大医精诚》，他提出："凡大医治病，必当安神定志，无欲无求，先发大慈恻隐之心，誓愿普救含灵之苦。"患者不论其贵贱贫富，长幼妍媸，怨亲善友，华夷愚智，医生一律应视之为至亲对待。医生诊病时不得瞻前顾后，自虑吉凶，应一心赴救，这样才可称为苍生大医。文中字字闪耀着人性的光辉，体现着人文关怀，至今仍是很好的医德教材，被作为中医医学生和医者的誓言。

苏敬

中医创造过很多世界之最，唐朝的“国家药典”便是其中之一。这部比西方1535年的《纽伦堡药典》还早800多年的“国家药典”名为《新修本草》，又称《唐本草》或《英公本草》。这世界上第一部国家药典，最初的倡导者便是苏敬。

精通本草的“武官”

苏敬（约599—674），又名苏恭，因避宋太祖赵匡胤祖父赵敬的讳而改“敬”为“恭”，曾任朝议郎行右监门府长史骑都尉，是一名武官。苏敬虽非医官，却深谙医学。他对医药非常感兴趣，发现当时被医家奉为圭臬的《本草经集注》有不少纰漏，比如铅、锡混淆，橙、柚不分等，加之该书编纂者陶弘景生活居住之地为江南地区，书中记载的药物受地域局限，没有收录北方药材，如果北方医生按照书中记载药物治病，可能会出现误治。此外，该书成书于南北朝时期，随着人们对医药学认识的逐步提升，医药知识不断积累，到了唐代，新发现的药物品种逐渐增加，本草学内容也亟待重新整理。发现这些问题后，苏敬决定上表朝廷请修本草典籍。

这个想法得到了唐高宗的赞同，准允编修本草典籍，并指派太尉扬

（作品由苏童、王栗源创作，李经纬题款，李俊峰提供）

州都督长孙无忌、司空李勣等主持编撰工作。但真正内容编撰的主持者是苏敬，苏敬组织了各方面的专家共20余人，成立了编撰小组，历时两年完成内容的编写。该书成书时还出现了一个小插曲。永徽六年，唐高宗欲废王皇后为庶人，而改立宸妃武氏为皇后，长孙无忌等不惜忤逆圣上苦谏。唐高宗最终坚持己见，为此事，武后忌恨长孙无忌。而李勣在此事上却与长孙无忌等人不同，当皇帝征询大家意见时，他说“此陛下家事，无须问外人”。自此以后，李勣圣誉日隆，而长孙无忌却被罗织谋逆罪名而入狱。最后，《新修本草》的总负责人由长孙无忌换成了李勣，李勣是英国公，所以本书又被称为《英公本草》。

唐显庆四年（659年）《新修本草》修成后，通常朝廷会有旌表，然而苏敬作为有特殊贡献的人却未获升职。后人分析，这很可能是因为当时苏敬年事已高，又患病，成书不久即致仕去官。

首次全国药物普查

作为政府主持修订的国家药典，朝廷为此专门通令全国各郡县“征天下郡县所出药物，并书图之”，也就是将各地所出产的药物，连同具体记录及描绘的药图一起送往京城长安汇总，供编纂者参考采用，这相当于在全国范围内开展了一次药物大普查，堪称世界药物学历史上的创举。除广泛征集全国药材外，他们“上禀神规，下询众议”，“详探秘要，博综方术”，多方搜集文献资料，听取各方的用药经验，经过反复比较和考证，力求得到对药物实际情况和具体效验的正确认识。这种既注重广泛调查，又重视集体讨论的编纂方式，具有很高的权威性，也体现了苏敬等人严谨的编纂态度，直到今日在编撰药典时仍被沿袭。

《新修本草》由本草、药图、图经三部分组成，全书共54卷。其中，本草部分有正经20卷、目录1卷，记载药物的历史、产地、形态、辨别、性味、采制、治疗等；药图部分25卷，目录1卷，是描绘药物形态的彩色药图；图经部分7卷，是对药图的文字说明。原书收药844种，在陶弘景《本草经集注》基础上，经合并或拆分，新增药物 114 种。新增药物中有许多外来药，如胡椒、底野迦、龙脑、安息香、诃子、阿魏、郁金等，这与唐代中外文化交流频繁有关。一些药物至今仍为临床所常用。

世界第一部国家药典

《新修本草》经唐政府颁行后，很快在国内广泛流传。唐政府还曾规定该书为医学生必读书。20 世纪初，在敦煌石窟中发现藏有该书手抄本残卷，抄写年代为“乾封”二年（667 年），也就是本书编成后 8 年。在当时中国西北地区交通非常不便的情况下还能有抄本流传，该书的影响可见一斑。不仅如此，公元 731 年（日本天平三年）此书便有抄本在日本出现。公元 905 年（日本平安时代中期）日本的律令《延喜式》中也记载“凡医生皆读苏敬《新修本草》”，并规定需读“三百一十日”，可见其流传之广、速度之快、影响之大。

遗憾的是，随着时间的推移，这部书没能完整地保留下来。苏敬编此书时，原意是图文并茂，免致差误，可惜抄书容易，画出传神的药图太难了，以致早在北宋时期，药图、图经部分均已亡佚。五代时期，后蜀韩保升等人参校、删订《新修本草》，著成《蜀本草》，此书宋以后亦亡佚，部分内容经北宋唐慎微所著的《经史证类备急本草》引用而保存下来。目前，国家图书馆、日本杏雨书屋及大英博物馆和巴黎博物馆均保存《新修本草》部分残卷。2005 年，在上述残卷基础上，又汇集了辗转保存于《经史证类备急本草》中的部分内容，《新修本草》得以重新整理出版。

《新修本草》问世后流传了 400 余年，在整个药物学发展史上产生过很大影响，至宋代《开宝本草》（973—974）编成，才逐渐取代了它的地位。《新修本草》虽然不是苏敬个人创作的结果，但他的首倡之功、编纂之绩，必将铭记史册。

王焘

隋唐时期是中医学走向鼎盛的重要时期，涌现出多部重要的综合性医学著作，其中《外台秘要》以其在文献整理方面的严谨性及汇集名家论著的广泛性著称，医学界逐渐形成不观《外台》方，不读《千金》论，则医学知识就会短冗薄识的共识。《外台秘要》能获得后世医家的认可，与作者王焘驾驭文献的功底息息相关。

家世显赫　知医尽孝

王焘并不是一位专业的医生，他家境富裕，是典型的贵族出身。王焘的曾祖王珪是唐太宗时期著名的宰相，祖父王崇基官至主爵员外郎，父亲王敬直是武临县令，曾被封爵位，他的母亲是南平公主。王焘还有一个哥哥，曾任司勋员外郎、户部员外郎、监察御史等职。王焘本人也曾为官多任，先后做过彭城太守、郴郡太守、河间太守等。由此可知，王焘没有从事医生行业，他撰写医学著作也与生计无关，那他为什么会热衷于医学创作呢？

知医尽孝是王焘习医的初衷。《新唐书·王珪传》后附有王焘的简介，其中记载王焘任徐州司马时，其母生病，王焘不仅亲自照顾生病的母亲，甚至“弥年不废带，视絮汤剂”。为治母疾，他多次向良医学习，发奋

（作品由杨藩创作，邵大箴题款，李俊峰提供）

攻读医书，对医学产生了浓厚的兴趣。不仅如此，唐玄宗时期，王焘曾长期主管皇家藏书丰富的弘文馆，这种便利条件使他有机会广泛阅读唐以前的大量医学书籍，获得了丰富的医学知识，同时搜集了许多医学资料。虽然王焘阅读、整理了大量资料，但并没有动手撰写医学著作，真正开始写作是在被贬黜期间。

贬守房陵　撰写秘要

王焘的一生并不是一帆风顺。从公元746年起，王焘遭遇了人生变故，他“以婚姻之故，贬守房陵，量移大宁郡”，至公元756年去世，王焘经历了十年的迁徙生活。尤其被贬谪房陵时，他带领家人一路奔波劳顿。途中，由于水土不服，自己和家人染上了瘴气，一行多人病倒。在缺医少药的情况下，王焘运用之前所习方药治好了家人的病，使陷入病痛的家人转危为安。这种遭遇使王焘对底层人民的生活感同身受，由此他决心动手整理汇编医书，以惠及百姓。

《外台秘要》一书汇集和整理了先秦两汉至唐初的大量医学典籍，全书40卷，载方近7000首。其中病理病因部分以《诸病源候论》为主，其次记述各家的医疗方剂，论著详尽，次序分明，还载有许多当时医学界的新发现。例如，书中首次记载了黄疸的判断方法和标准，即让白帛浸染患者的小便，观察沾染颜色的深浅，以判定疾病的情况和治疗的进展，这是黄疸诊断与疗效观察上的重要发现。在眼科方面，《外台秘要》对白内障，特别是老年性白内障有非常精辟的论述，并且记载了金针拨障术治疗白内障的手术内容。《外台秘要》还较完整地辑录了扁鹊、陶弘景、甄权、杨玄操等医家的针灸理论，极大地丰富了针灸学的理论宝库。然而，王焘毕竟不是临床医家，缺乏临证经验，他对针刺方法的认识也有失偏颇。王焘认为“针能杀生人，不能起死人”，称针法为“霸道”，灸法为“王道”，认为针法奥妙，但不易掌握，唯恐后学失误而导致差错伤人。为慎重起见，王焘在书中没有列专卷详细记载针刺方法，而是只列述了灸法。

文献大师　博通经籍

事实上，《外台秘要》一书最令人钦叹的是王焘的编撰水准。身为弘文馆主管，王焘整理文献的水平使《外台秘要》成为医学文献中的典范。

在《外台秘要》中，王焘所收录的文献均一一注明出处。他不仅列出了书名或作者名，同时大多标记卷次。如果同一首方剂分别记载在不同的书中，则在此方的尾注中一一记录。这在中医文献整理史上是一个伟大的创举。由于他的这一做法，使很多晋唐以前的中医文献得以保存。据统计，《外台秘要》共引用 69 部医家的著作，引用条文达 2802 条。在屡经战乱兵燹的图书劫难之后，王焘为后世提供了研究晋唐医学的可靠资料，也为古代医书的校勘、辑佚提供了有利的条件。正因为这一点，王焘的《外台秘要》在当时的各种中医书籍中脱颖而出，一直为后人所称道。清代医家徐灵胎在其《医学源流论》中就充分肯定了《外台秘要》的贡献："纂集自汉以来诸方，汇萃成书，而历代之方，于焉大备……唐以前之书，赖此书以存，其功亦不可泯。"

《外台秘要》成书后不久便传到朝鲜、日本等国，后世日本的《医心方》、朝鲜的《医方类聚》中，皆大量引用该书资料。唐以后，政府还将《外台秘要》选定为医学教科书。

鉴 真

日本奈良的东大寺内有一座正仓院宝库，始建于公元8世纪中期，自明治后期该处划归皇室专有，由主持皇室事务的宫内厅管理。正仓院内收藏有乐器、地图、文具、玩具、兵器、食具、药物、服饰品、收纳用具等各式各样的宝物9000余件，其中有400多件是中国盛唐时期出口到日本的艺术珍品。正仓院内还收藏了60多种中药材，距今已有1265年的历史，这些药材据说与中国唐代高僧鉴真赴日有关。鉴真是中外文化交流的使者，1963年，为纪念鉴真逝世1200周年，郭沫若亲笔手书一首诗赠送扬州大明寺，这首诗正是鉴真一生贡献的写照：鉴真盲目航东海，一片精诚照太清；舍己为人传道艺，唐风洋溢奈良城。

得道高僧　精通医药

鉴真（688—763），俗姓淳于，广陵江阳人（今江苏扬州），唐代著名高僧兼医学家。鉴真被日本人民誉为“过海大师”，是历史上中日文化交流的使者。

佛教传入中国后，历经魏晋南北朝时期的发展，在隋唐之际进入全盛时期。鉴真生于一个信奉佛教的家庭，他的父亲跟随扬州大云寺智满禅师受戒学禅。长安元年（701年），年仅14岁的鉴真便随父亲在大云

（作品由王永红创作，薛永年题款，李俊峰提供）

寺出家，跟随智满禅师受戒为沙弥。唐神龙元年（705 年），鉴真从道岸律师受菩萨戒，唐景龙元年（707 年）又经洛阳赴长安，从弘景法师受具足戒。巡游两京、屡从名师受教的经历，使鉴真眼界大开，学识增长。唐开元元年（713 年），鉴真返回扬州。此后数十年间，他在淮南地区修建寺庙四十余座，并在当地讲律、施医、筑塔、造桥，有很高的威望，成为江北淮南地区“独秀无伦，道俗归心”的得道高僧。

研究佛学的同时，鉴真还钻研医药学知识，积极参加寺庙的治病救灾活动。鉴真曾经主持过扬州龙兴寺和大明寺内的悲田坊，他开办药圃，亲自制作丸、散、膏、丹等药物，对贫病者施舍医药。在施医舍药的同时，鉴真也学会了辨识药物的技巧。扬州大明寺作为当地颇具影响的寺院，是施医送药的名寺，寺中的高僧大多精通医术，在这样的环境下，鉴真积累了丰富的医药知识，医术日益精进。

过海大师　文化使者

唐代是中国社会的全盛时期，政治、经济、文学、艺术及医药全面发展，佛教也进入繁盛时期。日本看到大唐的强大与繁荣，不断派遣唐使到大唐学习。公元 733 年，日本僧人荣叡、普照等随日本遣唐使多治比广成来到中国留学。同时，他们受日本政府和佛教界的委托，想延请鉴真赴日传戒。

虽然当时弟子们都不赞同他去日本，但鉴真认为，传扬佛法是自己的天职，坚持要东渡日本。听到鉴真应允赴日的消息后，日本的圣武天皇喜出望外。当时日本国内被大地震、流行病和内乱所困扰，迫切需要鉴真传戒相助。于是，圣武天皇倾全国之力，建造东大寺恭迎高僧鉴真。

从公元 743 年开始，鉴真耗时十一年，先后六次东渡日本，前五次东渡由于海上风浪、触礁沉船及某些官员的阻挠而失败，尤其是第五次遭到恶风怒涛的袭击，在返回的途中日本僧人荣叡病故，鉴真哀恸悲切，加之气候炎热，身体不适，导致双目患眼疾（一说失明），但他东渡日本弘法的意愿始终未变，终于在753年到达日本九州，次年二月到达奈良。

鉴真受到日本朝野的盛大欢迎，在东大寺立坛授戒。至此，日本始有正式的律学传承，鉴真也被尊为日本律宗初祖。公元756年，孝谦天皇任命鉴真为大僧都，统理日本僧佛事务。759年，鉴真及其弟子苦心经营，设计修建了唐招提寺，此后便在那里传律授戒。

鉴真一行不仅宣传佛法，实际上也是一支非官方的文化交流使团。在随行的高徒中，有人擅长建筑、雕塑，有人擅长医术、文学等。在东渡的船上更是载有大批经书、典籍、大宗的药材和各种器物，鉴真一行将中国佛教、建筑、雕塑、书法、医药、饮食等文化和技术传到日本，在传播佛教和盛唐文化方面做出了重要贡献。

中国神农　布施传播

鉴真东渡不仅为了传戒，也把中国的医药学传播到了日本，被日本人奉为医药始祖。一直到日本江户时代，民间的药袋上还印有鉴真的图像，将其誉为日本的“神农”。

东渡前，鉴真提前采办了大批名贵药材。有文献记载，鉴真除了采买大量香料药材外，还购置了大量益智仁、大黄、紫草、槟榔、苏木等药材，以及不同样式的药壶、药罐、药碗等容器。鉴真东渡前，日本的医药发展比较落后，尤其医家很难辨别中药材的真假，伪劣药材充斥市场，误食、误用情况比较常见，有时还会造成误食毒药的医疗事故。日本朝廷特意请鉴真甄别各种药材的真伪，请他教授如何辨识药材。与此同时，鉴真还把中药的炮制技术、药物配方，以及收藏、应用等技术也传授给日本医家，促进了日本汉方医学的发展。

为传授中医药知识，鉴真开设讲坛，广招门徒，他的大弟子法进精通医药，在鉴真的指导下传授医药知识。据记载，法进曾在日本大安寺讲授医学，其中有一药方便是当时传授流传下来的：若有患胃寒病者，可有陈柳、陈皮、陈干姜各三大两，研成细末，和蜜为丸，丸如指大，

每日早晨服之，此药称“三陈丸”。如果将一小片生姜捣碎，和酒一升煮热，服一两次疗效也甚好。此外，鉴真还曾治愈光明皇太后及圣武天皇的病，在日本医药界享有崇高的威望。

《日本国见在书目》是日本藤原佐世撰写的，这本书里就记载了当时鉴真所著的一本医书，叫作《鉴上人秘方》一卷。成书于 984 年的《医心方》，是日本丹波康赖所著的一部具有“类书”性质的综合性医书，汇集了久已失传的多种中国医药典籍，其中也收录了当时鉴真使用的方子，如“诃梨勒丸方”“脚气入腹方”等。

据说，日本东、西两大寺的必备药方奇效丸、万病药、丰心丹等都是鉴真带到日本的。一直到现在，日本部分地区还在沿用，几乎成为民间常备药，正仓院中所藏中药材也有鉴真东渡时携带的药材。他对中国医学传入日本及中日文化的交流做出了重要贡献。

王冰

王冰（约710—805），唐代中期著名医家，唐宝应年间（762—763）官至太仆令，故后人亦称之为“王太仆”。他是中国历史发展进程中极具影响力的医学家，他对《黄帝内经·素问》的整理、注释和发挥在中医学历史上具有非凡的意义，尤为后人所称颂，正如北宋校正医书局林亿的评价：“王氏之功于《黄帝内经·素问》多矣！”

由道步医注《素问》

相传王冰自朝堂退隐休儒后，专心于道家研究，之后遇到了他的老师玄珠先生，在先生的启发下，他渐渐领悟了道家妙旨，自号为启玄子，寓意为“启于玄珠子也”。“玄珠”本意为黑色之珠，道人常用玄珠比喻道法，“玄珠”这个词有浓厚的道教色彩。后人推测，玄珠先生是一位隐姓埋名的道家医者，王冰发现了他异于常人之能，拜他为师，学到了五脏六气修炼之法、草石性理，承袭了他祛邪疗疾的医术。但也有人认为，玄珠先生是否确有其人没有明确记载，传言不足为信，有待后考。

王冰精研道教摄生术，尤嗜医学。他认为想摆脱疾病的困扰，让百姓能长寿，唯有向圣人学习才能达到目的。通读经典医学文献后，他发现《黄帝内经·素问》一书文简意博，理奥趣深，天地、阴阳、生死变化，

（作品由袁玲玲创作，邵大箴题款，李俊峰提供）

无不备藏其中，所以将其奉为真经，平时刻意精研，探究它的微妙之处。然而遗憾的是，当时《黄帝内经·素问》的传本已经讹误不堪，不仅篇目重叠，前后颠倒，而且有很多文义不通的地方，这些问题日积月累，已经严重影响人们对医学经典的学习、理解和应用。于是，王冰精勤博访，询谋得失，收集当时流行的多种《黄帝内经·素问》传本后，以南北朝全元起的《内经训解》为依据，结合自己的理论和实践，采用迁移补缺、分篇冠目、删繁存要、增补等方法对《黄帝内经·素问》进行了重新编次，又通过错简校定、注音释词、征引文献、医理阐释等方式对《黄帝内经·素问》进行了训诂校勘，历时12年，著成《次注黄帝内经素问》24卷，后经宋代林亿等人校勘刊行，流传至今。

王冰根据篇章内容，将全书系统地归为摄生、阴阳、藏象、诊法、病机、病证、经穴、运气、治法等，比过去的传本条理清晰，更利于读者学习。在撰写过程中，王冰为了区分古今文字，用朱砂笔勘误，书写心得体会，反映了他严谨的治学态度。书中虽有很多注释出自道家典籍，如注《素问·上古天真论》时引《老子》《庄子》《广成子》《真诰》等老庄道家之言，但这些主张已摆脱了修仙等神秘色彩，倡导通过身体力行的养生实践去追求延年益寿，崇尚少欲安神，返璞归真，从妄言神仙到提倡客观的摄生延年，王冰较前人有很大进步。

王冰对《黄帝内经·素问》另一个值得关注的贡献是补亡续缺。《黄帝内经·素问》传至唐代，第7卷已佚失。据王冰称，“时于先生郭子斋堂，受得先师张公秘本”，将其中《天元纪大论》《五运行大论》《气交变大论》《五常政大论》《六微旨大论》《六元正纪大论》《至真要大论》等有关运气学说的七篇大论补入其中。但也有人认为这“七篇”来源不明，实则为王冰自己所著。尽管关于此补入内容是否为《黄帝内经·素问》原文后世争议很多，有待商榷，但不可否认，这一举措对后世运气学说乃至中医学理论的发展都产生了积极的影响。此后出现了运气方面著作，如《玄珠密语》十卷、《昭明隐旨》三卷、《天元玉册》三十卷，均托名王冰所著的现象，客观上反映出王冰在运气学说方面的影响力。

借医言政抒己见

校注《黄帝内经·素问》期间，适逢“安史之乱”（755—763）。唐朝由盛转衰，社会动荡，兵革不息，百姓饱受战乱之苦。王冰在注文中隐晦地表达了对这一影响深远的历史事件的看法。《素问·灵兰秘典论》云“主不明则十二官危”，大意是说人体五脏六腑有一个最高中枢，这个中枢保持清明，则五脏六腑都能安定。王冰在对这段文字的注释中，首先从养生的角度解释原文，紧接着便借此阐发了政治观点。他认为主不明则委权势于左右，得权势者妄行，不再奉公守法，进而失去了百姓的信任，动摇了邦国之根本。

事实上，安史之乱与唐玄宗年老昏聩，委权势于安禄山不无关系。安禄山凭借巧黠，获赐铁券，被封为东平郡王，兼平卢、范阳、河东三镇节度使，羽翼丰满，凭借权势恣意妄为。王冰于750年至762年编次《黄帝内经·素问》时，正值安禄山一路高升到起兵造反之际，眼见宗庙倾危，故而在注文中阐发了自己的观点，认为国家安危与君主能否明辨忠奸、远离佞臣有直接关系，这种委婉的批评在当时的政治环境下已难能可贵。

蔺道人

肩关节前脱位是生活中常见的关节脱位之一，古人很早就对肩关节脱位有所记载，我国现存最早的骨伤科专著、中国骨伤科学的奠基之作《仙授理伤续断秘方》中就已经记载了针对肩关节脱位的“椅背复位法”，这种方法直到今天还在使用。

“仙人”是何人

《仙授理伤续断秘方》真的是“神仙”传授的吗？据该书所附无名氏写的序言记载，“仙”其实是一个叫“蔺道人”的凡人。蔺道人的身份颇为神秘，有人说他是一个“道士”，有人说他是一位“僧人”，还有人认为他是一位隐居的高人。因史书没有具体记载，蔺道人的真实姓名和身份不得而知。

在《仙授理伤续断秘方》序言中有一句话：“此方，乃唐会昌间，有一头陀，结草庵于宜春之钟村。”头陀是佛教用语，古代一般将行脚乞食的出家人称为头陀，这类僧人通常还保留部分头发。蔺道人又被称为“头陀”，所以蔺道人最开始可能是一位僧人。

既然是僧人，就应该住在寺庙里，但蔺道人却隐居在一个叫“钟村”的地方，靠种田维持生计。原来，唐武宗年间，随着佛教日益壮大，许

（作品由罗梦达创作，李经纬题款，李俊峰提供）

多寺庙的土地不用纳税，僧人靠农民供养，寺庙的影响力越来越大。很多人为了逃避赋役便出家为僧，导致僧人越来越多，成为当时社会上的一大问题。与此同时，唐武宗皇帝笃信道教，在道士赵归真的劝说下颁布“毁佛废寺”的诏令，迫使僧尼还俗，拆毁一定数量的寺庙。经此劫难，蔺道人被迫还俗，隐居在“钟村”。

相传当时宜春钟村有一个姓彭的人，常常与蔺道人往来，帮助他种田耕地，指导农桑之事，两人关系很好。一日，彭姓人家的儿子上树伐木，不小心从树上坠落，摔断了胳膊，摔坏了脖子，呻吟不已。彭氏非常着急，把这件事告诉了蔺道人，蔺道人看过伤者后，命彭氏按他的指示买来一些药物，蔺道人亲自加工炮制。患者用药后，很快便不疼了，过了一段时间就完全康复了。彭氏这才知道，原来蔺道人懂得医术且技艺高超。此后，蔺道人擅治伤科病的消息不胫而走，求医者众多。

蔺道人原本是修道的僧人，不喜欢被外人打扰，于是便将一些伤科的治疗方法和药物配方悉数传授给彭氏。但是，他让彭氏答应，不能以此聚财，不能传授给心术不正的人。自此以后，彭氏擅治骨伤的事便逐渐流传开。

骨伤续断秘方

《仙授理伤续断秘方》只流传下来一卷，共两论，主要记载了骨折、脱位、损伤三类伤科疾病，系统论述了手法复位、小夹板固定、内外用药、功能锻炼和清创缝合术等伤科诊疗方法和步骤。全书载方 46 首，其中有 10 首为外用方。

古人如何诊断骨折？《仙授理伤续断秘方》给出了答案。原来，古人诊断骨伤靠的是“摸诊”。摸诊是医者凭经验用手仔细触摸患处，通过感觉来诊断患者受伤局部的情况。《仙授理伤续断秘方》记载：“凡认损处，只须揣摸骨头平正、不平正，便可见。”“凡左右损处，只相度骨缝，仔细捻捺、忖度，便见大概。”这种“摸诊”技术不仅需要对

人体骨骼系统的形态非常熟悉，还需要积累多年的摸诊经验，才能做到万无一失。蔺道人通过诊断，将骨折分类为“伤碎”“断”“破骨差爻”“骨缝”等几种情况，分别与现在临床中的粉碎性骨折、横断性骨折、斜形骨折和骨裂一一对应。

书中记载，针对闭合性骨折需要采取“小夹板”方法来固定，以杉树皮、苎麻绳、绢片作为夹缚固定的材料，将杉树皮数片放置于伤肢周围，每两块之间留一空隙，用苎麻绳三根捆扎三道，在固定的时候，杉树皮长度不超过关节，关节部位只用黑龙散药膏外敷，用帛片包缚，使患处相对固定，并保证关节附近有一定的屈伸活动范围。书中提出骨伤治疗中一个重要的原则为“动静结合”，即患处静养与功能锻炼有效结合，以避免损伤后愈合迟缓及后期可能出现的功能恢复不良等问题。

针对开放性骨折，《仙授理伤续断秘方》中第一次详细记载了清创术的步骤。第一步是清洗伤口，如果伤口在头发内，必须剪去头发，保证皮肤的清洁。而且，需要用煎煮过的水清洗伤口，书中不厌其烦地指出伤口要一洗、再洗、反复淋洗，突出了彻底清洗伤口的重要性。第二步是检查伤情，根据伤情对骨折移位处进行手法复位。第三步是用针线缝合，缝合后的伤口处敷上自制的风流散，周围敷黑龙散，最后包扎固定。这些都基本涵盖了现代骨折手术的几个要素。

《仙授理伤续断秘方》中论述了颅骨、胸骨、锁骨、肋骨、股骨、胫骨、腓骨、踝骨、趾骨、肱骨、尺桡骨、手指骨等部位骨折的诊疗方法，以及肩关节、肘关节、腕关节、指间关节、髋关节、膝关节、踝关节脱位的诊断与治疗方法，成为我国中医骨伤科学的奠基之作。

王惟一

王惟一（987—1067），又叫王惟德，北宋针灸学家，不仅是翰林医官院的医官，也是太医局的针灸学“教授”。王惟一打造了中国乃至世界上最早的针灸铜人，设计了古代独一无二的针灸学习与考试模型，开医学模型考试之先河。

设计天圣针灸铜人

宋代太医局是当时最高级别的医学校，王惟一就在太医局教授针灸。在教学过程中，为了让学生更直观地学习经络知识，他常常绘制人体经络图，在相应位置标注腧穴名称。但人是立体的，平面图不能完全满足教学的需要。王惟一设想，如果能制作人体模型，就可以让学生更加直观便捷地学习针灸。由于古代科技发展水平的限制，只能选用铜或者铁这样的金属材料制作人体模型，然而铜在古代是珍贵金属，而且制作模型需要团队整体的配合和劳作，实现起来困难重重。

宋仁宗非常喜爱医学，尤其关注针灸。这位皇帝不仅爱好广泛，而且颇具创造力，他跟王惟一想到了一起，认为针灸的学习通过看书的方式远不如实物直观。于是，宋仁宗下令铸造用于针灸学习的铜人模型，早有准备的王惟一当仁不让地得到了“总设计师”的职位。

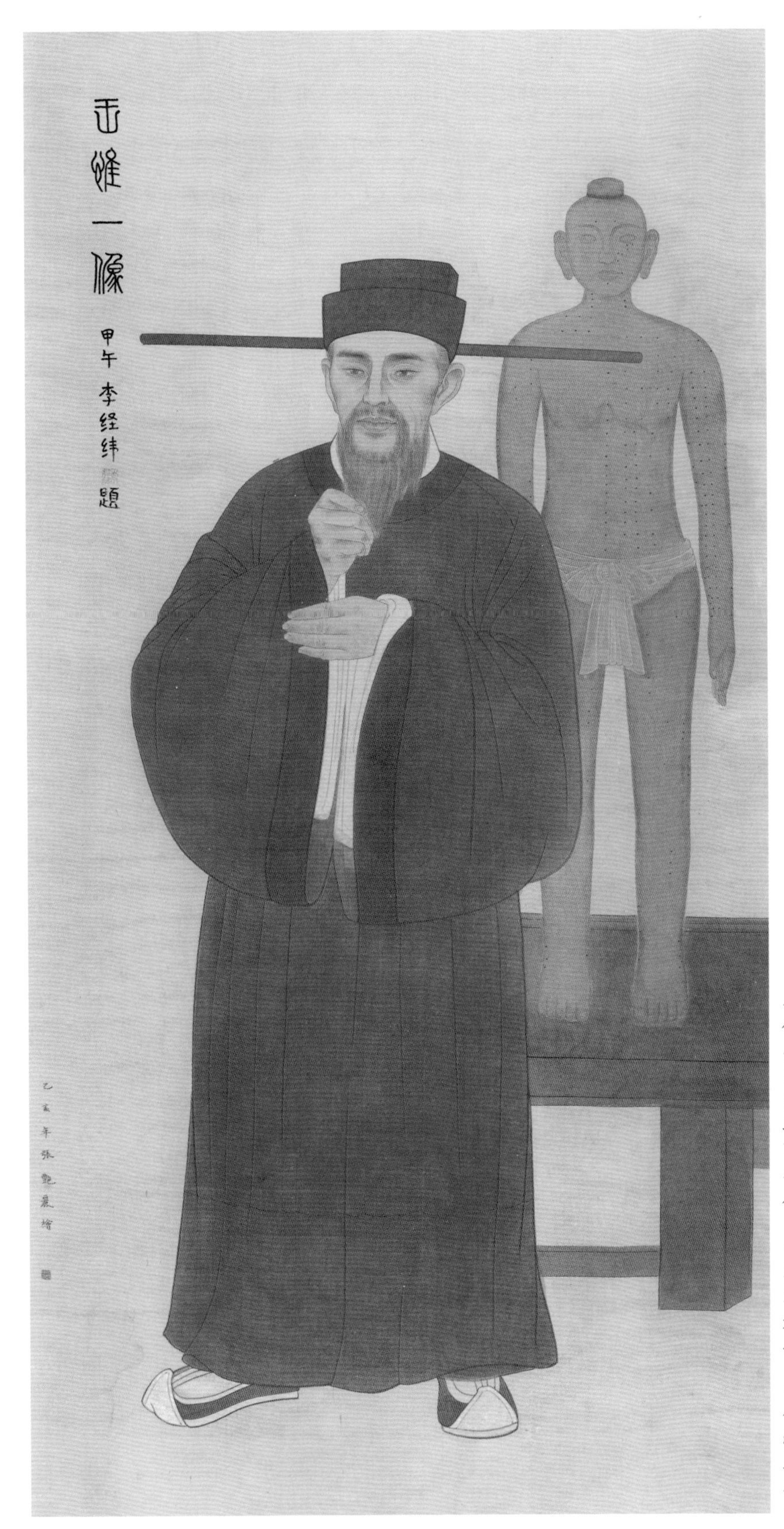

（作品由张艳丽创作，李经纬题款，李俊峰提供）

王惟一组织全国的能工巧匠，经过三年的努力，终于在天圣五年（1027年）成功铸造两座一模一样的针灸铜人，后人称之为“天圣针灸铜人”。两座铜人都是由青铜铸造，身高和一般青年男子相仿，面部俊朗，体格健美，头部有头发及发冠，上半身裸露，下身有短裤及腰带。人形均为正立，两手平伸，掌心向前。铜人里面是中空的，由“背”“面”两个青铜铸件连缀而成，并由特制的插头来拆卸组合。铜人体表标有354个穴位名称，所有穴位都凿穿成小孔。铜人体腔内还有木雕的五脏六腑和骨骼，体现了当时较高的铸造工艺，是世界上最早的针灸铜人。

开医学模型考试先河

“天圣针灸铜人”铸造完成后，一座藏于医官院，一座藏于大相国寺。

宋代医官院每年都会进行全国统一的针灸医学会试。会试前，医官先命人将水银注入铜人体内，再将铜人体表涂满黄蜡，完全遮盖铜人身上的经络与穴位。考试时，应试者根据考试题目在铜人身上下针，应试者一旦准确扎中穴位，针拔出时水银就会从穴位中流出。当时，人们把这一奇特的现象称为“针入汞出”。如果选错了穴位位置，把针扎弯也就无法刺进“铜皮”。这种用铜人作为人体模型进行考试的模式在当时可是“世界独一份”，它开创了医学模型考试的先河。

碑刻铜人针灸图经

大相国寺是北宋都城汴京中最热闹的地方，另一座针灸铜人就被安放在汴京大相国寺的仁济殿内。为什么针灸铜人会放在香火缭绕的寺庙里面呢？原来，王惟一完成天圣铜人的铸造后，为了进一步全面介绍铜人身上的针灸学知识，他根据针灸铜人身上的经络腧穴知识，专门写了一本书，书名就叫《铜人腧穴针灸图经》，这本书是学习铜人身上针灸知识的钥匙。不仅如此，深谋远虑的王惟一担心书籍不易保存，或者好事者随意往书上添上两笔，破坏了原书的严谨性，于是他创造性地把《铜人腧穴针灸图经》的内容刻在十几块大石碑上，与铜人一起放在大相国寺的仁济殿内。大相国寺是当时最大的寺庙，历代名人墨客都会往来于此，其中就有很多针灸爱好者，来到这里不仅可以学习石刻上《铜人腧穴针灸图经》的内容，还可以对照铜人进行实际观察，推广针灸知识。针灸铜人、石碑与大相国寺资圣阁、宝奎殿、仁济殿等建筑相呼应，成为汴京八景之一的“资圣熏风”。

每一个历史事件、每一位历史人物都脱离不了时代的潮流。王惟一生活的北宋，是一个医学发展十分繁荣的时代。北宋历代帝王都十分重视医学，从国家机构的设立、调控政策的导向及业界学术的发展等多方面，都为王惟一及其著作的创作提供了肥沃的土壤。北宋时期不仅设置了校正医书局，专门从事医书的校正、出版工作，为医学知识传播提供了大量可以参考的文献，北宋朝廷还组织编写了《太平圣惠方》《圣济总录》等大型方书，并编辑修订国家药典。王惟一生活在这样一个时代，为他在针灸学上取得成就提供了良好的医学氛围。

王惟一所撰写的《铜人腧穴针灸图经》不仅是北宋时期针灸腧穴的标准，也是宋代以前的针灸学成就的系统梳理和总结。《铜人腧穴针灸图经》统一了各家之说，使经络循行和腧穴位置客观化、标准化、规范化，补充了腧穴的主治作用，增添了新的腧穴，充实了针灸学的理论宝库，是继皇甫谧之后对针灸著述的又一次总结。《铜人腧穴针灸图经》的内容被刻在石碑上，便于学者观摩，更加促进了针灸医学的普及和传播。

钱乙

古代根据官服的颜色来区分等级。从唐代开始，三品以上官员身穿紫袍，佩带金鱼袋。唐宋时期还常用“紫金鱼袋”来指代高官。北宋时期有一位医者，因高超的医术而获赐“紫金鱼袋”，他就是中国古代的儿科鼻祖钱乙，被尊称为“儿科之圣”，开创性地提出了儿科的五脏辨证论治纲领。

孝义千里寻父

钱乙（约 1032—1113），字仲阳，祖籍钱塘（今浙江杭州），祖时定居郓州（今山东东平）。据《宋史·钱仲阳传》记载，钱乙 3 岁丧母，父亲钱颢擅长针灸，平时嗜好喝酒和远游，后来隐匿姓名东游于海上，不知所踪。姑母一家可怜钱乙孤苦无依，便将其收养，视如己出。

钱乙在生活上有着姑母无微不至的关怀，在课业上有着姑父吕君亦父亦师的指导。随着时间的推移，他度过了温馨而又独特的童年，但内心深处对父亲的思念却越发强烈。

成年后，钱乙决定外出寻父，辗转多年，终于找到父亲并将他接回家乡，用自己最美好的年华去履行“孝义”的大道。据传，钱颢返家后，钱乙恭敬地将其供养至百年，并按照礼法安葬。此外，钱乙对待姑父吕

（作品由张艳丽创作，李经纬题款，李俊峰提供）

君，也像侍奉生身父亲一般。钱乙的孝行被广为传颂，尤其是他千里寻父的事迹，还被文人写在诗赋中加以歌颂。

获赐紫金鱼袋

钱乙不仅聪慧，还十分好学，他自幼随姑父行医，尤其精通本草，能够分辨并改正本草书中记载的缺漏和错误。有人得到了奇异的药材向他请教，他通常能说出药材的名称、颜色、来源等。在临床方面钱乙也广博通达，不拘泥于某一师门，对治疗疾病的各种方法都比较精通。40岁时，钱乙已成为一位有名望的医生。

宋神宗元丰年间，皇室长公主的女儿有疾，钱乙经人推荐前去医治，治好了长公主女儿的病，被授予“翰林医学”的官职，赏赐六品官服。后来，皇子仪国公突发疾病，呕吐不止，后又出现了手足抽搐的症状，众医官束手无策，长公主极力推荐钱乙。钱乙被召进宫后，仔细观察了皇子的症状，开出一剂黄土汤。皇帝一听用黄土治疗皇子的病，龙颜不悦，太医也认为用黄土治病有辱皇子千金之躯。

钱乙看出了众人的疑虑，解释道：“皇子的疾病属于肝风犯脾所致，黄土汤具有温阳健脾的作用，这是按照中医五行学说，采取旺脾土以抑制肾水的方式，使水生木的力量减弱，这样肝风才能平复。”原来，这里的黄土叫“灶心土”，是以前土灶内被烧得焦黄的土块，在拆修土灶时，将被烧成结块的土取下，用刀削去焦黑部分和杂质，这就是黄土汤里的“土”，它又被称为“伏龙肝”，是一种药材，东汉末年医圣张仲景撰写的《伤寒杂病论》中就有记载。“灶心土”有温阳健脾、养血止血的功效。

听了这番解释，皇帝决定试试钱乙的方法。果不其然，皇子服药后便痊愈了。皇帝大喜，对钱乙刮目相看，提拔他当了“太医丞”，并赐紫金鱼袋。从此钱乙名声大噪，上至皇室官宦之家，下至庶民百姓，都争相邀请他诊治。

幼科冠绝一代

六味地黄丸是常见中成药，具有滋阴补肾的功效，用于肾阴亏损所致的头晕耳鸣、腰膝酸软等。其实，六味地黄丸是钱乙所创，最早是儿科用药。小儿本是“纯阳之体”，“纯阳”是指在生长过程中小儿会表现出生机旺盛、阳气当发的特点，而阴会相对不足，在发病过程中易患热病，阴津易伤。钱乙根据小儿体质的特殊性，对医圣张仲景的名方“金匮肾气丸”进行改良，去掉肉桂、附子二味温热性质的药物，将原本温补肾气的药方化裁成滋阴清热之方，主治小儿先天不足、肾阴虚损诸证。此方经过后世医家的应用，临床使用范围不断拓展，成为滋补肾阴的专方。

儿科，从古至今都是一个具有挑战性的学科。古语有云：“宁治十男子，莫治一妇人；宁治十妇人，莫治一小儿。”因小儿在牙牙学语时，难以叙述自己的症状，病情不易被全面了解，故多被古代医家称作“哑科”。与成人相比，小儿在生理上有独特之处。钱乙提出，小儿发育尚未成熟，对外界的适应能力低下，容易被邪气所伤，具有发病容易、传变迅速的特点。因此，他对小儿疾病的治疗特别注重寒热虚实，时时顾护小儿“脏腑娇嫩，易为伤动”的特殊性。治疗上他强调以“柔润”为原则，用药时十分谨慎，既不用过于温热的药物，也不用过于寒凉的药物，力求平实。

其次，钱乙开创性地提出了儿科领域的五脏辨证论治纲领。认为五脏的属性和功能各不相同，身体被外邪侵袭，发生的病变不同，症状也有所区别，由此钱乙以证候为准绳，以五脏为辨证基础，用风、惊、困、喘、虚来归纳五脏的主要证候特点，充分显示了其儿科五脏辨证论治的特色，对中医儿科学的发展有重大影响。

钱乙在儿科方面的成就，《四库全书总目提要》以“幼科冠绝一代”予以总结，钱乙被后世尊称为“儿科之圣”，实至名归。因钱乙诊务繁忙，无暇著书，其弟子阎季忠将其理论、医案和验方整理汇编成《小儿药证直诀》，这是钱乙现存唯一的传世之作，也是中国较早系统论述儿科疾病辨证论治的专著。

唐慎微

宋代是本草发展史上较为繁盛的时期。北宋百余年间，政府主持编修了多部本草著作，如《开宝本草》《嘉祐补注神农本草》《本草图经》等，官修本草的发展达到了高峰。此时，还有一人既非官员又非名士，以布衣之身，凭借一己之力编撰了《经史证类备急本草》这部巨著，该书囊括了先贤的本草文献精华，在内容、文献、体例方面的水平超越了当时的官修本草，对后世本草学产生了深远的影响。他就是蜀中医者唐慎微。

德术双馨性质朴

唐慎微（约1050—1120），字审元，四川蜀州晋原（今四川崇州）人。唐慎微不善言辞，但为人聪敏博学。他出身于医学世家，自幼便对医学产生了浓厚的兴趣，成年后对历代方书有着深入的研究，善于解决临床中各种疑难杂症，疗效如神，远近闻名。元祐年间，唐慎微应蜀帅李端伯之招，迁居成都行医，成为当地名医。

唐慎微的同乡、翰林学士宇文虚中在自己的孩童时代，曾经听闻唐慎微为自己的先人、华阳名士宇文邦彦治疗风毒重症的事迹。当时，唐慎微认为，宇文邦彦所患疾病很难根除，他留下手书一封，叮嘱宇文邦彦的家人在某年某月某日启封。神奇的是，到了启封的日子，宇文邦彦

（作品由高明创作，李经纬题款，李俊峰提供）

的旧病果然复发，家人打开尘封已久的书信，上面已经按照疾病的不同阶段写着相应的治法和方剂，共有三方：第一个方子治疗风毒再作，第二个方子治疗风毒攻注的疮疡，第三个方子治疗风毒上攻、气促欲作的喘嗽。宇文邦彦按照书信依次服药，半月后病情就被控制住了。这一段堪称奇幻的经历深深地印刻在宇文虚中的脑海里，后来他在为《重修政和经史证类备急本草》撰写跋文时提及此事，以示对唐慎微的敬仰之情。

在临床中，唐慎微医术精湛，诊断病症时胸有成竹，稍加片语便可直中要旨。他对自身医术十分自信，生性朴实耿直，不仅有着独特的医学诊疗风格，更具备高尚的医德。他对待患者不分贫富贵贱，一视同仁，凡有延请，不避寒暑，一律应诊。如遇穷人来诊，不取重酬，尽心尽力救治，深得当地人民爱戴。不仅如此，唐慎微的品德及才华也被官员敬佩和欣赏，尚书左丞蒲宗孟想以执政恩例，将其举荐为官，但他拒而不受，一心济世为民，可见唐慎微不为名利、超然脱俗的胸怀。在唐慎微的言传身教下，他的两个儿子及其女婿尽得真传，均成为蜀中名医。

广搜文献撰名著

唐慎微认真好学，求知心切，除了大量阅读经典医籍方书之外，还善于从经史子集、百家杂著中找寻本草相关记载。为了广泛涉猎医学资料，他还利用临床诊疗机会，向患者寻求本草文献资料和求教本草知识。他对待士人尤为特殊，在诊病后常不取报酬，只求对方将名方秘录相赠。这一举动得到了文士们的响应和支持，他们将在读书时发现的药名和方论都摘录给唐慎微。日积月累，在众人的帮助下，唐慎微开阔了眼界，收集了大量医药资料，为他日后的写作打下了良好的基础。

唐慎微有感于当时本草著作之弊端，不满足于收集各种验方秘籍，决心集各家所长，编撰一本系统论述本草的典籍。几经努力，唐慎微的《经史证类备急本草》终于完成。这本书广收博采，引用各种书籍达 200 多种，包括经史、仙经、道书、百家之说等。全书 31 卷，共记载药物 1746 种，

比宋代的官修本草所载药物增加了628种，如灵砂、桑牛等皆为首次载入。该书各药后的附方共3000余首，方论共1000余条，开创了本草文献中以方证药、方药对照的体例。

《经史证类备急本草》中的每一味药均附有药图，描述了药物的采集、炮制方法、主治功能、服药食忌等。该书具有一套完备的著录体系，并按照时间顺序引用历代本草文献内容。唐慎微辑录古代文献时非常严谨，凡采录原文，均标明出处，还特创设“墨盖子”作为新增加内容的标记，这部分内容占据了全书较大篇幅，是对本草文献的重要补充。

更为可贵的是，因唐慎微所引用的文献大部分已经亡佚，后人根据该书的记载，得以窥探亡佚医籍的部分内容。目前已有人从《经史证类备急本草》中辑佚、整理出《神农本草经》《雷公炮炙论》《修事指南》《食疗本草》《药录》等著作，可见原书在保存珍贵本草文献方面具有重要的价值。李时珍赞其道：“蜀医唐慎微……使诸家本草及各药单方，垂之千古，不致沦没者，皆其功也。”

著作校订刊本众

《经史证类备急本草》成书后，其学术价值获得了朝廷的认可，原书由朝廷屡派医官修订出版，并作为国家药典颁布，行于全国，在当时产生了非常大的影响。

大观二年（1108年），杭州仁和县尉艾晟，受集贤孙公的委托，将《经史证类备急本草》予以补充，增加了陈承《重广补注神农本草并图经》的新说，更名为《大观经史证类备急本草》，作为官定本刊行。此后，该书进一步得到政府重视，宋徽宗认为这本书“实可垂济”，派医官曹孝忠等人再次校正，于政和六年（1116年）校成《政和新修经史证类备急本草》。南宋绍兴二十九年（1159年），医官王继先又奉命校定增补，定名为《绍兴校定经史证类备急本草》。该书在《大观经史证类备急本草》的基础上，“考名方五百余首，证舛错八千余字”，终校定而成。

不仅如此，《经史证类备急本草》对私人撰写本草著作也有着深远影响。南宋淳祐八年（1248年），陈衍将《经史证类备急本草》节要改编成《宝庆折衷本草》。南宋理宗淳祐九年（1249年），平水晦明轩主人张存惠将寇宗奭《本草衍义》增附于曹孝忠校订的《政和新修经史证类备急本草》中，更名为《重修政和经史证类备急本草》。

一直到明代，《经史证类备急本草》一书都是本草文献的准绳。李时珍编写《本草纲目》时也以此书作为参考之一，在收录药材及援引文献等方面多有借鉴和发挥。

成无己

成无己（约 1066—1156），宋金时期著名医学家。成无己穷其一生研究伤寒学术，治学严谨，坚持不懈，是伤寒学派的代表医家之一，其所著《注解伤寒论》对伤寒学说的发展有着不可磨灭的历史功绩。

著“万全之书”

成无己出身于世医家庭，自幼攻读医学，对《黄帝内经》《难经》《伤寒论》等古典医著颇有研究，理论与临床均擅长，是伤寒学派的代表医家之一。《医林列传》称成无己“家世儒医，性识明敏，记问该博”。严器之在《注解伤寒论·序》中也评价他：“聊摄成公，议论该博，术业精通，而有家学。”

靖康之难后，淮河以北沦为金地，金朝统治者为了安全起见，仍将家属和物资留在上京临潢。约金朝皇统末，公元 1146 年至 1148 年，成无己年逾花甲之际，被金人虏劫至上京临潢（今内蒙古赤峰），为金朝权贵及家眷看病。他医术精湛，年近九旬仍每日出诊。行医期间，成无己将自己的医学经验撰写成书。然而，由于时局动荡，他的著作手稿并未刊行。

金正隆元年（1156 年），道号为“冥飞退翁”的王鼎为寻找自己的弟弟，北赴临潢，他在临潢待了近百天，目睹年逾九旬的成无己仍在

（作品由王水清创作，李经纬题款，李俊峰提供）

给人治病，而且疗效卓著。王鼎对成无己十分敬重，主动提出为他刊行著作，但却遭到了成无己的拒绝。原来，金朝规定，出版书籍前需要将完成的著作原件或副本进呈给金朝执政者，由金朝刻版印刷，不能私自外传刊印。成无己认为这本书成于大宋之地，是宋朝的书，不能在异朝出版。此后不久，成无己在临潢辞世，终究没能见到自己的书稿出版，实属遗憾。

成无己去世后，他的几部著作手稿也随之散落。之后，《伤寒明理论》被邢台某人得到，于金正隆五年（1160 年）刊行。《注解伤寒论》被王鼎所得，但因王氏经济能力有限，未能马上刊行。随着王鼎年事渐高，他深感责任重大，日夜如负芒刺，寝食不安，后在友人资助下，于金大定十二年（1172 年）刊行，此时距他得到此书已有 12 年。为此，王鼎在《注解伤寒论·后序》中特别注明“此书乃前宋国医成无己注解”，是一本影响深远的“万全之书”。

创方解先河

方剂就是治病的药方。成无己生活的年代，方书众多，方剂数量也相当可观，但医家们并不重视对方义的理解，后世医家在使用方剂时常会误解创方者的意图。《伤寒论》作为“方书之祖”，对后世有着深远的影响，它奠定了方剂学的发展基础。成无己以“经”释“论”，开创方解的先河，通过对“经方”君、臣、佐、使的分析，使得方剂中的药物层次清晰，呈现了方剂中各药物之间的组方配伍关系。

桂枝汤是《伤寒论》第一方，应用广泛，主要用于治疗风寒感冒初期，见发热、头痛，伴有汗出。《伤寒论》原文为：“太阳中风，阳浮而阴弱。阳浮者，热自发；阴弱者，汗自出。啬啬恶寒，淅淅恶风，翕翕发热，鼻鸣干呕者，桂枝汤主之。”提出桂枝汤适用于怕冷、怕风、流鼻涕、发热、干呕、汗出的风寒表虚证。成无己解释桂枝汤时说：“《黄帝内经》曰，辛甘发散为阳，桂枝汤辛甘之剂也。”桂枝汤是辛甘之剂，所以能发散风邪。《黄帝内经》还记载：“风淫所胜，平以辛凉，佐以苦甘，以甘缓之，以酸泻之。”成无己认为，桂枝为辛温药，有助阳生热的作用，芍药具有酸敛的功用，甘草有补虚益气的作用，生姜助阳生热，大枣甘甜补中，共奏桂枝汤辛温解表之效。

成无己的注解详细地解释了张仲景因证立法和组方的意义，有理有据，若非成无己临证造诣极深，难以达到如此境界。

注《伤寒》第一人

北宋嘉祐二年（1057年），政府成立刊印颁行中医古籍的临时性机构——校正医书局。这个机构成立后，以“百病之急，无急于伤寒”为由，整理张仲景的《伤寒论》，掀起了研究此书的热潮。

从30岁开始，成无己便研习探讨《伤寒论》中的学说，他以《黄帝内经·素问》《黄帝内经·灵枢》《难经》等书为依据，对《伤寒论》进行全面注释，被后世称为注释、阐发仲景《伤寒论》的第一人。万事开头难，在前无古人可借鉴的情况下，成无己是已知的最早对《伤寒论》进行全文注解的医家，开创了《伤寒论》注释的新局面。他的注解为后世打开《伤寒论》研究的大门提供了一把钥匙。

《伤寒论》第51条原文“脉浮者，病在表，可发汗，宜麻黄汤”，意思是说，脉浮是表证的象征，病在表可以用汗法，选用麻黄汤治疗。原文完全凭脉进行诊治，没有明确指出具体症状表现，后世很难理解应用。成无己注解道：“浮为轻手得之，以候皮肤之气。《黄帝内经》曰，其在皮者，汗而发之。”到底浮脉是什么程度？浮脉的特点为“轻手得之”，说明触及皮肤就可以感觉到脉搏跳动即为浮脉。《黄帝内经》中说“其在皮者，汗而发之”，是说邪在皮肤，可施汗法，使邪外泄而解。这种用《黄帝内经》理论指导临床治疗，引据经文解释仲景治法和处方的方法，引证准确，突出了以经论治。

成无己开创了全文注解《伤寒论》的先河，其功足以与王冰注释《黄帝内经·素问》相媲美。

许叔微

无锡马山（马迹山），古称“夫椒山”，是无锡太湖中的第二大岛，雄踞太湖西北部。马山景色秀丽，层峦叠嶂，林木葱茏，历史悠久，自秦以来留下许多名胜遗迹，南宋名医许叔微和他的梅梁小隐就是其中最负盛名的古迹之一。许叔微是一代名医，他师古不泥古，在传承和发展仲景学说方面有开创性的贡献。

小隐隐于野的名医

许叔微（1080—1154）出身于一个普通的武大夫（宋阶官名）家庭，其父许湙官至七品左翊武功郎，官阶虽然不高，但全家生活倒也无忧无虑。许叔微 11 岁那年，家中连续遭遇变故，先是父亲患瘟疫而亡，两个月后，母亲也患病而去。百日之内父母双亡，许叔微成了孤儿。双亲患病而亡的悲惨事实，给许叔微幼小的心灵留下了深深的烙印，他决心刻苦学医，拯救患者的生命。

南宋绍兴二年（1132 年），许叔微考中进士第五名，官至翰林学士，后曾历任徽州（今安徽宣城、黄山与江西上饶一带）、临安（今杭州）府学教授等。他为人正直，力主抗金，后来见宋高宗偏安江南，无意抗金，又不满朝廷腐败及奸臣陷害忠良，遂弃官隐居，在无锡马迹山檀溪建一庐。

（作品由路宾创作，李经纬题款，李俊峰提供）

这一隐居地位于马迹山桃坞小墅村，此遗迹至今仍有保存。屋中悬南宋抗金名将韩世忠题赠的“名医进士”匾“题赠进泉年丈先生”，落款为“清凉居士韩世忠”。门前有许叔微亲手种的两棵牛筋朴。牛筋朴，人称乔木之王，至今历经八百余年依然生机旺盛、枝柯虬结。许叔微还种有一棵乌不歇，葱茏繁茂。树下有一口古井，八角青石井栏，据传许叔微曾用该井水煎熬草药。因居所面对梅梁湖，故取名梅梁小隐，有“大隐隐于朝，小隐隐于野”之意。

许叔微隐居期间，潜心研究医学，不计报酬为民治病，颇受当地乡民爱戴。他著有《伤寒九十论》《伤寒百证歌》《伤寒发微论》《类证普济本事方》《仲景脉法三十六图》等多部医书。

阐发《伤寒论》撰医案

许叔微在《伤寒论》理论和实践方面的研究都取得了令人瞩目的成就。他首创“按症类证”的研究方法，将《伤寒论》中具有同一症状的若干方证汇集起来，再应用六经、八纲、脏腑等学说分析这些方证在诊断和治疗中的异同。他所著的《伤寒百证歌》更将伤寒全书融会贯通，别出心裁；以伤寒诸证为目，有“发热歌”“吐逆歌”；又将诸种治法也列为歌诀，如“可汗不可汗歌”“可下不可下歌”，都能做到条理畅达。

许叔微将《伤寒论》中高深晦涩的内容编为歌诀，读起来朗朗上口，容易背诵记忆，同时每句后还附上了治法方药，这样可以指导初学者在临床中应用《伤寒论》中的方剂，不易产生混淆。他对《伤寒论》的应用和发展做出了重要贡献。

许叔微 70 岁高龄时，仍然手不释卷，不废耕耘，将平生运用经方的案例整理编撰成书，定名《伤寒九十论》，这是我国最早的医案专著。书中记载许叔微临床治疗的伤寒病例，每例都详细记录病例和治疗经过，之后还附有讨论部分。书中讨论部分都是他依据《黄帝内经》《难经》《伤寒论》论述，同时结合个人见解，阐发治疗机理和处方用药的心得，这在医案发展史和仲景学术临床应用方面具有开创性的意义。

《古今医案按》这样评价许叔微："仲景之《伤寒论》，犹儒书之《大学》《中庸》也，文词古奥，理法精深。自晋迄今，善用其书者，惟许学士叔微一人而已。所存医案数十条，皆有发明，可为后学楷模。"

师古不泥古创新方

许叔微在《伤寒九十论》中记载了这样一则医案：有位董姓患者一躺下就神魂飞扬，常常感觉身体在床而神魂离体，惊悸多魇，通宵不寐，找了很多医生都没有效果。许叔微前往诊治，问患者，医生按什么病治疗呢？患者说，医生都认为是心神病。许叔微诊脉后说，肝藏魂，正常人的肝没有受邪气侵扰，睡觉时魂就藏于肝，如果肝受邪气侵扰，魂就不能归于肝，则出现神志问题；如果情绪再有些变化，就会加重这个情况。患者听后高兴地说，他从未听过这样简单明了的说法，虽然还没有吃药，但已经觉得病好了！之后服用许叔微开的处方真珠丸一个月，病就痊愈了。

这个医案反映出许叔微善于运用前人的制方法度，灵活化裁古方，创制新方。医案中的真珠丸是由《金匮要略》的酸枣仁汤化裁而来。酸枣仁汤原本用来治疗肝阴虚失眠，许叔微加入珍珠母、龙齿两味药，从而达到了镇静安神的效果。

值得注意的是，许叔微重视与患者的交流，他治病并不急于给药，而是先向患者耐心讲明病情，比如为什么会发病、为什么会加重等，把道理解释得详细透彻，令患者心悦诚服，顿时觉得大病已去，还没有用药却胜过用药，这样的交流对于疾病的治疗起到了至关重要的作用。现代医学实践也证实，临床医生的语言修养在医疗活动中所起的作用非常重要。

刘昉

龙图阁是北宋初年开封宫城中建的一座馆阁，存放皇帝御书御画、皇家重要文献及宝瑞等物，还配置有学士、直学士、直阁等人员。大家熟知的“包龙图”包拯，就曾任“龙图阁”直学士。其实，医学史上也有一位龙图阁学士，他就是人称“刘龙图”的刘昉。刘昉治学严谨，去粗取精、去伪存真，著《幼幼新书》，在儿科发展史上极具学术研究和临床运用价值。

潮州名人　爱国爱乡

潮州是中国历史文化名城，历代人文蔚盛，有“海滨邹鲁”之称，刘昉是潮州的历史名人，在饶宗颐教授所著《潮州先贤像传》中就有刘昉的传记。他是宣和六年（1124年）的进士，历任礼部员外郎、太常寺少卿、夔州知州、荆湖转运副使、潭州知州、荆湖南路经略安抚使等官职，还被授予龙图阁学士，世人因此亦称之为刘龙图。

刘昉（约1108—1150），曾名旦，字方明，宋代海阳（今广东潮州）东津桃坑人。刘昉出生在海阳当地的名门望族，父亲刘允是进士，也是“潮州八贤”之一，曾任程乡知县，化州和桂州的知州，他不仅博学多才还兼通医学，著有《刘氏家传方》一书。弟弟刘景曾任台州和南雄的知县，

（作品由王海滨、王瑛创作，李经纬题款，李俊峰提供）

也曾奉旨和戎，是不可多得的外交人才。刘昉自幼喜爱方书，参与了《刘氏家传方》的编写，后来在从政之余也时常研究医道。

宋金争战，刘昉支持爱国名相赵鼎的抗金主张，并建议巩固河南，以利北上抗击金敌。听闻抗金名将岳飞父子被秦桧杀害，他愤然上书斥责秦桧的投降罪行，结果被罢黜回乡。不久，因其确有才学，又被重新起用为四川、湖南等地方官吏。在所管辖之处，刘昉减轻赋税，重视整修文物古迹，受到了民众的赞扬。刘昉曾经三帅潭州，功勋昭著，高宗皇帝认为“非文武兼全者不足以膺此大任也”，对刘昉极其信任，并特赐“先斩后奏”之权，显赫至极。刘昉去世时，朝廷念其功绩，高宗皇帝特别敕礼部赐葬二墓，一处在潭州，一处在潮州桃坑（衣冠冢），于绍兴二十二年（1152年）八月十五日派遣礼部郎中到潮州致祭，主办赐葬，并钦赠熙诗、挽诗各一首，备极哀荣。

怜小儿疾苦　编幼科专著

任潭州知州期间，刘昉发现很多小儿患病后难以救治，夭折者难以计数。他有感于小儿的疾苦，认为造成这种情况的原因是儿科良医少，尤其相关资料散漫无序，没有可以参考的儿科著作。于是，他决定与下属共同收集整理古今儿科各家方论，主持编纂一部大型儿科专著，定名为《幼幼新书》。

《幼幼新书》全书共40卷，约155万字，记载儿科方剂7633首，集宋以前儿科之大成，是中医儿科学的一部巨著。该书不仅选取古圣先贤方论，还汇集了大量民间验方及私人秘方。在用药治法方面也很详备，除记载了常用的丸、散、膏、丹外，还有针法、灸法及很多外治法，对临床应用有较高的参考价值。尤其是作者参考摘录宋以前的方书达160余部，而且全部标明出处，其中很多书现在已经亡佚，所以《幼幼新书》具有很高的中医儿科文献学价值。这部书在人民卫生出版社点校时，用了整整5年时间，参加点校者多达58人。可以想象，在当时科技、信息手段不发达的年代，又需耗费多少人力物力。

由于书籍内容丰富，规模宏大，在编辑到第 38 卷的时候，刘昉积劳成疾，一病不起，由他的接任者继续完成，将后面的两卷合为一卷，另外又汇集了历代求子方作为卷首，至此，40 卷全部完成。刘昉在病榻上仍然念念不忘《幼幼新书》的编写工作，临终时对主管学事的湘潭县尉的门生李庚说《幼幼新书》还没有请人写序言，便请李庚为此书作序。李庚深受感动，欣然同意。刘昉对《幼幼新书》倾注了全部心血，可惜，他没有能够等到书稿刊印就与世长辞了。

指纹诊病　专著首载

中医四诊望、闻、问、切，其中“切”就是切脉。但是 3 岁以下的幼儿，通常是通过观察食指的指纹来诊断疾病的。这种儿科特有的诊断方法最早记载于《幼幼新书》。通过观察小儿双手食指指纹的长短，可以判断疾病的深浅、善恶；细看指纹的颜色，可以判断病邪的性质，还能帮助了解病因及推断病邪致病的过程。现代解剖学研究也发现，小儿食指静脉相较于其他手指静脉粗而浅表，是最便于肉眼观察的手指浅表静脉。所观察部位的静脉因人而异，静脉的不同分布情况与指纹的形态密切相关。可见，从解剖层面上来说，食指指纹能反映出个体差异，可以作为诊断的特有标志。而且这种方法观察的指标少而明确，易学易懂，又不会引起患儿不适，是历代儿科医家经常使用的诊断方法，并一直沿用至今。

为了尽可能恢复古医籍原貌、鉴别正误异同并阐发医理，使读者能更正确地阅读、研究和运用儿科医籍文献，在《幼幼新书》中，刘昉对辑录的医籍文献进行了校勘和注释，对古代的医用名词术语加以解释，同时阐述医学理论。例如，他分别对浮、沉、洪、微、紧等脉象的名称和概念进行了详细的解释：浮脉，就是按之不足，轻按才能感觉，好像摸在葱管上一样；沉脉，需要重按才能感受到，举起手指即无。这些都体现了刘昉严谨的治学态度，使得《幼幼新书》具有很高的文献研究价值和临床实用价值。

刘完素

“儒之门户分于宋，医之门户分于金元”。这是清代纪晓岚在《四库全书总目提要》中的一句评语。意思是说，宋代儒学打破了汉代经学的发展局面，出现了门户之分。受此影响，金元时期的医学界也出现了学术流派百花齐放、争奇斗艳的局面，形成了金元时期的医家争鸣。拉开金元医家争鸣大幕的领军人物就是河间学派的开山鼻祖、“火热论”创始人刘完素，他是“金元四大家”之首，在中国医学史上留下了浓墨重彩的一笔。

“高尚先生”苦钻研

刘完素（1110—1200）出生在河北省肃宁县，他幼年丧父，家境贫寒。三岁时，家乡发生水患，刘完素便跟随母亲迁居至河间，故后人多敬称他为刘河间。幼年时，刘完素的母亲患病，因为无钱付诊费，他连续三次都没有请到医生，最终因延误了治疗时机而导致母亲病故。刘完素幼年丧父后便与母亲相依为命，感情极为深厚，母亲的离世对刘完素的打击很大。此后，刘完素便立志成为一名解救百姓疾苦的医生。而且，他幼年时曾读到北宋名医钱乙的事迹，对其非常仰慕，钱乙的人生经历也深深激励着他，令他下定决心以医术济世救人。

（作品由董竟成创作，薛永年题款，李俊峰提供）

据传，刘完素为了学习医学而云游四方，后来遇到“异人”陈先生，便跟随他学习医术。一天，陈先生与刘完素饮酒，刘完素大醉后昏睡，陈先生于梦境中传授他医术，酒醒后刘完素便洞达医理，诊病也达到了出神入化的境界。当然，这也许只是后人为了称颂刘完素而杜撰出来的神话故事，因为名医不是一夜之间就可以“打造”出来的，刘完素之所以能成为苍生大医，必经朝勤夕思、手不释卷的刻苦攻读和大量的临床实践。

青年时期的刘完素在自学了许多医著后，认为这些都不是医学的真谛。他在 25 岁时开始研读《黄帝内经》，这成为他之后医学生涯的转折点。刘完素被《黄帝内经》的深奥理论吸引，日夜不辍地研读，甚至达到了废寝忘食的地步。从 25 岁到 60 岁，他用了整整 35 年的时间钻研《黄帝内经》，深深痴迷原书，他为自己取字“守真”，自号“通玄处士”，后人认为“完素”“守真”的含义就是要守《黄帝内经·素问》之真。

定居河北河间后，刘完素声名日隆，医名甚至传到了朝廷中。当时，金章宗为了笼络人心，便请刘完素到朝中为官，但是刘完素拒绝了金章宗的三次邀请。刘完素大半生在河北各地云游行医，足迹遍及保定、文安等地，他扶危济困，活人无数。金章宗为表彰其医术与品德，特赐号“高尚先生”，这是很高的荣誉。

创寒凉派不泥古

作为金元医家中的一杆大旗，刘完素在中国医学发展史上留下了浓墨重彩的一笔。他不仅是“河间学派”的首创者，也是“火热论”思想的创建者。

病机，是指疾病发生、发展、变化及其结局的机理。刘完素在深入研究《黄帝内经·素问》病机学说的基础上，提出了自己对病机的认识，即“察病机之要理，施品味之性用，然后明病之本焉。故治病不求其本，无以去深藏之大患”。他认为，明察病机是“治病求本”的首要任务。由此，他认为《黄帝内经·素问》中提出的十九条“病机”纲领过于言简意赅，难以完整地诠释病机。于是，刘完素结合“天人合一”的理论，采取“取类比象”的方法，将《黄帝内经·素问》病机十九条所概括的症状由36种扩大到91种之多，并且对每种症状都进行了深入分析，详述不同病机的性质、转归、变化的规律，拓展了中医病机学说。在刘完素所论述的病机学说中，特别强调了“火热”致病的机理，他认为“火热”是引起多种疾病的病因，并因此提出了“六气皆从火化”和“五志过极皆为热甚”两个著名的医学观点。

刘完素认为，风、寒、暑、湿、燥、火六气都可以转化为火热之邪。如暑与火本身就属于火热之气，其余四气虽与火热不同，但通过“兼化”和“同化”都可以化生为火热之邪。如风善行数变，可以从阳化热；寒闭肌腠，可致阳郁化热；湿热相兼，可以从阳化热；燥为阴亏血少，可致内热丛生。五志，指喜、怒、悲、思、恐五种情绪，过度的精神情志刺激会损伤五脏的功能，从而使五脏的气机不得条达，影响机体阴阳、气血和脏腑生理的平衡，造成气机郁结，郁久则从阳化热，致火热内生。无论外感和内伤疾病，“火热”都是它的主要病机。基于此，刘完素强调使用寒凉药物进行治疗，并且创制了一系列寒凉的治疗方法和方药。由此，后世称刘完素为“寒凉派”的创始人。

后人认为，刘完素之所以提出“火热论”，是与他生活的年代和地域息息相关的。刘完素生活在宋金对峙、社会动荡的年代，他亲历了战争、饥饿和灾荒，以及多次的热病流行。刘完素居住在北方，那里风土刚燥，北方人体质壮实，禀赋强悍又好食肉类，尤其在北方寒冷的冬季人们常常取火保暖，室内外温差较大，久而久之，体内容易蕴积化热。当时的医家多选取宋代政府颁布的成药手册《太平惠民和剂局方》中的方剂予以治疗，其处方用药多偏于温燥。这些都是刘完素提出“火热论”的原因。刘完素善于在临床实践中细致观察，尊古而不泥古，对外感热病的认识独树一帜，他为金元时期各医家学术争鸣做出了杰出的贡献，建立了良好的开端。

桃李满园傲河间

身为金元四大家之首，刘完素开创的“河间学派”门人弟子众多，既有亲炙门人，又有许多私淑弟子，可谓桃李满天下。

亲炙门人，就是亲身受到刘完素教诲和传授的学生。刘完素的亲炙门人有数十位，最早的弟子有穆大黄、董系、马宗素、荆山浮屠等人。其中，荆山浮屠是一位僧人，他的学生是罗知悌，而罗知悌的学生就是金元四大家中的朱震亨。朱震亨在吸收众家之长的基础上提出“阳有余阴不足论”，将河间学说发扬光大。私淑弟子，就是没有得到刘完素的亲身教授，但敬仰并传承了他的学术并尊之为师的学生。刘完素的私淑弟子不计其数，其中，张从正是最有成就的一位，他在“火热论”的基础上提出了“攻邪论”，补充和完善了河间学派的观点。

河间学派的医学思想对后世医家产生了重大影响。首先，刘完素打破了自宋代以来，医学界滥用辛温之品的陈规，注重辨证论治，以火热为病机，推陈出新，开创了寒凉治法的先河。受火热理论的启发，明清时期医学家吴又可、叶天士、吴瑭、王孟英等又发展了温病的治疗方法，使温热学说得到了长足的发展，温病学成为了一门较为成熟的独立学科。至今医学界仍把河间学术思想作为重要的临床实践依据指导治疗。

金承安五年（1200年），刘完素走完了人生的最后里程，享年90岁。因其生前信奉道教，人们用瓮葬把他埋葬于故里，并树碑建祠以示纪念。现在，河间一带仍然保持着祭祀刘完素的习俗。河北保定还建有刘守真庙，供人们瞻仰。

陈言

陈言（约 1121—1190），字无择，号鹤溪，又号沐溪，青田鹤溪（今浙江省景宁鹤溪）人，南宋著名医学家。他聪敏好学，善于方脉，治病立效，创立“三因极一”学说，对中医学产生了深远影响。

触手生春　仁心仁术

陈言勤奋好学，博览群书，尤好医书，多有所得。他深刻认识到“临证不读书不可为医”的道理。因受孙思邈《大医习业》触动而作《太医习业》一文，通过以儒比医的手法，论述儒生必熟读五经三史、诸子百家，才能成为一代名士。学医之人亦然，必须通过不断汲取前人的宝贵经验和学术精华，采撷诸家之长，充实自己，才能将所学更好地应用于医疗实践。陈言列举出《黄帝内经·素问》《黄帝内经·灵枢》《难经》《针灸甲乙经》《黄帝内经太素》《中藏经》《刘涓子鬼遗方》《金镞刺要》《铜人腧穴针灸图经》《黄帝明堂灸经》《幼幼新书》《产育保庆集》等经典医籍，作为医者的必读书籍。

广采众长、严肃谨慎的治学方式，为陈言的临床工作打下了坚实的基础。他弱冠之龄便悬壶济世，长于方脉，治病立效，遇有不治之症，也能准确地预告患者及家人病症的发展结果，且从无失误，在当时成为

（作品由盛天晔创作，李经纬题款，李俊峰提供）

传奇式人物。在临证选方用药方面，陈言善于根据地域特征，因地制宜创制新方。他根据温州乡绅余光远的养生经验，认为胃气是人立身之根本，同时考虑到温州潮湿的地理特征，在藿香正气散、不换金正气散等芳香化湿、理气和胃方剂的基础上增添药物，创制出除湿理气的养胃汤。此方一出，求医问药者众多，无论季节如何变换，陈言屡次应用此处方，并结合人体六气增损变化而调整，既安全又有效。在当地行医时，陈言还谨慎使用辛温燥热药物，临证中又将麻黄去节炮制后使用，以免发汗之力太过。他还创制和气饮一方，“由是乡之富贵贫贱，皆所共闻，闾里铺肆，悉料出卖”，可见此方在当地反响之强烈。

据《陈氏宗谱》记载：“陈氏自赵宋以来世为医官俱负声誉其间。”故陈氏祖训有言，“不为良相，即为良医”“积金积书不如积阴德”。陈言谨遵祖训，济世活人无数，医德高尚。面对往来求医者，无问亲疏贫富，一视同仁，不图回报。据其后人记载，某年永嘉瘟疫肆虐，人心惶惶，视染疫者如洪水猛兽，避而远之。而陈言却毅然坚守临床一线，为患者诊治疾病，提供药品和食物，不分昼夜。有人曾劝陈言顾及自身安危，他却淡然说道：“我的工作就是救治疾苦，我只是尽我的职责，是否会染病，那就福祸由天吧！”其仁心仁术可见一斑。万幸的是，待到疫势平稳，陈言仍安然无恙。

佳著传世　影响深远

多年的行医生涯，让陈言深知病因研究的重要性。他认为学医须晓“五科七事”。“五科”指脉、病、证、治、病因；“七事”指脉、病、证、治、内因、外因、不内外因。南宋绍兴三十一年（1161 年），陈言在积累大量临床经验的基础上，为表弟叶桷（字伯材）汇集药方六卷，取书名为《依源指治》。由书名可知，这本书是根据病因指导临床诊疗施治的专书。全书共分 81 门，前述阴阳、疾病、脉象、病证，次述病因，集注《脉经》，内容十分丰富。叶桷本想托人刊行，但是因病突然去世，

《依源指治》没能出版，而且随着他的故去，书稿也不知去向。但这次宝贵的著书经验为陈言进一步总结病因学理论打下了坚实的基础。

多年后，陈言终于著成《三因极一病源论粹》一书，后《宋史·艺文志》中以《三因极一病证方论》的书名载入，简称《三因方》。《三因方》共 18 卷，180 门，包括内、外、五官、妇、儿各科病症，录医方 1050 余首。陈言根据自身临床经验，在继承和发扬《黄帝内经》《金匮要略》等著作中病因学理论的基础上，创立了以病因分类的“三因学说”。

“三因学说”把致病因素分为内因、外因、不内外因三种。内因是指喜、怒、忧、思、悲、恐、惊七情；外因指各种外邪，风、寒、暑、湿、燥、火六淫之邪，或四时非常之气均属此类；不内外因则包括饮食、虫兽等。值得注意的是，陈言在《三因方》自序中指出，“俗书无经，性理乖误庸辈妄用，尤验有伤，不削繁芜，罔知枢要”，可见“削繁知要”是其著述的主要目的，他另辟蹊径，使方药的研究由博返约。在此思想指导下，陈言凭借三因学说的主张，按因类证，以证列方，先论后方，方论结合，从脉象、病因、病候入手，将复杂的辨证论治由博返约，执简驭繁，使之更切合临床实用。清代《四库全书总目提要》评论此书：“每类有论有方，文词典雅而理致简赅，非他家俚鄙冗杂之比。”

《三因方》成书后，陈言仍在温州行医济世，陆续收徒 70 余人，其中王硕、孙志宁、施发、卢祖常等人为佼佼者，他们以《三因方》为理论基石，展开了学术争鸣，后在浙江温州地区形成了“永嘉医派”，令陈言的学术思想在中医历史长河中生生不息、光辉永存。

张元素

“风萧萧兮，易水寒，壮士一去兮，不复还。”当年荆轲入秦行刺秦王，燕太子丹与之饯别于易水，何等悲壮！不仅荆轲由此扬名天下，河北易水也成为世人皆知的名胜之地。其实，“易水”除了有荆轲刺秦王的故事，还是一个医学流派的名称，这就是金元时期形成于易水河畔的易水学派，其代表人物就是张元素，他在中医证候与病机、遣药制方理论上均有重要贡献。

不为良相则为良医

张元素（1131—1234），字洁古，金代易州（今河北易县）人，是金元时期易水学派的开山祖师。他的弟子众多，其中以李杲、王好古最为著名。

据《金史》记载，张元素 8 岁考童生，27 岁考进士时触犯了当时的“庙讳”，因此被取消了参加科举考试的机会。张元素究竟错在哪里呢？有学者研究发现，张元素所处时代正值金朝统治时期，金代的帝王复姓“完颜”，而张元素名字中的“元”与完颜氏的“完”字，无论字形还是读音都颇为相似，因此张元素犯了庙讳中的“嫌名”，也就是名字与帝王之姓发音相似，这在当时是不被允许的。尽管张元素非常聪慧，且

（作品由马唯驰创作，李经纬题款，李俊峰提供）

从小勤奋苦读，但他依然因此失去了参加科举考试的机会。无奈之下，“不为良相，则为良医”，张元素毅然选择学医，走上了从医之路，从此世上多了一名良医。

张元素之所以能够扬名，乃至创建易水学派，都离不开金元四大家之首刘完素的帮助。据《金史》记载，当时已经名满天下的河间学派创始人刘完素不幸患了伤寒，他给自己用下法治疗，结果因为辨证错误而发生差错，出现头痛脉紧、呕逆不食等症状。情急之下，刘完素家人请来了小有名气的年轻医生张元素，张元素仔细诊断后，从脾阳亡失的角度论治，将刘完素治愈了。此案之后，张元素名声大振。之后，二人结为忘年交，往来甚密，也打破了医家之间的门户之见。刘完素还极力向别人推荐张元素，使张元素扬名天下，金元医学风气为之一新。

重视传承更擅创新

金元之际，北方战乱频繁、饥荒劳役，疾疫丛生。前人对病因病机的解释及治法治方已不能适应临床需要，流行一时的《太平惠民和剂局方》也受到很多医家的非议。张元素率先提出“运气不齐，古今异轨，古方新病不相能”的革新主张，认为面对新出现的疾病不能拘泥于古训，应该大胆创新，在脏腑辨证、制方遣药等方面创建新思想。

创新离不开继承，张元素在系统研习《黄帝内经》《难经》《伤寒论》的基础上，吸取了华佗《中藏经》中有关脏腑辨证的理论，借用了《千金方》中按脏腑系统归纳疾病的分类方法，并继承了钱乙五脏补泻的辨证体系，创建了脏腑寒热虚实辨证学说。例如：在论述心脏时，张元素先详细列出心的性质、功能、五行属性、脏腑关联等特征，“经曰，心者，五脏之尊也，号帝王之称也。与小肠通为表里，神之所舍，又主于血，属火，旺于夏，手少阴太阳是其经也”；然后叙述心的虚实寒热脉证，“心虚则恐悸多惊，忧思不乐，胸腹中苦痛……其脉左寸口虚而微者是也”；接着指出心病的演变和预后，“心病者，日中慧，夜半甚，平旦静”；

最后从补虚、泻实、温寒、清热等方面制定治疗方药，“心苦缓，以五味子之酸收之。心欲软，软以芒硝之咸，补以泽泻之咸，泻以人参、甘草、黄芪之甘”。由此，张元素的脏腑辨证学说由点到面，详细论述每一脏腑的生理功能、病理变化、演变预后、治疗方药等四个方面的内容，原有理论得以进一步完善，这部分内容也成为易水学派的理论基石。

倡导药物“引经报使”

张元素还倡导药物的“归经”和“引经报使”。归经是指药物作用的定位，即每味药物都有其所归属的脏腑经络；引经报使指某些药物能引导其他药物的药力到达病变部位或某一经脉，起“向导”的作用。张元素著《珍珠囊》一书，书中几乎对每味药都标注了归经。药物各归其经，则治疗所归属经络的药力更加专一而有力，临床疗效更显著。

张元素认为，领兵打仗需要有“向导”，引导主要兵力到达主战场，才能有效打击敌人，用药也是一样的，没有引经药物的带领，药力就不能到达病所。例如，同样是泻火药，黄连泻心经的火、黄芩泻肺经的火，芍药泻肝经的火，知母泻肾经的火，所谓各得其所，各有专攻，才能更好地发挥效用。再如，手足太阳经病，需要用羌活做“向导”；手足少阳经病，需要用柴胡做“向导”；足阳明经病，需要用升麻、葛根、白芷做“向导”；手阳明经病，需要用白芷做“向导”等。

遗憾出局金元四大家

作为易水学派创始人的张元素，尽管开创了新的学派，对后世医学影响深远，但令人颇感意外的是，他的名字没有被列入著名的金元四大家中。而他的入室弟子李杲却超越了老师，位列其中，这是为什么？

其一，后人的评判问题。最早点评金元时期医学成就的是明初的宋濂，他认为，金代有名的医生有刘完素、张子和、李东垣三个，这三个人虽然医学指导思想不同，但都是以《黄帝内经》为宗旨。在随后的发展中，张子和的学术传了两代以后就不闻声息了。李东垣虽然有很多弟子，但都在中州，很少为外界所知。只有刘完素的学说传给了荆山浮屠，荆山浮屠又传给杭州的罗知悌，而朱震亨又是罗知悌的徒弟，通过朱震亨的努力使刘完素的医学思想在南方普遍传播。认为朱震亨应该与刘、张、李三家并行。另外一个是曾与宋濂共同编修《元史》的王袆，他认为："金氏之有中原也，张洁古、刘守真、张子和、李明之四人者作，医道于是乎中兴。"两个人最大的争议就在于张元素还是朱丹溪谁能入选金元四大家。在随后的发展中，明代医家王纶、李中梓、孙一奎都赞同宋濂的观点。清初，著名医家张璐沿袭了宋濂的说法，陆懋修在肯定张璐说法的基础上明确提出"金元四大家"的说法。自此，张元素最终遗憾落选金元四大家。

其二，学说的特色问题。尽管张元素从生理、病理、证候、治疗、预后等多方面阐发了脏腑虚实寒热证候与病机，奠定了脏腑辨证的基础。而且，还创立药物升降浮沉说、药物归经说、引经报使说等遣药制方理论，奠定了中药学和方剂学的理论基础。但是，后人认为，张元素的理论精妙深奥，理论性太强，不利于推广，也不容易被后世医家领会掌握。与其入室弟子李杲的脾胃论相比，李杲抓住了常人最容易得的脾胃病这一核心，独重脾胃内伤病机的阐发，并制定出一系列调补脾胃的方法，其内容相对浅显，观点更为鲜明，更易被后人理解与运用。

尽管张元素遗憾出局金元四大家，但是，他的成就并没有被历史所遗忘，他在理论上的创建仍然得到了后世医家的赞许，明代李时珍称赞张元素说："大扬医理，《灵》《素》之下，一人而已！"

张从正

绝句一

耽嗜医经五十年，

野芹曾献紫宸前，

而今憔悴西山下，

更比文章不值钱。

绝句二

书剑功夫两不成，

年来踪迹愈如萍，

而今滱水无鱼钓，

收拾渔竿海上行。

这两首诗记载在古医籍《儒门事亲》中，是金元四大家之一张从正晚年所作。诗中充满惆怅与怀旧的情绪，反映了作者心有不甘又无可奈何的心绪。诗中“紫宸”是宫廷的意思，张从正曾经做过太医。他是不按章出牌的医中“黄老邪”，这位攻邪派鼻祖，更是一位擅长中医情志疗法的心理治疗大师。

（作品由戴杰创作，李经纬题款，李俊峰提供）

辞职太医“技高常孤”

张从正（1156—1228），字子和，号戴人，金代睢州考城（今河南民权）人。张从正出身于医学之家，幼承庭训，13 岁便开始随父亲学医，20 岁即悬壶应诊。张从正喜好读书，推崇刘完素的学说，同时也逐渐形成了自己独特的医学理论，以高超的医术闻名于世。随着名气渐长，张从正被征召入太医院任职，达到了事业发展的顶峰。但令人奇怪的是，张从正当太医不久便辞职了。

金末的刘祁曾撰《归潜志》，书中记述了金末 100 多位名人的事迹。刘祁早年随祖父和父亲游宦于开封，结识了不少名官显宦和文人学士，其中就有张从正。《归潜志》中提到，张从正离职与其性格有直接关系：“张从正为人放诞，无威仪，颇读书、作诗，嗜酒。”也就是说，张从正为人性格豪爽，不拘小节，言行不羁，同时喜欢读书、作诗和饮酒。这种性格与太医院里唯唯诺诺、小心谨慎的做派显得格格不入。此外，张从正治病剑走偏锋，不仅观点新颖，治法独特，而且胆略过人，敢想敢做，因此招致了其他太医的不满与非议。他本人在《儒门事亲》中曾经列举了很多当时攻击他的流言蜚语，表达“技高常孤”的心境。张从正最后选择离开太医院，从此开始了诗、酒、书、医的自由生活。

从《儒门事亲》记载的 200 多个医案中可以了解，张从正的足迹几乎踏遍了今河南省全境，以及江苏、山东、安徽、湖北等地。他一边行医一边研究医理，还曾在郾城开设过讲坛，传播自己的学术思想和经验。当时，麻知几、常仲明、常德、张仲杰、赵君玉、张伯金等人先后随他学医，他亦经常与麻氏、常氏等人讨论医学难题，后来在他们的协助下完成《儒门事亲》一书。

张从正既注重吸收古人的经验，又不盲目追崇。他曾对麻知几说：“公慎勿滞仲景纸上语。”还曾经说过：“巢氏，先贤也，固不当非。然其说有误者，人命所系，不可不辨也。”对医圣张仲景和隋代医家巢元方这样的医界先辈，张从正也能大胆质疑，足见他胆略过人和敢于创新的研学态度。

医中“黄老邪”擅攻邪

金庸老先生笔下的“黄老邪”性格古怪，凡事不拘礼法，不按章法出牌，喜欢标新立异。张从正在金元医家中，无论行事作风还是诊病用药看似也都有点“邪”，为什么呢？一般医生不敢轻易使用的汗、吐、下三种治法，张从正都能大胆应用。兹列举《儒门事亲》中所载医案三则。

汗法一则：一妇人，身体发冷，饮热粥，六月天穿冬衣戴狐帽，仍觉寒冷，而且常年泄泻不止，每日服用生姜、附子等燥热的药物毫无效果！三年间遍请名医医治均无效。张从正诊脉时发现她的脉象像絙（音 gēng）绳（指大绳索）般有力，断定病人并不是虚寒，而是热证。于是张从正用凉布搭其胸前，用新汲水（刚从井里取的水）反复淋其身，妇人大叫“杀人啦”！但张从正却丝毫没有停手的意思，反让人按住妇人，反复以冷水淋她。后来，妇人大战汗出，使常年郁于阴分的积热发散出来后病告痊愈。

吐法一则：张从正路遇一妇人，喜笑不止已经半年，众医治者皆束手无策。张从正以成块的沧盐二两，用火煅烧，后放冷研细，以河水一大碗煎后，分三次让妇人喝下，再用钗探她的咽喉，结果妇人开始呕吐，吐出许多热痰，之后再服用大剂量黄连解毒汤。没过多久，妇人喜笑不止的毛病就好了。

下法一则：果园刘子平的妻子，腹中有包块如瓢一般大小，已经十八年了，医治诸法无效。张从正用药后病人一月内反复泻下有如葵菜、烂鱼肠样子的排泄物一二桶。随后腹中包块逐渐减小，最后痊愈。同时病人面色也逐渐改善。张从正认为，病人是经年痰湿所致，故需多次运用涌泻之法，分次祛除湿邪，使气血流畅，积块渐消。

上述三个医案足以看出，张从正诊治疾病胆识过人，老百姓或者医界平庸之辈是难以理解的。但是，了解中医的人可以看出，张从正的诊

断和治法其实没有什么特别之处。他只是能娴熟使用、准确把握“汗、吐、下”法，加之其深通医理，熟识药性，有着丰富的临床经验，才有所谓“艺高人胆大”。这也是后世医家虽不敢尽取其方，却十分肯定张从正在医学上的造诣，敬佩其胆识的原因。

张从正认为，疾病都是因为邪气入侵身体所导致的，所以强调治病时一定要先驱除外邪，邪去后正气自然恢复。这与武术中经常提到的“最好的防守就是进攻”的道理是一样的。张从正觉得，外不攘，内必不安！不能因害怕使用攻邪药而一味用补，他由此创立了独特的“汗、吐、下”的攻邪之法，成为“攻邪派”的鼻祖。

心理大师擅疗情志

古代医学中没有“心理学”的说法，医家一般把属于心理的疾病都归于“情志”病，张从正关于“情志”治疗的医案就记载于《儒门事亲》中。用现代心理治疗方法来看，他的情志疗法已经达到了相当高的水平，可以说张从正是古代最杰出的中医心理治疗大师。

早在《黄帝内经》中就已经提出“悲胜怒、恐胜喜、怒胜思、喜胜忧、思胜恐”的情志治疗思想。在此基础上，张从正完善了情志相胜疗法，并将该法付诸实践。例如，张从正记载了一位庄先生治疗喜极而病的案例。在诊治这位大喜过度患者时，庄先生诊脉后表现出很难治的样子，并故作惊恐地失声说：“我取药去！”然后便一去数日不归。患者等了许久后非常悲伤，对朋友哭诉道：“医家迟迟不归来，说明我得了绝症，治不好了，命不久矣啊！”庄先生得知后大笑，这才告诉患者他并无大碍。张从正认为，庄先生通过佯装取药不回的行为造成患者的恐惧，对大喜过度的患者起到了“以恐胜喜”的作用，从而治愈疾病。

张从正《儒门事亲》中还收录了类似现代心理学中“转移法”疗病的事例，这是指通过转移患者对病痛的注意力，形成较好的精神内守状态的治疗方法。据载，山东杨先生给患者治疗泄泻不已时，发现该患者的腹泻是心理因素导致的，于是在诊病时，他并不急于治病，而是跟患者谈论日月星辰等天象，又跟患者下棋，以及谈论患者喜欢的笙笛，最后患者整整一天都没有出现腹泻。针对这一病例，张从正指出，杨先生先摸清了患者的喜好，然后投其所好，转移了患者对疾病的过度注意力，取得了出其不意的效果。

张从正对心理疾病的诊断非常准确。他曾遇到一个男子，始终不相信自己的妻子怀孕了，认为她得了疾病，再三要求张从正给妻子治病。张从正认为，这个男子可能有心理问题，于是给他的妻子开了非常平和的补药，一直没有使用攻下的猛药。同时张从正又通过语言、药物等方法给男子治疗，让他的心理障碍得到缓解。后来胎儿足月，男子的妻子自然生产，母子平安，男子对张从正亦非常感激。

由此可以看出，张从正对情志病的研究颇见功夫，也为中医心理学的发展奠定了一定的基础。

李东垣

李东垣（1180—1251），原名李杲，真定（今河北正定）人，晚年自称“东垣老人”，师承易水学派创始人张元素，临证行医五十余年，著作有《内外伤辨惑论》《脾胃论》《兰室秘藏》等。他创立脾胃学说，成为金元四大家中补土派的代表。

拜师张元素　创脾胃学说

李东垣出身于富豪之家，自幼师从名儒，因聪颖敏达，博闻强识，20多岁便成为当地有名的儒生。为探讨学问，他在自家宅院的空地上建了一座书院，专门用于接待来访儒士。后因母亲得病，死于庸医之手，痛恨世上那些习医不精，见证不明的庸医，于是立志学医。听说易州（今河北易县）张元素医术闻名燕赵，便携带厚礼，拜师张元素门下，学习数年，尽得其真传。

张元素强调“宗《内经》法，学仲景心”，也就是说要认识到张仲景“辨证施治”的核心，不能盲目套用；同时倡导“古方新病，不相能也”，进一步强调患者、疾病及环境等都在发生变化，照搬古方会出现错误。张元素这种尊重实践、敢于破旧立新之说的思维，对李东垣影响很大。

李东垣生活于战乱时期，当时灾害丛生，人们饥饱不适，寒温失调，

李東垣像

邵大箴題 甲午年

戊戌夏邊敏敬繪

（作品由边敏创作，邵大箴题款，李俊峰提供）

再加上惊慌、忧愁、劳役等诱因，伤及脾胃，导致百病丛生。富贵之人养尊处优，恣食膏粱厚味，也易伤脾胃。因此，李东垣在继承张元素重视脾胃及脏腑辨证用药学术思想的基础上，创立了脾胃学说。

《黄帝内经》云："有胃气则生，无胃气则死。"李东垣认为脾胃是元气之源，而元气是人体生命活动的根本。因此，人体诸病皆可通过调理脾胃加以治疗。治疗原则着重补脾升阳，特别是，他提出了"阴火"即是内伤发热，并有针对性地制定了"甘温除大热"的治疗方法，创制补中益气汤和升阳散火汤等方剂，为治疗内伤发热开辟了新的思路。明代名医王纶在《明医杂著》中指出"外感法仲景，内伤法东垣"，将李氏内伤学说与张仲景外感学说并论，足见其在后世医家心中的地位。李氏创制的补中益气汤后来被临床医生广泛应用，影响深远。由于李氏重视脾胃功能，用药善温补中焦，故被后世尊为"补土派"代表。

收徒罗天益　著经典名作

据《东垣老人传》记载，李东垣在外避乱多年，65 岁时还乡定居。罗天益经友人周都运引荐，得以拜见李东垣。初次见面，李东垣曾问罗天益："你是想成为挣钱的医生，还是传播医道的医生？"罗天益当即表示要做后一种医生，李东垣非常满意，于是收其为徒。之后李东垣不但承担了罗天益的日常生活费用，还另给白银二十两助其养家。

自此直至东垣去世，罗天益一直随侍老师左右，一边研习医学理论，一边临证治病，学习易水之学。李东垣将自己积累的医学资料授予罗天益，要求他将病症及治疗按《黄帝内经》理论体系，予以分经类编，最终著成《内经类编》。此书后人虽署名罗天益，但实为李东垣和罗天益师徒二人合著的医方专著。

李东垣晚年勤于著述，罗天益谨记其师教诲，先后刊行了李东垣所著《脾胃论》《内外伤辨惑论》《兰室秘藏》《医学发明》等学术著作。李东垣之学因罗天益而得以传布天下，易水学派的发扬光大，也得益于罗天益不遗余力的推行。

《内外伤辨惑论》成书于1231年，当时李东垣51岁，1247年正式刊行。全书共3卷，卷上主要是辨证，卷中论饮食劳倦所伤，卷下论饮食内伤。《脾胃论》成书于1249年。全书共3卷，阐述了中土清阳之气在人体脾胃运化、生理病理变化中的重要性，是李氏学术理论最集中的部分，颇能反映他学有渊源、治有特点的思想体系。《兰室秘藏》则是李东垣死后由弟子罗天益整理，约刊于1276年。全书共3卷21门，284方，取《黄帝内经·素问》“藏灵兰之室”之义而命名，在对内、外、妇、儿、眼、耳、鼻各门论述中，均从脾胃着手，奠定了脾胃理论学术成就的理论基础。此书还记载了李东垣治疗疾病的经验方药，是其脾胃学说的临床精髓，实用价值极高。

宋慈

我国法医检验历史悠久，宋代更是达到了法医学的高峰，出现了世界上第一部系统的法医学专著《洗冤集录》，其作者是我国法医学鼻祖宋慈。

师承理学　文而勇武

宋慈（1186—1249），字惠父，福建建阳人。历史上关于宋慈的记载主要源于其挚友刘克庄所写的《宋经略・墓志铭》。刘克庄与宋慈友情深厚，他认为，宋慈无论是才情、做人还是为官，都可以与南宋著名爱国词人辛弃疾相媲美。

宋慈的先祖可以追溯到唐朝著名宰相宋璟，其父宋巩曾担任广州节度推官。出身于书香官宦世家的宋慈，自幼受到了良好的教育。宋代理学大家朱熹晚年定居在福建建阳考亭，程朱理学在此处影响尤为深远。宋慈自幼便研习理学，10岁时开始跟随朱熹弟子吴雉学习，同时得到黄干、李方子等著名学者的指教，平时耳濡目染的也都是朱子的理学思想。

20岁时，宋慈入太学深造。南宋时期，政府在杭州创办了太学、武学和宗学，号称“三学”，其中太学是南宋时期的最高学府。就读太学期间，宋慈深得理学学者、太学博士、朱熹的再传弟子真德秀的赏识。

（作品由丁雷创作，李经纬题款，李俊峰提供）

真德秀主张推广儒家的仁爱思想，他曾经提出：“狱者，生民大命，苟非当坐刑名者，自不应收系。为知县者，每每必须躬亲，庶免枉滥。”认为刑狱案件关乎百姓性命，绝对不能儿戏，听讼决狱的父母官，要以证据作为定罪的标准，避免冤假错案，滥杀无辜。真德秀在刑狱上的主张对宋慈出仕为官、行事做人的基本准则产生了重要影响。

宋慈 31 岁时考中乙科进士，在即将去浙江赴任之际，其父去世，宋慈为父守孝，直到 39 岁才再次被授予官职，出任江西信丰县主簿。当时正值闽南一代盗贼猖獗，并且匪患已有向江西蔓延的趋势。主簿一职虽属文官，但为平叛乱，安抚使郑性之将宋慈调入幕府参与军事行动，负责剿灭盗贼。

宋慈不仅文武双全，而且足智多谋，用计谋平了叛乱。然而，宋慈虽然平贼有功，功劳却被上司抢走，还遭到了莫须有的陷害。宋慈不堪受辱，愤然离去，后来在恩师真德秀的极力推荐下，成为招捕使陈韡的幕僚。陈韡认为宋慈虽为文官，但其忠勇超过武将，不仅重用宋慈，还替他洗去之前的冤屈，宋慈得以官复原职。

为官清廉　求真务实

宋慈为官清廉，体恤百姓疾苦。出任福建长汀知县时，他发现当地盐价奇高，百姓怨声载道。原来，长汀本地不产食盐，需要从很远的地方采买，由于交通不便，造成食盐运输困难，且当地官府垄断食盐的价格，经常低价买进高价卖出。百姓买不起官盐，于是赣州当地的农民常常在广东、福建边境贩卖私盐牟取暴利。面对这种局面，经过实地考察，宋慈将原来从海口到闽江的运盐路线，改道成从广东潮州沿着韩江、汀江再到长汀。这样不仅缩短了运盐时间，还降低了运输成本。通过宋慈的努力，长汀的盐价逐渐平稳，百姓的民生问题得到解决。

后来，宋慈先后任广东、江西、广西、湖南四地的提点刑狱官，管理所辖州府的刑狱诉讼与断案。宋慈求真务实，认为办案检验工作“贵在精专，不可失误”，强调检验工作的重要性。宋慈初到广东之时，发现当地官吏玩忽职守，出现很多冤假错案，民怨颇深。他随即深入实地调查，仅仅一个月的时间便清理了200多起重大的悬案、要案，为冤假错案平反，从200余死囚中救出了很多无辜者。此后，宋慈官声大振，百姓称赞其“听讼清明，决事刚果”。

经历了这些案件的刑侦，宋慈决定撰写《洗冤集录》，以警示后人要重视刑狱侦破工作，避免错杀，造成冤案。

洗冤泽物　法医鼻祖

《洗冤集录》刊行于1247年，宋慈期望此书能“洗冤泽物”，替死者“代言”。书中记载的验尸方法是早期司法检验技术的开端，许多内容符合现代科学原理。兹举例如下。

关于验骨伤，书中记载：“验尸并骨伤损处，痕迹未见，用糟醋泼罨尸首；于露天以新油绢或明油雨伞覆欲见处，迎日隔伞看，痕即见。”利用明油纸伞吸收部分影响观察的光线，观察表面伤痕的骨伤情况，与现代法医学上用紫外线检验骨伤道理相似。

关于验缢痕，书中记载：“若是自缢，切要看吊处及项上痕；更看系处尘土，曾与不曾移动及系吊处高下，原踏甚处，是甚物上得去系处；更看垂下长短，项下绳带大小，对痕阔狭；细看是活套头、死套头，有单挂十字系，有缠绕系，各要看详。”说的是，勘察缢死现场，要检查死者吊在什么物体上，脖子上的勒痕形态、颜色，还要注意被系物体上的灰尘是否有变化，被系吊的位置高低，死者踩于何处，用何物垫脚，绳索的长短与粗细等，非常细致，与现代缢死现场勘查程序基本一致。

关于验外伤，书中记载：“诸用他物及头额、拳手、脚足、坚硬之物撞打，痕损颜色，其至重者紫黯微肿，次重者紫赤微肿，又其次紫赤色，又其次青色。其出限外痕损者，其色微青。”这段文字说明，验外伤首先要区分是属于器物所伤还是拳脚所伤，要从凶器的不同形态与材质、受伤时间长短、伤痕创面大小等方面进行查看检验。

关于检验自杀与他杀，书中记载：“如烧死，口内有灰；溺死，腹胀，内有水；以衣物或湿纸搭口鼻上死，即腹干胀；若被人勒死，项下绳索交过，手指甲或抓损；若自缢……绳在喉下，舌出；喉上，舌不出。”这段文字对于各种非正常死亡的特征进行了详细的描述。

除详细记载各种检验方法外，《洗冤集录》中还对验尸者及刑狱官员的职责提出了明确要求。宋慈认为，严明的职责和严密的工作制度是案件检验工作的保障。例如：“诸尸应验而不验，或受差过两时不发，或不亲临视，或不定要害致死之因，或定而不当，各以违制论。”宋慈还指出，作为检验官，在接受检验任务之后，不但要及时到达现场，而且在验尸后不能接见附近的官绅、秀才、术士、和尚、道士等，以防受他人影响做出错误判断。对于随行的差役也要加以约束，以防他们私下接受贿赂，舞弊作假。

宋、元、明、清各代刑事检验皆以宋慈的《洗冤集录》为基本准则。1392 年以后，《洗冤集录》先后传入朝鲜、日本，成为当时选拔司法类官吏必考科目的必备书籍。后又被翻译成多国文字广泛传播，在世界法医学史上发挥了重要作用。

陈自明

陈自明（约1190—1270），字良甫，江西临川人，南宋著名医学家。陈氏三世业医，幼承家学，行医于东南各地，后于南宋嘉熙元年（1237年）任建康府明道书院的医学教授。陈自明搜采众方、博学多能，在妇科、内科、外科领域均卓有成就。陈自明曾指出“世无难治之病，有不善治之医；药无难代之品，有不善代之人”，这也反映了其高尚的医德思想。

幼承家学　少年成名

陈自明生于医学世家，在家庭的影响下自幼热爱医学，勤奋好学，14岁的时候便才华横溢，脱颖而出。据陈自明在《妇人大全良方》中记载：有程虎卿之妻黄氏，妊娠四五个月，每到中午就“惨戚悲伤，泪下数次”，延请众医生和众巫者治疗，都不见好转。程虎卿惶惶无计，非常着急，不知如何是好。此时，年仅14岁的陈自明听说此症后，托人转告郑氏说：“此一证名曰脏燥悲伤，非大枣汤不愈。”程虎卿借阅了方书一看，果然如此，于是根据陈自明的建议，使用甘麦大枣汤，一剂而愈。此事在当地传为美谈，陈自明少年即成名。

陈自明对妇科研究情有独钟，认为当时流行的妇科著作“纲领散漫而无统，节目详略而未备”，且“医之术难，医妇人尤难，医产中数体又险而难”。陈自明生于世医之家，家中收藏了丰富的医书典籍，于是，

（作品由邓先仙创作，李经纬题款，李俊峰提供）

他采集各家学说之长，附以家传经验，辑编成《妇人大全良方》二十四卷。该书理论精辟，见解独到，详细记载了妇科诊治方法，是中国现存最早的系统论述妇产科学的专著。

此外，陈自明博学多才，又精通各科。尤其在中医外科领域有很高的成就，著有《外科精要》一书。书中提出，痈疽的发病原因除了外因，内在火毒也是原因之一，痈疽往往多生于好食膏粱厚味之人，这类人长期多食荤腥，多服用补药，热毒内盛而导致痈疽。他强调内外兼治，注重内在饮食调理，脾胃调理，从整体观念出发，这种见解对后世外科学产生了一定影响。

良方大全　经带胎产

《妇人大全良方》首次全面系统地论述了妇产科的基本内容，涵盖妇科的主要病症。女性因其特殊的生理结构，有着经、孕、产、乳的生理现象，因此，妇科常见疾病多与此相关，妇科疾病也可以概括为经、带、胎、产、杂几类，陈自明对妇科几类常见病均有独到见解。

经：指与月经相关的疾病。陈自明从脏腑辨证的角度论治月经疾病，强调肝脾两脏与月经调治的重要性。他认为，脾是气血生化之本，肝为藏血之脏，肝脾两脏是经血的化源，若肝脾功能失常，脾不生血，肝无藏血，则化源断绝，出现闭经、月经不调等证。因而提出月经疾病因脾胃虚弱而不能生血者宜补，因郁怒伤肝而血闭者宜通。陈自明还根据女子“以血为用”的特点，提出“男子调其气，女子调其血”的妇科治疗总纲。

带：指白带色、质、量、气味异常的病证。陈自明认为，女子带下的病因与人体脏腑、经络有关，并根据带下的不同颜色与五脏、五行相对比进行辨证，即“若伤足厥阴肝经，色如青泥；伤手少阴心经，色如红津；伤手太阴肺经，色如白涕；伤足太阴脾经，黄如烂瓜；伤足少阴肾经，黑如虾血”。这种以颜色来辨析妇人带下病证的方法，成为后世中医诊断妇女带下病的基础。

胎：包括与孕育相关的疾病。《妇人大全良方》从结婚年龄、婚前检查、房事节制、胎养胎教等方面最早系统论述了产科保健知识。书中特别强调“合男女必当其年，男虽十六而精通，必三十而娶；女虽十四而天癸至，必二十而嫁”，否则会“交而不孕，孕而不育，育而子脆不寿”。同时，陈自明反对妇女多孕多产，并指出如果产育过多，造成血气损伤，因此患病会尤为难治。陈氏还专门立“胎教”一门，提出孕期应合理膳食，生活规律，起居有节，劳逸适度，保持平静愉快的心情，孕妇“欲子端正庄严，常口谈正事，欲子贤能，宜看诗书”，这与现代胎教优生思想近似。

产：指产科疾病。陈自明收集宋以前催生古方40余则，对其中疗效未必确切者一一予以验证筛选，并增以自制验方。其中，“催生丹”就是宋以前最著名的催生方。该方组成仅4味，分别为兔脑髓、乳香、母丁香、麝香，现代中西药理研究证实：兔脑髓中的垂体后叶主要含有两种能溶于水的激素，即催产素和加压素，有促进、加强子宫收缩的作用；母丁香、乳香、麝香也均有不同程度收缩子宫的功用。该方用于妊妇体质素弱、宫缩无力或经日久产、产母困倦难生等难产症，其效用为历代产科医家所推崇。

杂：指妇科杂病。陈自明对妇人杂病进行系统总结，将其归纳为妇人中风及一切风疾、妇人痨瘵及24种蒸病、妇人伤寒、热入血室、疝瘕癥痞、二便诸疾、阴冷、阴挺、阴肿、阴中生疮等，对后世妇科杂病证治奠定了一定基础。

承上启下　传承妇科

早在《史记》中就有“扁鹊名闻天下，过邯郸，闻贵妇人，即为带下医”的记载，其中“带下医”就是最早的妇科医生。魏晋南北朝时期，诸多医书对妇人病症已有涉及，但妇产科基本知识大都散见于各科文献之内，尚未发展成为专科。至唐代，孙思邈在《千金要方》中初次对妇科疾病进行分类，并提出了妇科病的特点。同时，唐代还有《经效产宝》等产科专著问世。至宋代，妇科学全面发展，陈自明所著《妇人大全良方》不仅精辟实用，且内容最为完备。陈自明撰写《妇人大全良方》之前，医学界对于妇科的记载虽然有张仲景《金匮要略》中的“妇人篇”，孙思邈《千金要方》中的“妇人方”，以及昝殷的《经效产宝》等产科专著，但是，并没有一本真正系统论述妇科辨证论治体系的代表性著作，正是《妇人大全良方》的出现，总结了宋以前妇科学的研究成果，阐发了妇科疾病的病因病机以及诊疗方法。

与此同时，陈自明的妇科学术思想对后世妇科学的发展也产生了很大影响，明代医家王肯堂著《女科准绳》、武之望著《济阴纲目》、明末清初医家傅青主著《傅青主女科》等均受其影响，皆与《妇人大全良方》一脉相承。《妇人大全良方》在妇科发展史上起到了承上启下的作用。

严用和

严用和（约 1199—1267），字子礼，其生平缺乏史料记载，仅据他所著的《济生方》序中自称“庐山严用和”，推断当是江西人。严用和治学态度严谨，倡导继承发展，师古而不泥古，既吸收前人宝贵经验又能自出机杼，善于借鉴和总结经验，是南宋时期的医学大家。

青出于蓝

严用和自幼喜爱读书，就其天赋和才华而言，原本可腾达于仕途之路，但在目睹家人常受病魔之苦和庸医所害的情形后，少年时代的严用和便立志“居医卜之中”，而不欲“在朝廷之上”。于是，12 岁时，他受学于同里名医刘开先生门下。刘开喜好佛道，常游名山，相传一次游山途中，遇到南宋著名道士兼名医崔紫虚，得授以《太素脉》《方脉举要》等医籍，之后便专精此术，成就斐然。刘开赏识严用和的悟性，面命心传，尽授其术。严用和不负所望，长进很快，17 岁时便悬壶济世，“四方士夫，曾不以少年浅学，而邀问者踵至”，可见其医术已颇为精进。

刘、严师徒二人在江西庐阜（今江西庐山）一带可谓家喻户晓，严氏同邑江万在为《济生方》所作的序中曾经提到说，因其医名远播，颇有威望，常有人赶赴数千里来求诊，诸多王公贵胄争相延请其为座上宾，

（作品由王海滨创作，李经纬题款，李俊峰提供）

四方医者望尘靡及。严用和虽受教于刘开，可要论声望，心思巧妙，于医道顿悟而有所得，众人都认为他超过了刘开。刘、严二人也成为中国医学史上“教学相长，青胜于蓝”的师徒典范。

创济生方

如果让每一位中医人数数自己熟悉的方剂，想必以下这些应该都榜上有名，比如：归脾汤、实脾饮、橘核丸、加味肾气丸、导赤散、十补丸、四磨汤、小蓟饮子、消风散、导痰汤。这些方剂都出自名医严用和之手，是他创制或者由名方化裁而成。

严用和作为一名临床大家，博采古人可用之方，结合自身 30 余年临证经验，于南宋宝祐元年（1253 年）著成《济生方》一书，后人又称《严氏济生方》。原书 10 卷，论治共 80 篇，记载方剂 433 首。每篇之中，先论病源病理，再列处方，每方之后，详述适应病症、组成药物、炮制用法及加减变化，颇为实用。严氏论治，强调辨证施治，灵活应变。他指出，概念会随着时间的推移古今有别，各地的风土燥湿各有差异，每个人的禀赋有厚有薄，参差不齐，如果一味继承古方，用来治疗今人之病，往往有穿凿附会而不相符合之处。

因此，《济生方》中虽然也有不少内容取诸前人方书，如《伤寒论》《金匮要略》《和剂局方》《本事方》《三因方》等，但并不墨守成规，而是结合临床实践加以发挥，制定新方。如：金匮肾气丸，原出自《金匮要略》，可补益肾阳，严用和在原方基础上加入牛膝、车前子，增强了利水下趋的功效，可改善肾虚腰重、脚肿、小便不利等症状，扩展了功效，制成加味肾气丸，后人称“济生肾气丸”，是目前临床常用的中成药。

《济生方》还收集了许多单方验方，介绍了不少民间行之有效的方药。这些单验方虽然难以一一考证其出处，但为后人临证应用提供了极好的参考。如：治疗脏毒下血的蒜连丸，是将黄连研磨成末，加煨大蒜，杵为丸服，有很好的疗效。更为奇特的是治疗耳聋或者耳鸣的鸣聋散，用豆大的一粒磁石，加炮穿山甲末一字（一字：指四分之一的铜钱可抄起的药末，也可理解为一钱的四分之一），把药用新绵裹好塞于患耳内，再口衔小生铁，觉耳内如风时即停止使用。这种治法非常独特，是较早应用磁疗法的记载。

南宋咸淳三年（1267年），严用和依据《济生方》的体例，又著成《济生续方》8卷，载论治24篇，方剂90首，尽前书所未备。《济生方》与《济生续方》前后呼应，二书均立论精当，所列处方多为严用和临床经验所得，用之屡效，向来为医界所推崇。

敢发新论

中医认为脾为后天之本，气血生化之源；肾为先天之本，受五脏六腑之精而藏之。因此，作为人体生命活动的重要脏器，脾肾二脏历来受到医家的重视。就二脏的关系而言，孙思邈、张锐等人提出“补肾不如补脾”说。严用和溯本求源指出，如果肾气旺，丹田之火上蒸，则能获得长寿。如果房劳过度，肾阳虚衰，不能温煦脾土，脾的功能受影响，可能出现胸膈痞塞的感觉，或是不吃还觉得胀满，或是吃了不消化，大便溏泄，这都是真火衰虚，不能蒸蕴脾土导致的。因此古人说“补肾不如补脾”，严用和却认为“补脾不若补肾”，肾气如果壮，丹田之火能上蒸脾土，脾土温和，自然能饮食如常。他强调肾中真火在人体的重要作用，对明代命门学说的完善和温补学派的形成起到重要的推动作用。

严用和论治消渴病也很有见地，他认为患此病者不宜饮酒，应少吃咸食及麦、面。今天看来其见地仍对糖尿病患者有指导意义。他发现此证跟饮食有密切关系，认为肾阳既弱，胃气不温，又吃生冷的东西，更增加了寒气。体内的阳气胜不过寒气，则手足寒冷，大便洞泄，小便频数。如果阴血已衰，又去喝酒，助内热，阴不能制阳，则出现口渴、心烦、大便秘结等。严用和把饮食跟疾病表现之间的关系解释得非常清楚，为后人提供了很好的参考。

危亦林

危亦林（1277—1347），字达斋，江西南丰人，元代著名骨伤科专家、医学家，江西古代十大名医之一。他精通医学各科，尤以骨科见长，著有《世医得效方》。

大公无私　虚怀若谷

危氏家族祖传五世名医，在江西南丰县一带老幼皆知，是当地颇负盛名的医学世家。危亦林从小勤奋好学，弱冠而业医，曾担任南丰州医学教授。危氏学有渊源，其高祖善于大方脉科（元代的医学分科，相当于内科），伯祖擅长妇人科、正骨科，祖父善于小方脉科（小儿科），而且家中藏有一百多种医药典籍。尽管如此，他依然不断外出求学，经常步行十几里，甚至几十里向藏书家借阅各种书籍，甚至还一本一本地抄录。一旦发现自己有欠缺之处，便虚心求教。危亦林习医本已拥有得天独厚的家学渊源，加之不断寻师访友，博采众长，积累了丰富的临床经验。

51岁时，危亦林想到先世授受医术的不易和广大民众的疾苦，决定将自家累积的经验方剂，依据古方，参之家传之法，按照元代所定医学科目编集成册，公之于众。他夜以继日，前后历时十年，终撰成《世医

（作品由李欣创作，李经纬题款，李俊峰提供）

得效方》。该书收集了危氏五世业医所积累的经验与家传秘方，切于实用。因力求临床得效，故以“世医得效”为名题之。难怪在《世医得效方》的王氏序言中说：“余观世之人，得一方辄靳靳焉莫肯示人，往往以《肘后》《千金》为解。今危氏以五世所得之秘，一旦尽以公诸人，其过人远矣！”这种评价客观中肯，反映出危亦林虚怀若谷、大公无私的精神。

伤科创举　悬吊复位

南北朝之际，战乱频繁，骨伤科随之发展起来。随着元朝的建立，阿拉伯医生进入中原，中国的外伤科由此吸取了阿拉伯医学的经验，使本来已经具有相当成就的骨伤科知识更加充实丰富。尤其，危亦林的《世医得效方》集中反映了元代以前骨伤科的主要成就，是我国古代水平最高的骨科专著之一。

该书论述了四肢骨折和脱臼、脊椎骨折、跌打损伤、箭伤等及其治疗手法，并记有多种医疗器械。书中最突出的一个成就是采用悬吊复位法治疗脊椎骨折，这是中国伤科发展史上的一大创举，它解决了脊椎骨折治疗的大难题，也为其他部位骨折的治疗开创了一种新方法。《世医得效方》中记载：“凡剉脊骨，不可用手整顿，须用软绳从脚吊起，坠下身直，其骨使自归窠，未直，则未归窠，须要坠下，待其骨直归窠，然后用大桑皮一片，放在背皮上，杉树皮两三片，安在桑皮上，用软物缠，夹定。莫令屈，用药治之。”此段文字明确地叙述了治疗压缩性脊椎骨折的方法和注意事项。危氏认为，压缩性脊椎骨折可由外伤或间接暴力引起。这种单纯用手法整复是不可能的，采取面部向下悬吊的复位方式，使脊椎保持过伸位，骨折才能复位。这种方法的原理是充分利用了人体自身的重力，在脊椎过伸的情况下，使骨折关节紊乱复位，其思维在理论认识上与近代脊椎骨折的复位法是基本一致。直到 1927 年，英国医学家达维斯（Daris）才提出采用悬吊复位法，与危亦林相比晚了 600 多年。

此外，危亦林还为我国骨伤科学的发展做出了很多开创性的贡献。

他将四肢骨折和关节脱位归类为“六出臼，四折骨”。“六出臼”指四肢肩、肘、腕、髋、膝、踝六大关节脱位，“四折骨”则指肱骨、前臂骨和股骨、胫腓骨四大长骨干骨折。其中，对于肩关节脱位，首次分出前上方和盂下脱位两大类，继唐代蔺道人“靠背椅式复位法”之后，记述了两种借助自身重力和杠杆原理的肩关节脱臼复位法，即“杵撑坐凳法”和“架梯法”。其复位原理类似蔺道人的“靠背椅式”法，但蔺道人的方法主要依靠医者的牵引及旋转，危亦林的两种方法则借助于自身坠下力。其中“架梯法”利用病人自身的重量下坠，使肩胛骨脱臼重新复位，一直是骨科治疗陈旧性肩关节脱位所沿用的传统方法之一。

曲针缝合　善用麻醉

《世医得效方》中记载了丰富的外科工具，如针刀、剪、刀、钳、凿、麻线、桑白线等，特别是创造了“曲针”缝合技术，提出利用曲针和丝线或桑白线，由内向外逐层缝合，这也是伤科史上的重要发明。

危亦林擅长使用麻醉术，他主张无论是手法整复还是手术治疗骨伤，都应在麻醉状态下进行。汉末华佗虽然早已发明口服麻醉药，但麻沸散的药物组成已无可考。危亦林则在书中详细记载了麻醉药物的组成，即由曼陀罗、草乌、皂角、木鳖子、当归、川芎等组成“草乌散”，并嘱咐使用方法为“红酒调下，麻倒不识痛处……后用盐汤或盐水与服，立醒”，提出必须按患者年龄、体质、失血量等情况决定用药剂量，并特别强调术后催促清醒的重要性，这与现代医学麻醉原则基本相同。

古方甚多　以资考据

《世医得效方》全书共载医方 3300 余首，保存了许多濒于失传的古代验方。《四库全书总目提要》评价其：“载古方至多，皆可以资考据”，这是一部上承唐宋，下启明清的重要方书。

危亦林所收录的古方均经过斟酌损益，立论精当，方药严谨，同时还阐述了自己的理论见解和运用体会。其中，不少出自《世医得效方》的名方依然活跃在现代临床中，如参附汤、天王补心丹、玉屏风散、归脾汤、二妙散等。尤其在骨伤的药物运用上，危亦林筛选出 25 味治伤药，组成了著名的“二十五味方”，该方“治攧扑损伤，骨碎骨折，筋断刺痛，不问轻重，悉能治之，大效”。他还在“二十五味方”基础上化裁创制自然铜散方，“治打跌骨损断”，药简效专。危亦林所创的另一个内服治疗骨伤的基本方是“清心药方”，后世多用其治疗内伤重病。危亦林提出：用攻下逐瘀法治疗跌损重症，用凉血活血法治疗跌扑骨折早期的瘀血肿痛，用行气活血法治疗跌扑骨折引起的剧烈疼痛，这些伤科治疗原则，至今仍然是骨伤科的重要法则。

《世医得效方》内容丰富，流传广泛，不仅推动了我国骨伤科的发展，其传入日本之后，亦对古代日本接骨术的形成产生了很大的影响，成为构筑日本古代正骨术的重要基石之一。

朱丹溪

朱丹溪（1281—1358），名震亨，字彦修，浙江义乌人。他出生在赤岸镇的丹溪边，所以人们多尊称他为“丹溪翁”或“丹溪先生”。因为医术精湛，朱丹溪在人们心目中如“云山苍苍，高风不磨”，他不仅是金元四大家之一，也是“滋阴派”的创始人。

赤诚丹心“父母官”

浙江省义乌市南部有一个历史文化名镇——赤岸镇。这里山清水秀，人杰地灵，建制至今已逾千年。朱氏家族在赤岸镇当地颇具盛名，自南宋后期开始，就在当地开设学堂，讲授六经。生长在这样的环境中，朱丹溪自幼便受到了良好的熏陶。他十分聪慧，因而朱氏家族的长者都对他寄予厚望，希望他能考取功名，光宗耀祖。然而，青年时期的朱丹溪血气方刚，对学业不太用心，反而崇侠尚义，好打不平。每每遇到仗势欺人之事，他都会挺身而出。

由于在乡里很有威望，朱丹溪 20 岁时便担任义乌双林乡蜀山里的里正（负责掌管户口和纳税）。他担任这一职位时刚正不阿，敢于抗拒官府的苛捐杂税，深得民众拥护，就连官府也忌惮他三分。当时，元朝统治者向汉民征收重税，有一项按户征收的“包银”，对汉民户来说负担

（作品由袁玲玲创作，邵大箴题款，李俊峰提供）

沉重。由于州县官府不断督催，老百姓敢怒不敢言，纷纷忍气上缴。唯独朱丹溪管辖的区域，只有两个大户人家交了“包银”，其他贫困户都没交。朱丹溪表示，自己愿意替那些穷苦百姓交“包银”。朱丹溪仗义执言，威望越来越高。他还积极组织当地百姓一起兴修水利，为民谋福。当地有个“蜀墅塘”，能灌溉周围六千多亩田地，但因堤坝损坏，水源枯竭，屡致旱灾。在朱丹溪的带领下，大家协力重修堤坝，开凿了三条渠道，使周边的百姓受益良多。

朱丹溪 36 岁时，听闻理学大家朱熹的四传弟子许谦在东阳八华山中开门讲学，传授理学思想，便前往听课。听了许谦讲学后，朱丹溪非常崇拜他，便拜到许谦门下学习理学。在几年的学习生涯中，他每晚与友人一起探讨学问至深夜，逐渐有所领悟，学业大进，成为一个学识渊博的“东南大儒”。

程门立雪求高师

跟随许谦学道后，朱丹溪原本有走仕途的打算，但是，最终他却弃儒从医，走上了医学道路。原因何在呢?

一方面是由于朱丹溪对仕途心灰意冷。他曾经参加过两次科举考试，但都没有考中。有一次，当地父母官设宴招待应举之士，朱丹溪在前往宴席的途中偶遇算命先生，先后占了两卦，均预示他的仕途之路无望。朱丹溪认为天命如此，无力抗争，于是便断绝了仕途的念头。然而朱丹溪并没有放弃信念，他认为：“吾既穷而在下，泽不能致远，其可远者，非医将安务乎？”要使德泽远播于四方，学医救人也是很好的选择，不为良相，便为良医！而且，朱丹溪的老师许谦，为人不以名利为务，特别注重因材施教，鼓励学生发挥自己的长处。他认为朱丹溪十分聪慧，是学医的好材料，便鼓励朱丹溪学医。

另一方面，朱丹溪本人有深厚的医学基础。朱丹溪 30 岁时，他母亲患病，许多医生都束手无策。因父亲早亡，全靠母亲戚氏一人支撑，经历了艰辛的磨难，因而朱丹溪对母亲十分孝顺。母亲患病，他便开始刻苦钻研《黄帝内经》等医书，克服了种种困难，经过五年的勤奋苦学，不仅治好了母亲的病，也为日后的医学之路打下良好的基础。

为了深入学习医学，年逾四旬的朱丹溪四处访求名师。他只要听说某处有某位名医，便前往拜见，足迹遍布江苏、安徽等地，但都未遇到理想的老师。直到泰定二年（1325年）夏天，他在武林（今浙江杭州）听说，此地有位名医叫罗知悌，世称“太无先生”，精于医业，不仅是刘完素的再传弟子，还旁通张从正、李杲之说。但罗知悌自恃医技高明，性格高傲难以接近，朱丹溪几度往返均未得亲见。于是，在接下来三个多月的时间里，朱丹溪每日拱手立于罗知悌门前，风雨无阻，大有程门立雪之心，终于感动了罗知悌，决定收其为徒。罗知悌对朱丹溪既有理论传授，又有实践教诲。朱丹溪跟随罗知悌学习了一年半，尽得其传。

学成后回到家乡，因朱丹溪医术高明，名声大振，每日求诊者不断。他对患者关怀备至，无论刮风还是下雨，只要患者有需要，他都立即前往，从不推辞。遇到贫家百姓求医，朱丹溪不仅不收诊费，还会慷慨解囊给患者买药。有时听闻某人患病，朱丹溪不等家属来请便早早背着药箱前去诊治。

朱丹溪因其高超的医术和敬业的精神在当地备受尊重。临终前，他将学医的侄子叫到面前说：“医学亦难矣，汝谨识之。”知难行难，格物致知正是他一生医学生涯的写照。

格物致知究医理

“格物致知”是中国古代儒家思想中的一个重要概念，出自《礼记》中的“致知在格物，物格而后知至”。南宋理学家朱熹认为，“格物致知”就是研究事物而获得知识、道理。朱丹溪认为“古人以医为吾儒格物致知一事”，并以此为题撰写了《格致余论》一书。在书中他提到：“读前人之书，当知其立言之意。苟读其书而不知其意，求适于用，不可得也。”

主张学习医学必须深入探究医理。

朱丹溪引理学思维入于医学，将自然界的规律用于人体，认为人体大部分时间处于“阳有余、阴不足”的状态，由此提出了著名的“阳有余而阴不足”论。他认为人体“阳常有余，阴常不足”，“气常有余，血常不足”，因此在日常生活中“宜常养其阴，阴与阳齐，则水能制火，斯无病矣”，强调保存阴精对人体健康的重要意义。由此，朱丹溪提出以“滋阴降火”为特点的“滋阴论”，并创制了大补阴丸等方剂，用于治疗由于阴虚火旺所致的潮热、盗汗、骨蒸、咳嗽、咯血、吐血等病症。与此相关，在饮食方面，他也提倡宜清淡，多食谷、菽、菜、果，节用盐醋、肉食、厚味、醇酒等物。

北宋至金元时期，《和剂局方》流行一时，很多医生照本宣科，造成了不良后果。时年，痘疮流行，一些医者用辛温之剂治疗，一百多个幼童因误治而亡。朱丹溪认为这是由于医生误读误用《和剂局方》，治疗不当所致。有感于此，他特意撰写了《局方发挥》一书，发表自己的见解。他首先指出，《和剂方局》用药偏于温燥，医生在使用时应该认识到药物的偏性，针对性地使用；其次，中医的基本法则是“辨证施治”，但是古今医家都喜好搜集验方，遇到病人即用验方，并不仔细辨别病因、病机、症状等，这无异于“抱薪救火，屠刽何异”。如果不考虑具体病情，按书中记载就去买药治疗，最终会导致中医学走上废医存药的境地。

虽然朱丹溪在金元四大家中生活年代最晚，但他得到罗知悌传授，兼收并蓄刘、张、李三家之说，能融合三家之长，在治学上毫无门派之见，是金元四大家中最有影响力的医家。

忽思慧

忽思慧，又称和斯辉，生卒年不详，蒙古族（一说为回回人）。元代著名营养学家，官至饮膳太医。著有《饮膳正要》，该书系统介绍元代宫廷饮食文化，对研究中国古代饮食文化具有很高的学术价值。

担任宫廷饮膳太医

元代皇族重视食疗养生，自成吉思汗开始就设置食医之职，元世祖忽必烈更是“食饮必稽于本草”，设置执掌饮膳的太医 4 人，负责宫廷的补养调护之术，且每日需将“所职何人，所用何物”，“标注于历，以验后效”。忽思慧为赵国公常普兰奚的下属，两人关系密切。常普兰奚任金紫光禄大夫、徽政院使，掌管侍奉皇太后诸事之职，忽思慧也因此自 1314 至 1320 年选充饮膳之职，负责宫廷营养调配及饮食卫生。其间，他与常普兰奚在食疗研究方面密切合作。后来他供职中宫，以膳医身份侍奉文宗皇后卜答失里。长期担任宫廷饮膳太医，使他有条件了解和总结、整理元文宗以前历朝宫廷的食疗经验。他负责宫廷中的饮食调理、养生疗病诸事，在日常工作中积累了丰富的食疗经验，为日后编撰完成《饮膳正要》奠定了良好基础。

忽思慧所著的《饮膳正要》，在食疗应用范围、食品性味与营养价

忽思慧像

甲午 薛永年题

杨藩

（作品由杨藩创作，薛永年题款，李俊峰提供）

值、饮食保健、饮食治疗、饮食卫生与宜忌、食物中毒及解救、食物烹调等各方面，从基础理论到实际应用均有论述，并且较前代有不少新发展，内容涉及现代营养卫生学的各主要方面。书中尤其重视妇幼保健，除继承前代胎教学说外，对“妊娠食忌”“乳母食忌”等均列有专节论述。他新增补了不少未见于前代文献的药膳方。同时，对饮食卫生也很重视，在多处反复予以论述。如主张不食不洁或变质之物，防止病从口入；又如“烂煮面，软煮肉，少饮酒，独自宿”的主张，对于当时的饮食习惯来说，是很有现实意义的饮食卫生措施。忽思慧还在医学中首先使用了“食物中毒”这一术语，列举了许多解救食物中毒的有效方法，有些一直沿用至今。

汇通民族饮食文化

中华饮食文化享誉全球，食疗的历史也是源远流长。早在周代宫廷中就专门设置两名为王室服务的“食医”，至唐宋时期出现了不少食疗专书，大型综合性医书中也收载了很多食疗方面的内容。但是，这些记载中的食疗理论阐述较为零散。元代为蒙古族建立的政权，迁居中原后许多皇室成员水土不服，身体不适；蒙古部族之间相对稳定的婚姻关系成为近亲繁殖的温床，故元代中期的皇帝大多体弱多病；蒙古贵族的生活习惯，特别是大量饮酒而少食，或者不食蔬菜水果的生活习惯，对其身心健康具有较大危害。以上种种因素，使得元代统治者非常重视食医与食官，迫切需要一部适合本民族特点的食疗养生专著。

《饮膳正要》一书是忽思慧在广泛搜集各民族食疗方法的基础上，结合自己多年任职宫廷饮膳太医的经验编撰而成，此书的完成也得到了常普兰奚、耿允谦、张金界奴、拜住等人的大力支持。书中对于汉族及蒙古、回回、女真、畏兀儿、契丹、藏、唐兀等诸多少数民族，以及印度、阿富汗、伊朗等国外的饮食文化精华，均做了搜集、整理和阐释。其中“聚珍异馔”卷中载有马思荅吉汤、八儿不汤、沙乞某儿汤等 15 种左右的食品，来源于回回、党项、波斯、尼泊尔、突厥、蒙古等。据《回回药方考释》一书所言，“马思荅吉”为古波斯语、阿拉伯语，是一种漆树科的乳香，味微苦淡，具有补脑提神、软坚散结之功效。忽思慧将马思荅吉汤的作用总结为补益、温中、顺气等，该汤食的主料是马思荅吉、羊肉、回回豆子、香粳米、草果、官桂等。由此可看出，马思荅吉汤属于所谓的“回回茶饭”之列。

书中许多外来药物，如孩儿茶等未见于以前流传的文献，为《饮膳正要》所首载，后被《回回药方》《本草品汇精要》《本草纲目》等本草书籍所收录，并逐渐成为中医常用药物。

最早的“膳食宝典”

元文宗即位后设立奎章阁学士院及附属机构艺文监，校正和刊刻汉文经籍，这也为《饮膳正要》的刊刻提供了重要条件。

《饮膳正要》不仅集中反映了蒙古宫廷饮食结构的变迁，同时还囊括了植物学、动物学、营养学、食品卫生等多门类相关内容，资料极为丰富。它从健康人的实际饮食需要出发，以正常人膳食标准立论，制定了一套饮食卫生法则，具有很高的学术价值。它以继承发扬前代食疗学成就为经，以广泛吸取汉族、蒙古族、藏族、维吾尔族等各族人民各具特色的饮食经验为纬，反映了当时国内各民族医药与饮食文化的交流与融汇，因此又具有极高的史料价值。

全书分三卷。卷一论述了养生避忌、妊娠食忌、乳母食忌和饮酒避忌，选录了100多种历代所用的羹、汤、面、粥等食品，并附有疗效介绍。卷二精选94种“聚珍异馔”，69种“诸般汤煎”，61种“食疗药膳”，以及所谓神仙服饵方法24则，列有配方，也有功能主治。卷三附图论述24种谷物、39种水果、46种蔬菜、31种家畜野兽、17种家禽飞鸟、17种鱼类、13种药酒及30多种调味品的性味功效及有毒无毒。

《饮膳正要》书中强调起居有常、饮食有节、营养调配，才是延年益寿之道。书中所言“夜不可多食”“一日之忌，暮勿饱食”“莫吃空心茶，少食申后粥”等，都是在强调饮食有节。

该书将对人体具有明显补益作用的食物、药物、酒水等分类整理，强调食疗保健以预防疾病的主导思想，坚持不用矿物药和毒性药的原则，提倡选用无毒、补益的药物，从而达到防病保健的目的。《饮膳正要》既是一部珍贵的元代宫廷饮食谱，也是我国乃至世界现存最早的饮食卫生与营养学专著。

滑寿

滑寿（约 1304—1386），字伯仁，号撄宁生，元代医家。祖籍许州襄城（今河南襄城），出生于江苏仪征，后迁至浙江余姚。滑寿医理贯古通今，辨证详而精审，施治效如桴鼓，对中医学理论发展做出重要贡献，著有《十四经发挥》，该书在针灸学发展史中具有承上启下作用。《绍兴府志》谓：“寿医能决生死，与朱丹溪彦修齐名。”

博极群书　由儒而医

滑寿出身名门望族，幼年拜韩说先生为师，学习儒术，曾为乡举。据《仪真县志》记载，滑寿生性警敏，学习儒学，每日能记诵千余言，提笔能文，尤其擅长乐府诗。滑寿所写诗文朴实温雅，但现今流存下来的很少，在《明诗纪事》中有一首《挽唐丹崖》，诗云：“尚想词垣应奉辰，汉廷曾诏贾生频。如今埋骨秋江上，留得文章照后尘。”诗中用贾谊在汉朝不得重用的典故来凭吊同行，满溢悲慨之情。

后来滑寿弃儒从医，随名医王居中学习岐黄医道，又随东平名医高洞阳学习针灸之术。滑寿本人融汇张仲景、刘完素、李东垣三家之学而自成体系，临床诊病多有奇效，江浙两地一时之间无人不知滑寿医名。患者们争相延请，如果能得滑寿诊视而决生死，则死而无憾。尽管滑寿

（作品由王军创作，李经纬题款，李俊峰提供）

在当时成为名医，但他毫无恃才傲物之态，但凡有人相请，他往往不避风雨寒暑，前往医治，世人都称赞他医德高尚。戴良在《九灵山房集》中的“题滑寿像赞”中描绘了滑寿的风采，“貌不加丰，体不加长，英英奕奕，具学也昌。早啄诗礼之精华，晚探《素》《难》之窈茫。推其有，足以防世而范俗；出其余，可以涤藏而湔肠”。可见，滑寿体态适中，相貌俊朗而有神采，于儒学和医学均深有研究。

滑寿本有机会入仕为官，他原姓刘，乃明朝开国功臣刘基的兄弟。刘基显达后，曾去余姚请他出仕，但他不愿为官，遂改名易姓，隐于医界，与当时的文人名士丁鹤年、宋僖等交往甚密。丁鹤年曾写有《寄余姚滑伯仁先生诗》，诗曰：“独木桥边薜荔门，全家移住水云村。猿声专夜丹山静，蜃气横秋碧海昏。诗卷自书新甲子，药壶别贮小乾坤。陶渔耕稼遗风在，差胜桃源长子孙。”薜荔是一种木本植物，可入药，常用于形容品行高洁。全诗赞扬了滑寿人品高洁，医术高明，淡泊名利。

辨证精当　医术高明

滑寿经常应邀参加姑苏士人的集会雅游，他的医疗故事也经由这些人广为传播。明人许浩在《复斋日记》中记录了滑寿的一则轶事。相传某一年的秋天，滑寿与姑苏的名士相邀游虎丘山。其中一人听闻家中产妇出现难产的情况，准备赶紧回家。这时，滑寿看到地上新落的梧桐叶，就拾起来送给他，让他回家拿水煎了落叶给产妇饮下。众人还没登到山顶，就有人来报信说已经顺利产下一子。大家都问疗法的由来，滑寿说产妇妊娠已足十月，应当是气不足，这梧桐叶得秋肃降之气而坠落，用它煎水饮下，产妇当顺利生产。许浩笔下的滑寿形象飘逸潇洒，文人气十足，且诊疗时不拘泥于方书，依己意处方，投方辄效，神乎其神。

又如一例，是说一妇女产后恶露不行，脐腹痛，头疼，身有寒热，大夫们都认为是感受了寒邪，所以用干姜、附子一类的热药治疗。谁知药后反增其热，而且出现了手足抽搐，神志不清，于是赶紧请来了滑寿。

滑寿诊其脉弦而洪数，患者面赤目闭，喃喃自语，听不清内容，舌色发黑，舌苔燥而无津。他认为这个病证属内热而风生，赶紧治风凉血，两服药后患者症状就减轻了。后来他又让患者服用琥珀、牛黄等药，以镇痉安神，豁痰清热，患者神志略清。再以张从正三和散行血破瘀，三四剂后，诸症悉平。如此重病，滑寿辨证准确，当机立断，并层层推进，用药精当，取得了很好的效果。

深研经典　阐发经络

滑寿精研古方，熟读经典。他发现《素问》论述虽然详细，但次序似有错乱，于是将藏象、经度等分为十类，少加注释，著成《读素问钞》。《难经》本于《素问》《灵枢》，荣卫藏府与经络腧穴缺误亦多，于是又将《难经》加以注释，著成《难经本义》。

在针灸方面，滑寿也取得了很高的成就。他发现过去所述的经络，言语简略，读者不容易领会，自己精通经典，对经脉学说洞彻玄微，于是参考《素问》《灵枢》中与经络腧穴有关的内容，对其训释字义，释其名物，疏其本旨，正其句读，著成《十四经发挥》。

《十四经发挥》成书于至正元年（1341 年）。全书 3 卷：卷上为“手足阴阳流注篇”，统论经脉循行的规律；卷中为“十四经脉气所发篇”，依据十二经脉和任督二脉的流注次序，分述各经的经穴歌诀、脏腑机能、经穴部位和经脉主病等；卷下为“奇经八脉篇”，系统论述了奇经八脉的起止、循行路线、经穴部位及主治病症等。书中较为完整地绘制出经络穴位分布路线的全图，将隶属于奇经的任脉、督脉与十二正经相提并论，以此十四条经脉统领全身的经穴，使“十四经”之名固定下来，为后世绝大多数医家所接受。

《十四经发挥》在针灸学的发展中起到承上启下的作用，为针灸基础理论的普及做出了重要贡献。其学术价值不仅为国内医界所重视，对日本、朝鲜等国的针灸发展亦有较多影响。

《十四经发挥》在明代传入日本，大受好评。他们首先直接学习中文版《十四经发挥》，随后又自行翻刻出版 20 余次，成为当时最畅销的医书。还有一些医家致力于讲解注释该书，到 17 世纪末，原书的思想已经成为日本经络学说的主流，甚至被当作学习针灸的必备教材。日本最早的医学校之一——跻寿馆，就将《十四经发挥》作为针灸教学的重要内容。原书在日本医学教育中所起的重要作用由此可见一斑。《十四经发挥》在朝鲜也作为医科授课考试用书，影响深远。

朱橚

朱橚是明太祖朱元璋之第五子，作为明室宗藩，在明初皇子谋反、王室斗争剧烈的环境下，他的政治生涯跌宕起伏。尽管政治上始终没有大的建树，但他在中医药学方面却做出了重要贡献，成为明初著名的植物学家、方剂学家。他先后组织编写了《袖珍方》《保生余录》《普济方》《救荒本草》等医籍，保存了明朝以前的大量医学文献，为后人的研究提供了宝贵的资料，在中医药学发展史上留下了功绩。朱橚因在中医学、植物学、药物学等方面的卓越功绩而名垂青史。

跌宕起伏的政治生涯

明洪武三年（1370 年），朱元璋北伐节节胜利之际，一路凯歌高奏，朱橚被封藩王，封国定在吴国旧地，所以称朱橚为吴王。后来朱元璋考虑到吴地是朝廷财赋重地，不宜封王，于是将朱橚改封至开封，称为周王。由于此时诸王年龄尚幼，便没有让他们立即前往封地，而在宫中接受教育。朱元璋以武力夺天下，非常重视培养皇子的军事能力，便安排派朱橚随诸王兄弟前往凤阳练兵，以适应将来统兵的需要。经过几年的训练，朱橚军事素养有所提升，年龄渐长，于洪武十四年（1381 年）奉命就藩开封。

（作品由沙洪洲创作，李经纬题款，李俊峰提供）

初到藩地的时候，朱橚还能按照朱元璋的要求履行藩王职责，定期和其他诸王来京城朝见父皇，每次都能收获大量赏赐，受到朱元璋的喜爱。可洪武二十二年（1389年），朱橚擅离封地，到了他年少时练兵的凤阳，这在明朝是严重的违纪行为。朱元璋的情报机构非同小可，不久消息就传到他那里，帝王震怒下，将朱橚谪贬云南，以示惩戒。在赴云南履职的一切安排停当后，朱元璋忽又改变主意，让朱橚留在京师，令世子朱有燉代理藩务，可见待他宽厚。两年后，朱元璋见朱橚已悔过，便令他回到开封，朱元璋在位期间，他也未再有逾举行为。

朱元璋病逝后，因太子朱标早亡，皇太孙朱允炆继承皇位。朱允炆年幼，畏惧藩王实力，于是大肆削藩，因燕王朱棣在藩王中势力最大，谋士认为应先剪除燕王羽翼，而周王朱橚与燕王乃是同母所生，自然首当其冲。朱允炆命大将李景隆帅兵包围了周王府邸，将朱橚父子及王府官属押解返京，后朱橚被革去王位，贬为庶民，迁至云南。朱橚初到云南时，见当地居民生活艰难，缺医少药，便留心医学，组织良医编写简便实用的医书，为他之后组织编写一系列医学著作打下基础。

当削藩的大刀砍向燕王朱棣的时候，他以“清君侧”的名义起兵造反，史称“靖难”。朱允炆为缓和矛盾，将朱橚召回京城。燕王起兵三年多后，终于登基，恢复了朱橚的王位。朱棣对同母兄弟颇有恩遇，给他的俸禄比别的藩王多一倍，享有封地的税收等特权，还经常赐予他礼物。可惜好景不长，篡权夺位的朱棣比其他人更懂得削弱藩王势力的重要性。后来，因朱棣派出的官员与朱橚属地官员发生冲突，朱橚受到训诫，他的权力因此限于封地之内，后来又不断受到新的限制，政治生涯步履维艰。洪熙元年（1425年），朱橚薨，享年64岁，谥定，史称周定王。

现存最大的古代方书

在医学教授滕硕、长史刘醇的配合下，朱橚从洪武二十三年（1390

年）开始编纂《普济方》，于永乐四年（1406年）成书。该书对明以前的医方进行了全面系统的搜罗整理，几乎收录了成书前所有存世方书的内容，除当时所能见到的各家方书外，还收录了其他文史类著作以及佛教、道教等各类书籍中的相关记载。全书168卷，收方61739首，总字数接近1000万，插图239幅，是我国古代现存最大的一部方书，在中医方剂史上占有非常重要的地位。由于该书篇幅浩大，成书时未能刊刻，流传过程中散佚了一部分。清乾隆年间编纂《四库全书》时，将其改编为426卷。该书所引用的医籍中目前亡佚不存者十之七八，幸得该书而保存了部分内容。明代李时珍编纂《本草纲目》时，从中引录了大量亡佚方剂，可见该书对辑佚古籍亦有重要参考价值。

从全书结构来看，《普济方》首先是总论，其次为脏腑身形、伤寒杂病，以及外科、妇科、儿科、针灸等，内容非常广泛。每一证下都列出诸多的方药，使学者可以依类推求，从异同之处窥见古人遣方用药的深意，再折中参考配伍，不至于拘泥于一家之言。这些内容为研究明初及明以前的中医学术发展，提供了可贵的资料，对临床诊疗有很大参考价值。

除上述医籍外，朱橚还曾命王府良医编纂《袖珍方》，全书4卷，载方3000多首，总结历代医家用方经验。此外，还曾组织学者编写了实用方书《保生余录》。

赈荒济民的《救荒本草》

《普济方》成书的同年，朱橚还主持编纂了一部《救荒本草》，书名虽冠以本草，但编纂的用途却不在临床遣方用药，乃是用于饥荒之时救灾应急。朱橚编纂这部书主要受两方面的影响，一方面，明太祖朱元璋恐皇子们不知民之劳苦饥寒，经常让诸皇子从事劳动并少感饥寒，还教育皇子饮食用度要节俭，平日行事要务实，注意体察民情，这无疑促进了朱橚产生救荒济民的思想。另一方面，朱橚被贬迁居云南时，他自身穷困万状，深知民生艰难。这极大地激发了朱橚编纂《救荒本草》的兴趣。

为编写此书，朱橚不惜亲自到开封、嵩山、华山、太白山等地实地考察。为观察植物生长规律，他还建立了植物园，并于园中种植植物400余种，亲自了解这些植物的生长、发育、繁殖情况，查验植物的习性、味道、用法等，获得了第一手资料。经目验亲尝，参考文献记载，朱橚选取可供灾荒时使用的植物414种，著成《救荒本草》，其中276种是以往未曾收载的植物。为方便使用，书中还配以图谱。过去的本草书多记载医疗功效，而朱橚著本草更多是为了食用，所以每种除品名、状貌、毒性、禁忌外，还言及烹饪方法。该书既是我国药食两用的著作，也是一部植物学图谱，在药物学、植物学、农学方面均有较大价值，开启了野生食用植物的研究。此书问世后，鲜少为医药学家重视，却受到植物学家的青睐，《四库全书》将其隶于子部农家类。17世纪末，该书传到日本，引发日本学界关注，多次予以刊刻。欧美植物学家、药理学家都曾对此书进行研究，赢得了国际学界的重视和好评。

万全

万全（1499—1582），字事，号密斋，豫章（今江西南昌）人，明代与李时珍齐名的著名医学家，尤精于儿科。清初被康熙皇帝封为“医圣”。

医学世家　儿科圣手

万全的祖父名万杏城，以儿科闻名于乡里，父亲叫万菊轩，也是远近闻名的儿科医生，后因兵荒而定居于湖北罗田大河岸。万全幼承家学，通晓各科，尤精于儿科。然而，万全的父亲却执意让其参加科举考试。16 岁时，万全被父亲送到罗田著名的儒学大家张玉泉、胡柳溪门下学习。经过名师指点，万全熟读儒家经典，且诗词歌赋样样精通，深得张玉泉赏识。后来，万全考中秀才，24 岁就成为了廪膳生。然而，在此后的科举考试中他却屡战屡败，三次乡试均未考中。尤其，在一次参加科考前，父亲在治愈万全长子的痘疹后不久便辞世了，万全守孝 3 年后再次仓促参加补考，终未如愿，于是他下定决心改习医学。虽然最终没有走入仕途，但是，早年间得名师严教，为万全之后著书立说打下了坚实的儒学基础。他著有《育婴家秘》《幼科发挥》《片玉心书》等 20 余种医书，其中大部分被收入清代《四库全书》中。

（作品由何馥君创作，邵大箴题款，李俊峰提供）

小儿平安　常要“饥寒”

民间常说：“若要小儿安，三分饥与寒！”意思是想要小孩子平平安安少生病，日常就不能吃得太饱、穿得太暖！对此，年轻妈妈们会认为，这种老话已经过时了，旧社会生活贫苦，不可能给孩子提供充足的衣食保障，所以才有了这种“不得已”的习俗。其实不然，这句谚语是明代著名儿科圣手万全提出来的。为什么万全会提出“若要小儿安，常受三分饥与寒”呢？这里的“饥”，指的是节其饮食；“寒”，指的是适其寒温。中医学认为，小儿属于“纯阳之体”，他们处于发育迅速的阶段，一方面，生机蓬勃，需要大量的营养物质来满足不断生长发育的需求；另一方面，小儿又属于“稚阴稚阳”，五脏六腑虽然已经齐全，但是成而未全，全而未壮，尤其脾（胃）的功能尚未成熟，这就形成了小儿日益增多的营养需求与脾胃功能稚嫩薄弱之间的相对矛盾。万全正是充分考虑了小儿这一体质特点，强调小儿要合理饮食，顺时加减衣物，以保证脾胃正常纳运。

万全对小儿脏腑的生理病理特点还提出了“三有余、四不足”的独到见解，即“肝常有余，心常有余，阳常有余，脾常不足，肺常不足，肾常虚，阴常不足”。小儿脾常不足，易被饥饱寒热所伤。由于“幼儿无知，口腹是贪，父母娇爱，纵其所欲”，因此，小儿脾胃之病大多由于大人喂养不当造成；小儿肺常不足，肺为娇脏，尤其柔弱，易为邪气痰浊和异物所伤；肾为先天之本，是人体生命活动的根基，小儿处于生长发育的重要时期，肾精往往相对不足，所以导致的病变也多以禀赋不足为特征；小儿的阴阳平衡是以阳气占主导地位的，处在不断的发展变化中，这是维持小儿健康生长的基础，所以小儿“阳常有余，阴常不足”；小儿初生，有如草木萌芽，生机勃勃，有赖于肝主生发之气的旺盛，因此小儿“肝常有余”；小儿属“纯阳之体”，感邪后易从热化，邪内陷于心包，导致心火上炎而化热化火。鉴于此，小儿发热时多见壮热、惊悸、抽搐，甚至角弓反张等“有余”之症。

根据小儿脏腑的特点，万全强调儿科疾病的治疗要“调理但取其平，补泻无过其剂”，告诫人们：“医药者，儿之所以保命者也，无病之时，不可服药。”若一旦有病，“小儿用药贵用和平，偏寒偏热之剂不可多服”，且要慎用金石有毒之品。他还特别注重婴幼儿的护理与疾病预防，提出婴儿治疗不专在药，而在于调乳母、节饮食、慎医药的护理方法。

儿科诊断　形色为凭

儿科素有“哑科”之称，万全认为幼儿“口不能言，脉无所视”，所以儿科在诊断方面颇具难度，提出“唯形色以为凭”的诊法。

小儿有着独特的指纹三关诊法，具体是指小儿食指第一节部位为风关，第二节为气关，第三节为命关。万全将指纹色泽分为 5 种，根据色泽的转变、纹理的深浅来判断疾病的性质与轻重，如“脉纹见有色者，曰黄、红、紫、青、黑，由其病甚，色能加变”。一般黄红色表示病情较轻浅，颜色变至青黑色时，显示病情加重，至纯黑色，表明病情危重，不可治。根据指纹形态的不同，区别疾病的性质、轻重和部位。又根据指纹形态的改变，推测疾病的发展和预后。

望闻问切是中医的四诊，小儿面部皮肤稚嫩，色泽变化明显，因此，观察小儿面部色泽更容易判断脏腑的虚实、精神气血的盛衰及病邪的缓急。万全在长期的临床实践中，总结出小儿面部色泽的改变与疾病性质的关系，如“青主惊风红主热，黄为伤食白主疳……肝病须观眼目中，脾唇心舌自相通，肺有病时常在鼻，肾居耳内认其宗”。尤其，万全对小儿危重症的诊断记载尤为丰富，他认为，某些症状的出现往往标志着疾病已处在急危状态中，如不积极救治将会威胁患儿生命，如急惊风症，会出现“先颊赤而目瞪”“手如数物状”，若治疗不及时，则会出现目睛直视、手足抽掣、牙关紧急等急候。再如，出痘疹时，可见“大小便出血者”，在咳喘症中，见“胸高而喘，肩与胸胁俱动”者，在呕吐症中，见“呕不止，目上窜，头后仰”者，均为危症急候的表现。

养生四要　见解独到

“寡欲、慎动、法时、却疾”是万全提出的养生四法。他所著的《养生四要》一书收载了关于治病强身的方剂与养生验方，是中国古代养生学的经典著作。该书最大的特点是平实切用，结合人们的日常生活来探索养生之法。总体来说，其养生观包括寡欲清心、固精养肾，饮食有节、清淡为宜，情发中和、恬愉舒泰，和于阴阳、顺应自然，未病先防、慎于医药等。

酒的发明在医学史上有着重要的医疗意义，《汉书》也有酒为“百药之长”的说法。酒能通血脉、行药势，少量饮用对人体是有益的。但是，自古以来，也有很多医家认为，嗜酒是多种疾病的致病因素，万全最早撰写有“酒疾”专著，对酒病的病因、病机、辨证、治疗作了全面论述，尤其明确提出酒病治疗总则是“散寒、养血、和气、开导”。这对现代酒病的临证治疗具有重要的指导意义。

李时珍

李时珍（1518—1593），字东璧，号濒湖，湖北蕲州（今湖北蕲春）人，明代著名医药学家。其历时27载，三易其稿，终著成中国古代百科全书——《本草纲目》。该书是我国古代药物学的总结性巨著，是本草发展史上里程碑式的著作，具有重大学术价值。

梦碎科举　励承家学

李时珍出身于世医之家，他的祖父是走街串巷的铃医，父亲是蕲州名医李言闻。李言闻，字子郁，号月池，由于具有高超的医术与深厚的文化素养，因此被当地人誉为“李仙”。李言闻曾担任过太医院的吏目，行医之余还编写了多种医书，如《人参传》《艾叶传》《痘疹证治》《四诊发明》《四言举要》等。父亲在医药学上的成就对李时珍起到了良好的启迪作用。

古代，学而优则仕乃是寻常人家培养子弟的首选之路，李言闻也不例外，他决定让次子李时珍走仕途以考取功名。14岁那年，李时珍在科举路上顺利地过了第一关，考取了秀才。然而，在此后每三年一次的乡试中，他却屡屡失败。尤其在第二次科考后，李时珍不幸患上“骨蒸发热”病，父亲李言闻仅用一味黄芩汤就挽救了病情危重的儿子。经过此事，

（作品由刘泉义创作，李经纬题款，李俊峰提供）

李时珍开始被“医中之妙”所吸引，对医学产生了浓厚兴趣。最终，在三考三败之后，李时珍彻底醒悟，决定放弃科举仕途之梦，转向继承家业，学习医学。为了请求父亲准许他改为医业，李时珍特意写诗：“身如逆流船，心比铁石坚。望父全儿志，至死不怕难”，表达了自己学医的决心。

23 岁开始，李时珍真正走上医学之路，跟随父亲在湖北蕲春的玄妙观习医。他不但刻苦努力，而且医德高尚。有一次，当地发生水灾，引发疫病流行，李时珍毅然走出家门，自拟药方救治患者。经过这次疫病中的实战，他的医疗水平得到很大提高，在当地也逐渐有了一定声望。据顾景星《白茅堂集》记载，李时珍曾治疗楚王世子的“暴厥”危症，并且仅用一味延胡索就止住了荆穆王妃胡氏剧烈的“胃痛”。当地楚王（明朝掌管湖北一带的朱姓藩王）聘请他担当楚王府的奉祠，兼掌管良医所事宜，于是李时珍成为楚王府里的医药总管。嘉靖年间，他又被举荐到北京太医院供职，终于实现了自己的医学梦。

格物致知　精修本草

成为太医是古代医者梦寐以求的事！然而，李时珍仅仅在北京工作了一年便执意返回故里，是什么原因促使他放弃“吃皇粮”呢？原来，在任职短短一年里，李时珍目睹了京师许多淫奢极欲的怪现象。据《本草纲目》记载，当时京师一些医家制售所谓的“一粒金丹”（即鸦片制剂）用于房中术。李时珍认为这些行为只不过是一些“俗人”的做法，不应该是正统医家用来取悦权贵的行为。他对京师医药界的不良风气极不适应，亦看不惯御医之间钩心斗角的做法，这些很可能是李时珍离开太医院的原因之一。

然而，更重要的原因是，李时珍重新树立了自己的奋斗目标——编写《本草纲目》。在北京太医院任职期间，李时珍有机会看到大量医药典籍，尤其是本草典籍。他发现宫廷所藏本草著作中有错误，古人对一些药物的注解记载也不准确。早年的寒窗苦读为李时珍打下了坚实的文化基础，儒家“格物致知”的理念也深深渗透到李时珍的思想意识中，他把从事医药研究、探讨事物的本原视为儒者不可或缺的品格。正如他在《本草纲目·凡例》中所说的“其考释性理，实吾儒格物之学”。因此，当他发现本草典籍中的这些问题之后便寝食难安。李时珍认为，药物书籍对老百姓的医疗乃至民生都至关重要，必须重新梳理各种药物的主治与功效，只有经过认真翔实的考证才能保证用药的安全和有效。这个观点在李时珍请王世贞为《本草纲目》作序的时候就曾经表述过：“古有《本草》一书，自炎皇及汉、梁、唐、宋，下迨国朝，注解群氏旧矣。第其中舛谬差讹遗漏，不可枚数，乃敢奋编摩之志，僭纂述之权。”经过深思熟虑之后，李时珍毅然决定辞官，立志以个人的力量重修本草典籍，以正本草源流。

纲举目张　本草丰碑

从 34 岁起，李时珍开始编写《本草纲目》，并为此付出了毕生心血，同时还动员子孙和弟子们参与全书的校订及绘图工作。李时珍非常注重实践，为了正确认识每种药物的特点和功效，他常常亲自到深山野林进行实地考察，采集标本，加以对照比较。为了研究蕲蛇，辨其真伪，李时珍同捕蛇人一起观察捕蛇、制蛇整个过程。他还虚心向樵夫、猎人、山民、车夫、皮工等有实际经验的人请教，足迹遍布大半个中国。最终历时 27 年，三易其稿，于 1578 年著成《本草纲目》。

李时珍编写《本草纲目》有一个非常重要的主导思想，即“此本草之书，所以不厌详悉也”，正是这种“不厌详悉”的作风，促使李时珍“书考八百余家”，放手全面收罗、汇集古今药物资料，使全书收录的药物总数达到 1892 种，共 190 万字，其中绘制插图 1109 幅，附方 11096 个。如此浩瀚的篇幅，李时珍是如何归纳近两千种药物呢？他采用了“析族区类，振纲分目；物以类从，目随纲举”的办法。这种条分缕析的分类方法成为《本草纲目》最大的亮点。从内容来说，《本草纲目》乃本草发展史上里程碑式的著作！

梦圆金陵　泽被后世

全书完稿之后，李时珍遇到了出版难题。明代时期，并不富裕的李时珍很难以个人能力支付出版费用。李时珍曾让儿子将书送往朝廷，希望通过官方出版。然而，明神宗皇帝批示：“书留览，礼部知道”，此后便音信全无。又经过十几年的寻寻觅觅，父子二人共同努力，拜请明朝文学家王世贞题序，这部巨著感动了当时的文坛领袖，王世贞终于为《本草纲目》撰写了一篇文采飞扬的序言，使《本草纲目》的价值得到体现。最终，在李时珍儿子李建元的努力下，金陵书商胡承龙愿意出资刻印，万历二十一年（1593 年）该书终于得以出版，史称金陵版《本草纲目》。

此后，金陵版《本草纲目》开始流传并引起轰动。之后以金陵版为底本，又先后出版了江西版、钱塘版等多种版本，《本草纲目》在国内辗转翻刻多达 30 余次。1607 年，《本草纲目》首次传到日本，之后反复被翻刻。后该书又传到朝鲜和越南，并于 17、18 世纪传到欧洲，从而使西方各国医药界和博物学界打开了新的眼界。最早把《本草纲目》介绍到欧洲的是波兰传教士卜弥格（Michel Boym），他于 1647 年来华，用拉丁文翻译了《本草纲目》部分内容，写成《中国植物志》，后又被译成多种文字，使《本草纲目》逐步走向世界。远在大洋彼岸英国伟大的生物学家达尔文称赞《本草纲目》是“中国古代百科全书”。当代英国著名中国科技史专家李约瑟（J. Needham）所著的《中国科学技术史》（*Sciense and Civilisation in China*）中，有很多材料来源于《本草纲目》。他用英国式的赞语称李时珍是“药物学界中之王子”。

一代药仙，给世间留下了极为宝贵的医药遗产，他辉煌的一生，永远值得后人顶礼膜拜！

杨继洲

2016年10月27日，国家级非物质文化遗产项目“杨继洲针灸”宣传片《针圣故里》主海报发布，这是浙江省衢州市政府为打造“针圣故里”的重要工作之一。该片不仅在日本召开的世界针灸学会联合会执委会会议中播出，还在美国纽约时代广场、欧洲电影节、日本东京电影节等国际平台上展示，弘扬了中华民族优秀的针灸文化。宣传片中的主角针圣就是明代针灸大家杨继洲。

杨继洲（1522—1620），名济时，浙江衢州人，明代著名针灸学家。

针灸大成　承前启后

孟子曾经提出：“孔子之谓集大成，集大成也者，金声而玉振也！”他称赞孔子学识渊博，就好像演奏音乐，以钟发声，以磬收乐，集众音之大成。后世便用“大成”来形容在某一方面十分精通，水平超出一般的人或事物。古代针灸学界，杨继洲所著《针灸大成》便是针灸文献中的集大成者。

杨继洲出身于世医之家，祖父曾任太医院御医，著《医学真秘》传于世，父亲也曾担任明嘉靖年间的太医院吏目。杨继洲自幼便耳濡目染，精通医术。原本决定走仕途的杨继洲自幼习儒，无奈科考屡次失败，于是

（作品由杨怀武创作，邵大箴题款，李俊峰提供）

秉承家学，弃儒从医。因深厚的家学渊源及精湛的医术，他得以顺利进入太医院任职。任职期间，遇山西监察御史赵文炳患痿痹，求医数年，疗效甚微，后经杨继洲针刺治疗后痊愈，此案使杨继洲在太医院名声大振。他潜心行医50多年，积累了丰富的临证经验。

在针灸学发展史上，有3部重要的针灸文献，代表着针灸学发展的3个重要节点。魏晋时期，皇甫谧撰写的《针灸甲乙经》是我国针灸学的奠基之作。北宋时期，王惟一所撰《铜人腧穴针灸图经》是国家经过系统整理后颁布的针灸经穴标准。明代杨继洲的《针灸大成》则汇集了明以前历代重要针灸文献的精髓，是一部具有承前启后意义的针灸文献荟萃。

《针灸大成》全书共10卷，20余万字，是杨继洲在家传著作《卫生针灸玄机秘要》一书的基础上，援引《黄帝内经·素问》《黄帝内经·灵枢》《难经》等医学经典中的理论，辑录并注释《医经小学》《针灸聚英》《标幽赋》《金针赋》《神应经》《医学入门》《古今医统》等20余种古医籍中的针灸文献，同时结合自身丰富的临证经验而撰写完成的。该书内容丰富、论述完备，是明代针灸文献的集大成者，现已被译成英文、日文、德文、法文、拉丁文等7种文字，至少有46种版本，传播到140多个国家和地区。

针、灸、药　多举并存

药王孙思邈最早提出，医家临证须“知针知药”，真正的“大医”不会拘于一法一方，而是针、灸、药并用，取长补短以充分发挥各种治法的优势。杨继洲继承了先贤的思想，明确提出“针刺长于行气，灸焫长于散郁；针刺长于治外，汤药长于治内”的理论，强调汤药与针刺、艾灸缺一不可。

杨继洲在《针灸大成》中记载了自己的临证医案33则，基本均遵循了一针、二灸、三服药的治疗原则。其中，在治疗痞积的案例中，病儿

患疳积，虽服药治疗却依然消瘦。杨继洲认为，病虽是疳积，但患儿腹内有积块日久，积块不除，疳积难以消除。于是杨继洲为该患者针刺并艾灸，以消散积块，再以蟾蜍丸调理脾胃，使患儿形体渐盛而治愈。杨继洲指出：“夫何喜怒哀乐、心思嗜欲之汨于中，寒暑风雨、温凉燥湿之侵于外。于是有疾在腠理者焉，有疾在血脉者焉，有疾在肠胃者焉。然而疾在肠胃，非药饵不能以济；在血脉，非针刺不能以及；在腠理，非熨焫不能以达。是针灸药者，医家之不可缺一者也。”针灸药并用不仅互补，还充分体现了辨证施治的思想。

针刺手法　通权达变

武侠小说中，但凡高手，都必会习得盖世武功的秘诀，或某种功法的口诀，杨继洲的《针灸大成》中也记载有针灸的秘诀！杨继洲用歌诀体裁总结了一首针刺“十二歌”，还将针刺手法简化为揣、爪、搓、弹、摇、扪、循、捻，称为“下手八法”。另外，还记载了烧山火、透天凉、龙虎交战、苍龙摆尾、赤凤迎源、子午捣臼、阳中隐阴、阴中隐阳、留气法等 24 种复式手法。这些针刺手法的秘诀到底是什么呢?

在运用针灸治疗时，往往使用不同的手法来刺激人体腧穴，疏通经络、调和气血，以达到治疗疾病的目的。手法主要包括进针方法、针刺方向、提插手法、捻转手法、留针、出针及辅助手法等。例如，比较常用的提插法，是将针从浅层插向深层，再由深层提到浅层，如此反复上提下插；捻转法，是将针入一定深度后左右来回旋转的方法。医者首先要判断患者是寒证还是热证，实证还是虚证。一般寒证用灸法，热证用针刺法，实证用泄法，虚证用补法。针刺的手法其实并不玄妙，主要取决于进针的角度、进针的速度、捻转的幅度、提插的速度等，经过长期的临床实践，就能掌握不同病证适用的综合力度，针刺手法的奥秘就在其中。

杨继洲根据临证补泻方法的不同程度，将补泻方法又细分为“平补平泻”和“大补大泻”2 种治法。所谓平补平泻，指手法较轻、刺激量较小的补泻手法；大补大泻，则是手法较重、刺激量较大的补泻手法。由此开启了针刺补泻手法分强弱的先河，推动了针刺手法的发展。杨继洲还全面总结了复式针刺手法，其中的“烧山火”与“透天凉”是截然不同的技术。“烧山火”用于治疗寒证，属于补法中一种，针刺后患者可以在局部或全身产生温热的感觉；“透天凉”用于治疗热证，属于泻法中一种，针刺后患者可以在局部或全身产生寒凉的感觉，它们都是根据患者体感得来的手法名称，为后世复式手法的规范和发展奠定了基础。

王肯堂

利玛窦（Matteo Ricci）是意大利天主教耶稣会传教士，于明朝万历年间来到中国传教，其所著《中国札记》中数次提到一位与他交往密切的医家，并称他是“北京翰林院里一位杰出的哲学家”，这个人就是明代著名医学宗师王肯堂。王肯堂曾与利玛窦一起交流学习，内容除医学外，还涉及中外文化、天文、地理、数学、哲学、宗教等。由此可知，王肯堂是一位学识渊博且善于交流的医家。

为官刚正　习医精深

王肯堂（1549—1613），字宇泰，一字损仲，号损庵，自号念西居士、郁冈斋主。明代金坛（今江苏金坛）人氏，所以一般医家又尊称他为王金坛。

王肯堂走上医学道路的过程颇具戏剧性。他原本出身于官宦之家，父亲王樵是明嘉靖年间的进士，历任刑部员外郎、右都御史等职。这样的出身决定了王肯堂必须像父辈一样走上科举之路。少年及青年时期，他刻苦攻读文史经典。但是，母亲的一次重病彻底改变了他的初衷。

尚未考中举人之前，王肯堂的母亲罹患重病，家人连忙请镇江、常州两府许多名医前来医治，但这些医生所讲病理各不相同，都是杂药乱投，服用后毫不见效。后来幸得高手挽救，母亲才转危为安。经过这次

（作品由王海滨创作，薛永年题款，李俊峰提供）

切身经历，王肯堂对医学产生了浓厚兴趣。此后，他孜孜不倦地攻读医书。四年后，医术渐渐精湛。当时恰逢妹妹患乳痈，病情危重，经多个外科名手医治都未见好转，最终王肯堂亲自治愈了妹妹的病。随着王肯堂为妹妹治愈疾病的事迹传开，每天都有许多患者慕名到王家求医。王肯堂的父亲本来就非常反对他习医，认为从事医学会妨碍日后考科举。见到每日病患不断上门，严禁儿子再从事医业。于是，王肯堂不得不暂停学医而专攻举子业。即使他亲自为父亲制作药丸，并治愈了父亲的病，也没有改变父亲坚持要求他参加科考的想法。终于，在万历十七年（1589年），王肯堂考中进士，同年被选为翰林检讨（从七品官员，掌修国史），后为备员史馆，入翰林院修史。

为官期间，王肯堂为人刚正，敢于直言。43岁时，倭寇侵略朝鲜，又扬言出兵中国。中国将领仓皇招兵买马，但却不予训练。王肯堂义愤填膺，讥其无能，并疏陈十议，表示愿辞去本职，假御史的名义来练兵。不料，此举却受到明政府“浮躁从事”的批评，王肯堂愤而辞官。官场失意之后，他重新将兴趣转移到岐黄之术上，致力于研习医理，并大量整理医籍、撰写医书，同时为病人治病。数年后，经吏部侍郎杨时乔荐举，王肯堂才再次出山，任南京行人司副，后再任福建参政。

博极医源　广采众长

王肯堂辞官期间潜心医学，从事诊疗实践之余一直埋头著述，其所辑撰的医籍多达十余种，如《证治准绳》《古今医统正脉全书》《郁冈斋笔尘》《灵兰要览》《胤产全书》《肯堂医论》《医镜》《药镜》等。其中，对后世影响最为深广的是两部大型医学丛书，即《证治准绳》与《古今医统正脉全书》。

《证治准绳》，即《六科证治准绳》，包括杂病、类方、伤寒、疡医、幼科、女科6种。何为“准绳”？王肯堂认为：“大匠之所取，平与直者，准绳也，而其能用准绳者，心目明也。”由此可知，王氏对论著的学术要求很高，要达到明示后世学者，使之成为“规范”的标准。在历代医学丛书中，《证治准绳》全书以“证治”为特色，每证博引《黄帝内经》《伤寒杂病论》等经典，旁采后世医家学术见解，又结合自己的临床见解加以论述，条理清晰，持论平允，选方妥切，更偏重于临床实际应用。

《古今医统正脉全书》，简称《医统正脉》，共100卷。这套书是王肯堂在博览群书的基础上，斟酌选取各朝代最具代表性的医学典籍44种集结而成。通过集结历代古医籍的精华之作，王肯堂不仅对这些著作进行了整理与校勘，更希望这套书能避开门户之见，为医学的发展起到“正脉”的指导作用。在编辑之初，王肯堂就本着“博而不杂，详而有要，于寒温攻补无所偏主”的指导思想展开工作，因此，书中参考引用的历代医家诸说以及各家方剂均无所偏倚，具有不流于门户之见的特点。近代中医学家谢观在《中国医学源流论》中称《古今医统正脉全书》为“医家丛刻，网罗最博者”。

医界灵秀　德行典范

后世医家称王肯堂为“医界灵秀”，足见其在临证方面有突出贡献。如治疗头痛，很多医家均无从下手，屡治无效。王肯堂却大胆提出，头为高巅之上，唯有风能到达，治风先治血，血行风自灭的思路，成为后世治疗头痛的重要治则。他又指出，头痛治风不能一视同仁，对于血虚头痛者要细加辨别。

中国虽然最早发现了色盲，但从现存古文献看，最早具体记载此症状的是王肯堂，他在《证治准绳·杂病》中记载：“视白如赤症，谓视物却非本色也。”书中还列出不同类型的色盲患者，诸如“或观太阳若冰轮，或睹灯火反粉色，或视粉墙如红如碧，或看黄纸似蓝等”。

王肯堂详细记载了当时多种外科手术的具体操作过程。例如，他详细记载了气管切开后的吻合术，主张需分层缝合；耳郭受伤的修复，王肯堂提醒要注意使两耳对称；他对婴儿先天性肛门闭锁症开通术的记载

最为详细，还强调必须在婴儿出生后的 7 天之内施行，否则婴儿无法存活。手术后还以苏合香丸塞入肛门内，这项措施非常合理，因为苏合香丸中青木香、安息香、沉香、冰片等药物，具有芳香开窍、止血、止痛、活血、消炎等作用，可以促进伤口愈合。

王肯堂不但医术高明，而且医德高尚。他在医书中专门写了“医家五戒”“医家十要”，为从医者制定了行医守则，在中国医德史上非常有影响。王肯堂强调习医的目的是济世救人，而非为了一己私利，他提出“欲济世而习医则是，欲谋利而习医则非。我若有疾，望医之救我者何如？我之父母孙小有疾，望医之相救者何如？易地而观，则利心自淡矣。利心淡，仁心现。仁心现，斯畏心生”。可见，王肯堂是儒家仁爱思想的倡导者，也是行医济世思想的力行者。他还提出，医家对病家应不分贵贱贫富，一心救治，对一些束手无策的重病患者，不能为了一己的名利而拒之门外，凡来求诊者均应一视同仁，积极救治，不能产生厌烦之心。

王肯堂以其博闻广识、兼容并收的治学特点为后世留下了宝贵的医学财富，成为明代医学宗师之一。

陈实功

陈实功（1555—1636），字毓仁，号若虚，江苏南通人，明代著名外科医家，著有《外科正宗》，该书是一部汇集了明代以前外科学成就的重要文献。

著名的外科医家

中国古代，早在三千多年以前就有了外科手术的记载，《周礼》中所记载的“疡医”就是用刀、剪等治疗疮疡的外科医生。然而，在科技不发达的古代，外科医生的地位却十分低下。尤其，宋以后儒医兴起，医学界重视望、闻、问、切等医学理论与学术的发展，认为外科通常面对局部病灶，常见流脓、污血等，被认为是不洁和肮脏的。这就造成了外科医生地位低于内科的现象。由此也出现了外科医学缺少基础理论支持的情况。在此背景下，明代出现了中医外科史上第一大学派——“正宗派”，打破了外科发展的僵局。“正宗派”的创始人就是明代外科大家陈实功。

陈实功幼年多病，因而开始醉心于医学研究。他少年时期师从著名文学家、医学家李沧溟，深受老师影响。李沧溟认为：“医之别内外也，治外较难于治内。何者？内之症或不及外，外之症则必根于其内也。”也就是说，外科并不是简单的体外局部的疾病，外科疾病与内部脏腑功

（作品由王岚、刘文斌创作，李经纬题款，李俊峰提供）

能息息相关。正是老师的这句话成为陈实功数十年外科医疗生涯的座右铭。他继承和发展了李沧溟的观点，主张外科疾病应采取内治或内治与外治相结合的方法，强调外部手术与内服药物配合使用。

如何提高外科的地位与疗效？陈实功认为，首先，外科业医者必须具备相当的文化素养，作为医者“一要先知儒理，然后方知医业”，强调“勤读先古明医确论之书”，并参阅“近时明公新刊，医理词说”，强调提高外科医生的整体素质；其次，注重外科理论的学术研究。陈实功所处的时代，人们注重内科而轻视外科，导致外科医学同内科相比，缺少详尽的基础理论。陈实功提出“业外科者，不可不兼明内科”，他从内伤七情、外感六淫、饮食失调、起居失宜伤及五脏等角度丰富了外科病因学，还结合外科疾病的发生发展和邪正消长的趋势，丰富了外科内治中的消、托、补三法；此外，陈实功主张外科医生必须有精湛的手术技艺。临床上，他擅长使用刀针手术治疗痈疽、疔疮、瘰疬、脱疽、痔瘘、肿瘤等症，技术娴熟。

陈实功治病辨证精细，用药切当，既重视外治，又重视内治，登门求医者络绎不绝，声名远震大江南北，最终成为明代最著名的外科医家。他先后用了40年时间，精研明代以前有关外科的专著，又不顾晚年身体虚弱，撰写了《外科正宗》。《外科正宗》是一部汇集明以前外科学成就的重要文献，后世对该书素有“列证最详，论治最精”的评价，历来为中医外科研究者所重视。

正宗的外科技术

《外科正宗》创造并记载了当时多种外科先进技术，如截肢，鼻息肉摘除，气管缝合、咽喉部异物剔除术，以及用枯痔散、枯痔钉、挂线法治疗痔瘘等方法。

治疗外科痈疽疮疡时，陈实功主张彻底清除坏死组织，疏通脓管，以使脓毒外泄。他倡导痈疽在脓成时切开，切口位置宜下，且切口应该

足够大，然后用腐蚀药物清除坏死组织，如果腐肉不脱，则用刀针割除，肉芽过长则剪掉，彻底开放脓管，尽早排脓。陈实功将这种治法定为“举世自然之良规”，他认为切开脓肿、排出脓液、使毒随脓泄、腐去新生，这种方法对于疮疡脓熟后排出不畅、久不收口等外科疑难病证的治疗有着难以替代的作用，特别是对于防止疮疡毒邪内陷难解，甚或走黄扩散、变生险症等有重要影响。

陈实功设计了一些巧妙的手术方法。对于鼻息肉的摘除，他先用麻药吹鼻两次，然后用细铜箸两根，在箸头钻一个小孔，将丝线穿孔内，二箸相距五分许，以二箸头直入鼻痔根底部，将箸线束鼻痔根部，纹紧向下一拔，其痔自然脱落，再放置水中观察它的大小，将提前备好的药粉吹入鼻内止血。

对于糖尿病性脱疽，陈实功早已指出此病是“得于消渴病，发于足趾者”。他认为脱疽应该尽早采取截趾术治疗，这样有些脱疽是可以治愈的。具体做法：先用十余根头发缠绕病趾十余圈，阻断病变脚趾的血液供给，加速患病部位组织的坏死，一方面可以延缓坏死部位向上发展，一方面为缩短手术时间做准备。然后用蟾酥饼外敷，再施以艾灸，促进患处枯死，最后用锋利的手术刀从脚趾关节处快速切掉患病部位，再用如圣金刀散止血。这种手术方法在当时是非常先进的方法，既阻止了患病部位的扩散，又充分关注了术后截趾的康复问题。

此外，陈实功还提出用火针治疗瘰疬、痰核，他使用的下颏骨脱臼的治疗整复手术一直沿用至今，他还完善了枯痔疗法治疗痔疮。同时，陈实功对手术室及病房的要求也相当科学，提出“冬要温床暖室，夏宜净几明窗”，并严格注意室内卫生，不被外界污秽邪气污染。

由于陈实功学术上兼顾内外，外治擅长刀针手法，此后，清代祁坤《外科大成》、吴谦《医宗金鉴》、马培之《医略存真》等，均遵循了他的学术思想与经验，并且进一步发挥，逐渐形成中医外科史第一大学派“正宗派”，与清代王惟德代表的“全生派”和高秉钧代表的“心得派”并称外科学的三大学派。

医家的五戒十要

明清时期，由于三教合流的发展趋势，囊括了儒、释、道三教的各种劝戒善书在江南社会广为流行。善书的广泛传布对医生群体产生了深刻影响，许多医家先后提出了医学戒律或规范，其中最具代表性的就是陈实功的“医家五戒十要”，其被认为是古代医生的道德行为准则。

医家“五戒”要求医者仁心，勤勉勿为，其基本内容包括：一戒诊病延迟，唯利是图，欺骗行医，夸大疗效；二戒披露病人隐私，勒索患者；三戒误诊、漏诊或无故刁难；四戒行医马虎，擅离岗位；五戒漠视病人，不一视同仁，借治病之由行不正之事。

医家“十要”要求医者仁心，善良行医，其基本内容包括：一要勤奋好学，博览群书；二要依法炮制，方出有据；三要谦和谨慎，尊师重道；四要脚踏实地，尊重生命；五要乐天知命，轻利远害；六要戒奢宁俭，朴素持家；七要公益当头，施医舍药；八要合理支配，杜绝浪费；九要详备物品，器具齐整；十要有求必应，心无旁骛。

由此可见，“医家五戒十要”要求医者恪守善良行医、医者仁心，对医学伦理学有非常重要的启迪作用。陈实功自己也一直恪守“医家五戒十要”，明代南通大诗人范凤翼记载：“吾里若虚陈君，慷慨重然诺，仁爱不矜，不张言灾祸以伤人之心，不虚高气岸以难人之请，不多言夸严以钩人之贿，不厚求拜谢以殖己之私。”对待患者，他一视同仁；对贫苦者，他除了治病送药外，甚至还帮助其解决生活困难；对待同道，他谦和谨慎；对待年长者，他恭敬有加；对待想向自己学习的人，他谦逊有礼。《通州志》记载：“州南多圮梁，实新其半。”陈实功一生节俭，用省下来的钱财为家乡建桥五座，在当地也是广为流传的佳话。

张景岳

熟地黄是一味临床常见的中药，有补血滋阴、益精填髓的功效，对改善血虚、肝肾阴虚有很好的效果，很多人喜欢用它来煲汤。在中国医学史上，有一位把熟地黄使用到出神入化的名医，此人便是张景岳，他也因此得了“张熟地”的外号。

张景岳（1563—1640），原名张介宾，字会卿，景岳是他的号，还有一个别号叫通一子，山阴（今浙江绍兴）人。后世多以号行，称他为张景岳。张景岳是明代杰出的医学家，被誉为“医术中杰士”“仲景以后，千古一人”，著有《类经》《类经图翼》《类经附翼》《景岳全书》等经典著作，其学术思想对后世影响深远。

命门学说

张景岳祖上以军功起家，世袭绍兴卫指挥使，食禄千户，家境富裕。其父张寿峰曾为定西侯门客，是位精于文理又通医术之士。张景岳自幼随父亲学习，诸子百家、医经典籍无不涉猎。张景岳14岁跟随父亲游于京师，师从京城名医金梦石，尽得其传。张景岳生性豪放，受先祖以军功立世的激励，壮年从戎，游历北方，足迹遍及榆关（今河北山海关）、凤城（今辽宁凤城）和鸭绿江以南，广游于豪门，结交贵族，大有豪迈

（作品由王慧晓创作，李经纬题款，李俊峰提供）

一生之感。在数年从军却无所成就之后，张景岳的壮志被消磨殆尽，便解甲归田，放弃了轰轰烈烈的戎马生涯。此后，张景岳开始了另一种人生，他潜心于医道，深研经典，名噪一时，被人们奉为“仲景、东垣再生”。

中医理论中的“命门”一词源于《黄帝内经》。一直以来，关于“命门”的位置、形态和功能，晋唐医家各抒己见。直到明清时期，“命门学说”兴起，围绕着命门的观点逐渐丰富。张景岳明确提出命门即“子宫”。不过，这里的“子宫”并不是孕育胎儿的子宫，而是男精女血所藏之处，也是生命之源，是男女生殖功能的统称。

张景岳重视“命门”，深受宋明理学“太极”学说的影响。他认为太极是天地万物和人类生命的本原，在《类经图翼・太极图论》中写道：“太极者，天地万物之始也。”命门就是人身中的太极，是人体生命的本原。太极生两仪，两仪即阴阳，阴阳即水火，故命门为“水火之府”“阴阳之宅”“元气之根”，是人身性命之本。张景岳提出：“命门之火谓之元气，命门之水谓之元精。”此为人体各脏腑阴阳的根本，对维持人体脏腑的功能活动具有重要的作用。对于命门病的治疗，张景岳强调一个“补”字，尤其注重调补肾与命门。张景岳的水火命门观，将中医学的阴阳理论发展到一个新的高度。从太极到两仪阴阳，又从“先天无形之阴阳”再化生为“后天有形之阴阳”，以元阳之火论功能，以元阴之水论气血津液和脏腑，以水火之关系，体现了阴阳互根和阴阳对立制约的关系。

方剂阵法

八阵是张景岳创立的中医方剂的八类方阵，这个词听起来不太像是中医的名词术语，反倒像是行军打仗的专有词汇。的确，早年的从军经历使得张景岳擅长兵法，行医后，他把兵法的思想巧妙地运用到治病当中。他认为用药如用兵，以药御敌需要把各种药物用不同的原则组合起来，就像是用不同的方法排兵布阵。他将不同的组方原则总结为补、和、攻、散、寒、热、固、因八阵，其中前人成方称为古方八阵，张景岳自创的称为新方八阵。他认为只要布阵得当，自然能破解病魔的各种攻击。新方八阵的组方常常因为临床疗效好而被后人称道。

擅长创新的张景岳，不仅于方剂学有独到之处，在阴阳学说方面也有新论。张景岳提出了“阳非有余，阴常不足”的论点，他认为阳气决定人之生死，对人体来说非常重要，“天之大宝，只此一丸红日，人之大宝，只得一息真阳”。张景岳认为黄柏、知母等一类苦寒之药，易伤阳气，不可滥用。这一认识对于“温补派”治法的形成有重要意义。张景岳在重视阳气的同时，也强调真阴的重要地位，他注重温补精血，提倡阴阳一体。作为明代的医学大家，张景岳对阴阳的理解和认识有其独特之处，他重视阴阳互根互用理论对中医学有着十分重要的指导意义。

问诊歌诀

“一问寒热二问汗，三问头身四问便，五问饮食六胸腹，七聋八渴俱当辨，九问旧病十问因，再兼服药参机变，妇人尤必问经期，迟速闭崩皆可见，再添片语告儿科，天花麻疹全占验。”这就是每个学中医的人都曾熟背的“十问歌”。

以上是现在广为流传的“十问歌”，它是清代医家陈修园整理完成的，但这并非他的原创，而是他在张景岳的“十问歌”基础上整理修订的。张景岳《景岳全书·传忠录·十问篇》载有：“一问寒热二问汗，三问头身四问便，五问饮食六问胸，七聋八渴俱当辨，九因脉色察阴阳，十从气味章神见，见定虽然事不难，也须明哲毋招怨。”这才是最早的“十问歌”。

中医诊断疾病通过“望、问、闻、切”四诊进行。其中问诊是医生了解病情、收集临床资料的最基本手段，在四诊中占有突出位置。疾病发生、发展、变化的过程及诊治经过，患者的自觉症状、既往病史、生活习惯、饮食嗜好等，只有通过问诊才能获得。而这些资料往往是医生分析病情、判断病机、辨别证候的基本依据。尤其是在某些疾病的早期，患者仅有自觉症状而尚未呈现客观体征时，医生只有通过问诊才能抓住重要线索，为疾病的早期诊断和治疗提供依据。

问诊必须通过医患间的相互配合才能完成，医圣张仲景就有“问诊不厌其详”的说法。那该如何“不厌其详”呢？医生问诊时要问及病人就诊时所感到的一切痛苦和不适，以及与其病情相关的全身情况，这就是“问现在症”。现在症状是当前病理变化的反映，是诊病、辨证的首要依据。“问现在症”的范围广泛，内容较多。为便于医学生记忆，张景岳在《景岳全书·传忠录》中编写了“十问歌”，并进行了详细的解释，提出问诊是“诊病之要领，临证之首务”。

后人对张景岳“十问歌”进行补充和修改，使其更适用于临床。虽然张景岳版“十问歌”的最后两句，“见定虽然事不难，也须明哲毋招怨”被删去，但它的意义却不容忽视。这句的意思是，当疾病信息采集完成后，即便觉得成竹在胸，也要把握分寸，不能妄夸海口，因“人事之变，莫可名状”，很多疾病本身之外的情况亦需考虑到，如患者的生活习惯、性格、心情、对医生的信任，还有各种“人情”，即“病人之情”“旁人之情”“同道人之情”，均会影响治病效果。故张景岳说：“此虽曰吾尽吾心，非不好生，然势有不我出者，不得不见几进止，此明哲之自治，所必不可少也。”

“十问歌”构思精妙，言简意赅，易于记忆，基本涵盖了临床问诊的重点，对后世影响很大。

吴有性

新冠肺炎疫情搅乱了人们平静的生活，并仍然在蔓延。在医学高速发展的今天，我们面对传染病依然战战兢兢，如履薄冰，可想而知，在传染病病因尚未破解的古代，人们面对这类疾病一定更为艰辛。

面对疫病带来的灾难，人类进行了积极的抗击。《温疫论》是中国医学史上一部论述急性外感传染病的专著，书中记载有治疗疫病的方法，且一直都为后世所推崇。该书的作者就是明末清初杰出的医家吴有性。通过长期临证实践，吴有性对疫病的认识与治疗取得众多成就，为清代温病学派的形成奠定了基础，他也因此得到了“治温证千古一人”的赞誉。清代温病学家戴天章对吴有性的成就推崇至极，他在《广瘟疫论》的序言中说：“至吴又可先生贯串古今，融以心得，著时行瘟疫一论，真可谓独辟鸿蒙，揭日月于中天矣！”

疫病探源

传染病古时称为疫疠、时行、天行、瘟疫等，是由外感疫疠邪气所引起的，具有强烈传染性，易引起大流行的一类急性发热性疾病的统称。

早在甲骨文中，人们就已经对“疫”有了初步认识。甲骨卜辞是我国现存最早成系统的文字材料，其中有“疾年”的记载。“疾年”指某

（作品由卞文学创作，李经纬题款，李俊峰提供）

年多发某种疾病，这应该是具有传染性的流行性疾病的最早记载。从周代开始，早期文献中就出现了与传染病相关的内容，先秦古籍，如《淮南子》《吕氏春秋》等，均提到“疫”字，但没有明确“疫”的定义。《周礼》《左传》《山海经》中还有“疡”“疽”“风”“疥”等与传染性疾病相关的病名，但没有具体关于“瘟疫”寒热属性的认识。秦汉时期，有关疫病的记载逐渐增多，《春秋》《史记》《汉书》以及各朝正史的《五行志》中，都有关于瘟疫流行和瘟疫防治方法的文献记载。如《礼记·月令》所记载的“孟春……行秋令，则其民大疫”“季春……行夏令，则民多疾疫”“仲夏……行秋令，则民殃于疫”“孟秋……行夏令，民多疟疾”。这里的“疫”，就是指同一时期某种疾病的流行。当时古人通过细致的观察不仅发现了某些疾病的传染性和流行性，而且已经认识到某些传染病的季节性，进而推测出自然气候的严重反常变化是引起传染病发生和流行的主要原因之一。《墨子·尚同篇》中有“若天降寒热不节，雪霜雨露不时，五谷不熟，六畜不遂，疾灾戾疫”的记载，说明先秦时期，人们对疫病的病因已有了初步认识。由于疫病具有流行性，其导致的伤亡损害也是非常严重的。汉代对疫病流行造成的惨状有着较多的描述，西汉的桓宽在《盐铁论》中记载：“若疫岁之巫，徒能鼓口耳，何散不足之能治乎？”文中提到的“疫岁”，应该也是指疫病流行之年。东汉王充在《论衡》中描述疫病：“饥馑之岁，饿者满道，温气疫病，千户灭门。”文中再现了当时疫病造成“千户灭门”的悲惨场景。

抗疫先锋

吴有性，字又可，号淡斋，江苏吴县人。由于后世对其生平记述较少，后人对吴有性的生卒年、故里、师从何门等了解均较模糊。目前，能够明确证明吴有性生活年代的是 1992 年在江苏吴县东山镇鹅潭庙内发现的一块“净志庵碑”。此碑上明确记载：“明崇祯十七年吴县二十六都一图里长，翁村席淳，族长吴有性……”这块碑文证实吴有性曾经担任二十六都一图族长。明代中后期的江南地区，宗族组织有较大发展，宗族对族长的选拔任用非常重视，作为一族之长，往往要处理宗族内外极为繁杂的具体事务，是宗族的真正核心。吴有性能够担任二十六都一图的族长，可见其在宗族中有很高的地位，受到族人的敬重。能够担任族长的人一般以长者居多，说明1644年前后，吴有性至少已经到了知天命的年龄。由此推断，吴有性应生活于明末清初，其大部分医学实践的时间是在明代末期。

明末清初，正是各种瘟疫、灾难频发的时期，吴有性便生活在这种水灾、旱灾、蝗灾等频繁发生的历史时期。各种灾荒相互影响，再加上时局动荡，这一时期的人民陷入“水旱灾—饥荒—瘟疫”的恶性循环之中。面对疫病多次流行，上至帝王下至百姓，大多认为瘟疫是某种灾异，一般用求神问卜的方式祈求疫病不再发生，或者早日康复。上行下效，皇帝尚且如此，到地方官员，大多用祷告的方式祛除疫病。在疫病面前，医生群体则表现得非常积极，他们不断探寻科学的治疗方法。尤其，吴有性身为族长，同时又是医生，他不畏疫毒，亲身救治，既细览古训，又精于思考，不盲从自囿，重视理论联系实践，对于防治疫病做出了杰出贡献。

著《温疫论》

吴有性所著的《温疫论》丰富了中医的病因学说。古人认为，相对于人体的“正气”而言，自然界中包含了六种不同的致病“邪气”，即风、寒、暑、湿、燥、火，在正常的情况下称为“六气”，是自然界六种不同的气候变化，是万物生长的条件，对人体是无害的。当气候变化异常，六气发生太过或不及，或非其时而有其气，以及气候变化过于急骤等，人体正气不足，六气就会成为致病因素，并侵犯人体发生疾病。这种情况下的六气，便称为“六淫”。一直以来，“六气致病学说”都是中医阐述外感病病因的基本理论。然而，吴有性突破了这一传统病因学观点，提出温疫病因的新概念——杂气学说，在中医病因学说中独树一帜。杂气又称为戾气、异气等，是天地间别有的一种特殊的“气”，杂气不是气候变化所能导致的，而是感天地间 “疠气”而生成的另外一种具有传染性的致病物质。吴有性系统论述了杂气的特点，揭示了疫病的病因。

吴有性还提出了疫病治疗中“一病一药”的大胆设想，即每一种疾病都有一种专门的药物可以治疗。他认为自然界中每一种物质都有自己的克星。根据自然现象进行推理，吴有性认为杂气既然是致病物质，就一定有另一种物质能反制之。在吴有性看来，传统的汗、吐、下三法治疗还不能完全达到制约疫疠的目的，希望找到能制约疫病的特殊药物。受客观条件的限制，吴有性的这一理想在当时未能实现。直到今天，我们仍然在寻找能够杀死病原体的特效药物。“一病一药”的理念对现在的疫病防治仍具有启发意义。

喻昌

喻昌（1585—1664），字嘉言，号西昌老人，江西新建（今江西南昌）人。清代著名的医学家，后人誉其一生“自儒而之禅，自禅而之医”。喻昌在中医学理论研究方面颇有贡献，他强调辨证施治，倡导诊治规范，著有《寓意草》《尚论篇》《尚论后篇》《医门法律》等传世医书，与张璐、吴谦齐名，并称清初医学三大家。

不为良相　便为良医

喻昌生于明代万历年间，本姓朱，是明代宗室宁献王朱权的后裔，与清代著名画家、八大山人朱耷（约1626—1705）同出一脉。因祖上宁王朱宸濠于正德十四年（1589年）密谋造反，事败得祸，连累家族各支，后人不得不更名改姓，隐居民间，从“朱”姓改为“余”姓，后又变“余”为“喻”。

喻昌自小聪明过人，《清史稿》载其“幼能文不羁，与陈际泰游”。少年读书习儒，攻举子业，精力过人，博览群书，自命不凡。虽才高志远，仕途却不顺利，45岁时才考中贡生，被选送到京城时踌躇满志，希望有所作为。喻昌曾以诸生名义上书朝廷，陈述辅国政见，要求“修整法治”。但因人微言轻，这一建议没有引起已经风雨飘摇的明王朝的重视。在京

喻昌像

甲午 李经纬题

己亥年宋文波繪

（作品由宋文波创作，李经纬题款，李俊峰提供）

城几年间，喻昌郁郁不得志，只得扫兴而归。后又值清兵入关，50岁时他决定削发为僧，遁入空门，潜心研究佛学和医学，苦读《黄帝内经》《伤寒论》等医学著作。几年后，他选择蓄发下山，以行医为业。

喻昌所到之处，皆以善医闻名。《靖安县志》记载："嘉言居靖安最久，治疗多奇中，户外之履常满焉。"他治病不分贫富，审证用药反复推论，德高而术精，深为同道所敬仰。清顺治年间，朝廷曾下诏征聘他为官，但此时喻昌早已绝意于仕途，力辞不就。晚年，他曾说："吾执方以疗人，功在一时；吾著书以教人，功在万里。"于是著书立说，广收门徒，先后撰写了《寓意草》《尚论篇》《医门法律》等医书。喻昌的学生颇多，他培养出一大批有成就的医学家，如徐忠可、程云等，这些人在中国医学史上均有较高地位。

据《常熟县志》记载，清顺治十五年（1658年），喻昌突然中风，直到第二年六月才有好转。在病中，他还在为自己撰写的最后一部医书《会讲温证语录》题辞。喻昌平素精于棋术，清康熙甲辰年（1664年），80岁高龄时与围棋国手李兆远对弈，局终收子时，溘然长逝。因无子女，由外甥赴常熟扶柩而归，停柩于靖安萧寺长达五十余年。至雍正年间（1723—1735年），由医家曹必聘倡议，与众医迎柩至南昌百福寺中，后人在寺中立有塑像和画像来祭祀他。百福寺僧人又在寺旁建喻先生祠，并将其灵柩安葬在东汉徐稚墓侧，以喻征士配徐高士，相得益彰。新建文人罗安曾为其像题诗，曰："医国藏高手，床头寓意篇。成名宁在艺，萎地或疑仙。真像留荒寺，遗骸表古阡。行人识征士，瞻拜敬加虔。"

医门"法律"　行医规范

《医门法律》是喻昌所著的一部综合性医书，初刊于1658年。本书结合临床病证，正面阐述辨证论治的法则，谓之"法"；同时指出一般医生在临床辨证治疗上容易发生的错误，指示禁例，谓之"律"。书中以法和律的形式确立行医时的规范，故书名为《医门法律》。

喻昌有鉴于当时医者“浅、伪、圆滑，以病人身命为尝试”“心之不明，术之不明”的实际情况，结合自身临床经验撰写了《医门法律》。由于曾有佛门修行的经历，他在书中试图以戒律来规范医家的行为。他在书中引经据典，又参以己见，论述病因病机及证治，再提出条律告诫医者在治疗疾病时应注意的问题，最后再附治疗诸方。

喻昌作为中国传统医家的代表，秉承“大医精诚”的理念，追求“精于术，诚于心”的境界。他刻苦研读医学经典，形成了很多独特的见解。所著《尚论篇》，倡导伤寒的三纲学说，书中论述六经以太阳经为大纲，太阳经中又以“风伤卫、寒伤营、风寒两伤营卫”为大纲，这一见解成为《伤寒论》研究中一个重要流派。另外，喻昌还提出，人体之中存在有“大气”统摄于周身。正是由于大气的作用，才使五脏六腑、大小经络发挥各自的功能活动。若大气一衰，则人体的气机运动无源，既不能升降，又不能出入，致使“神机化灭，气立孤危”，再甚者则危及生命。这一学术观点对后世有很大影响。

受到中国传统文化的影响，喻昌认为“医，仁术也；仁人君子，必笃于情”，以“爱人利物”之心行医则“自无不到之处”。他是首位提出“医者笃于情”观点的医家，认为行医要对病人怀有深厚的感情和同情心，特别强调“视人尤己”“作风正派”，这与他的“入禅”经历有关。据记载，江苏常熟的大文豪钱谦益是他的好友，清康熙甲辰年（1664年），应其盛情之邀，喻昌定居于常熟城北虞山脚下，并开了一栋草庐医所，为当地百姓治病。他待人热情，不论男女老少、富贵贫贱，凡有求者均鼎力相助，尤其怜悯穷苦病人。有穷人就医，他不仅送医送药，还在药包中夹带银两，临走时常常附带嘱咐一句：“回家煎药之前一定亲自查验一下药材。”可以说喻昌的行医生涯，践行了儒家的“仁爱”，佛家的“为善”，为后世所敬仰。

病后调护　重视脾胃

喻昌援引佛教“过午戒食”的观点丰富了病后调护的理论。他认为，除多食肥甘厚味易生痰湿外，进食时间也与痰的生成有关。从人体阳气盛衰变化规律来看，中午之前阳气较旺，脾运化功能较强，不易生痰。午后阳气渐衰，此时再进食则“火不暖土”，脾气运化不利，饮食易变生为痰。其后又有多位医家有过类似论述，如《医学传灯》中就有“释教过午不食”的说法。

喻昌认为，在脾胃与饮食的关系中，只有脾胃强健，才能更好地化生精微物质。人体的血脉全部依赖于饮食的化生。若饮食失宜，戕害后天之本，运化失司，气血失养则脏腑功能失常。他在《尚论后篇·尚论四时》中还说：“乃纵肆辈日饮食于天地之阳和，而不禁其暴戾恣睢之习，此其心先与凶恶为伍，凡八风之邪，四时之毒，咸得中之。”即饮食放纵，为满足口腹之欲而恣意妄为，使人心凶恶放肆，心神一乱即为外邪侵袭埋下祸根。喻昌重视顾护脾胃，主张患者少摄饮食以爱惜脾气，夜间戒食以静息脾气，饮食清淡及戒食性味稠厚之品，这些饮食调摄方式对后世的疾病治疗均有十分重要的意义。

李中梓

李中梓（1588—1655），字士材，号念莪，又号尽凡居士，江苏云间（又名华亭）南汇（今上海浦东）人，明末清初著名医学家。其熟谙儒学经典，深入研读医学典籍，穷究医理，著述颇丰，尤以《医宗必读》影响深远；且其门下弟子众多，形成“士材学派”，对后世影响广泛。

医道之宗　医学百科

李中梓的《医宗必读》流传甚远，病者、医者、士林、官府，无不看重。李中梓为何为自己的书取名为《医宗必读》呢？

“医宗”是指“医道之宗”，是儒医按照儒家传统典籍的模式所编撰的医学典籍。其目的是追求医学正统，使习医、行医时“有所宗”。在历史长河中，宋元以来，儒医逐渐成为医家主流。儒医基于最初所受的儒学教育，注重把医学知识通过文本建构来归纳学术理论、彰显医名甚至开宗立派。这个阶段中虽然医派繁荣，但同时门户之见也愈发严重，由此造成医理混乱、医道不明。儒医发展到明代，基于职业应用之需，逐渐开始编纂以“医宗”为名的医学典籍。

《医宗必读》相当于那个年代的医学“百科全书”。书中阐释的医理并不晦涩，还有很多实例，使得医者容易理解掌握，稍有些文化的非

（作品由王一帆创作，李经纬题款，李俊峰提供）

学医之人也可以把它当作“医学参考书”，从中了解病症，增加医学知识。李中梓自身的学医过程，也并未直接拜于某位医学名家门下，而是通过研读《黄帝内经》《伤寒论》等历代医学典籍，探究医理，自学成才。他自称“余儒者也”，因自幼熟谙儒学经典，儒与医通，为“同源而异流”。这种学习经历，使得他所著的医书更便于习儒者理解和钻研。

在李中梓生活的时代，普通医生为了应付门诊，多半只学习唐宋以来各个医家的药书、方书，从中找出几个治病的药方，只追求“术”而不追求“道”，更不愿在研究传统医学经典如《黄帝内经》等方面下苦功夫。李中梓认为《黄帝内经》为“医学之祖”，“上穷天纪，下极地理，远取诸物，近取诸身，更相问难，阐发玄微，垂不朽之弘慈，开生民之寿域”，认为从事医学者应勤求精究，故在《医宗必读》卷首即设《读〈内经〉论》，并指出应“精深儒典，洞彻玄宗，通于性命之故，达于文章之微，广征医籍，博访先知，思维与问学交参，精气与《灵》《素》相遇，将默通有熊氏于灵兰之室，伯高、少俞，对扬问难，究极义理”，如此才能担负起关乎病者性命的神圣使命。

《医宗必读》全书共十卷，从理、法、方、药诸方面阐释治疗手段和临床经验，内容系统规范。从著述来看，李中梓不仅对经典著作颇有钻研，而且有丰富的实践经验。更为重要的是，他能够将经典论述与自身的实践和思考很好地结合起来，形成一套独到的治疗原则和治疗方案。书中基本架构为先述病症，再附药方，举医案为例，为医家提供了整套诊断治病的方案。《医宗必读》百科全书式地构建了整个传统医学的架构，在经典与临床之间架起一座桥梁。李中梓认为《医宗必读》“为后学作渡河之筏”，并称张仲景伤寒一书为“济世之航”，暗含之意是接续了张仲景以来的医道，通过医宗所提供的理解经典的途径，可为后学开启医学殿堂的大门，将医术上升为医道，使其成为医学的“集大成者”。李中梓的《医宗必读》推动了医学的大众化应用，在医学人才的培养和医学知识传播方面发挥了重要的社会功效。

著书立说　普及中医

李中梓作为明末清初一代医学宗师，在中医学的普及方面做出了重要贡献。李中梓所生活的年代，苏浙一带的习医风气非常浓厚，先后出现了薛己、张景岳、王肯堂等著名医家，大量医药著作广泛流传并普及。李中梓对中医理论研究十分重视，能兼取众家之长，其论述医理颇能深入浅出，所著诸书多能通俗易懂，最为初学、登堂入室之捷径，这在当时可谓是一套很完整的中医教材，故在吴中医界广为传诵。

李中梓重视研究医理，对《黄帝内经·素问》《难经》诸经有深刻的理解和阐释，并一直指导着临床实践方面的应用。其学术观点也深受儒家、道家及佛家的影响，他把三家之长有机地结合在一起，融会贯通，形成了自己的医德思想和医学学术体系。

医药自古不分家，李中梓在药学方面的造诣同样深厚。他的综合性医书《医宗必读》和《颐生微论》中都系统编撰了本草内容。他根据《本草纲目》删繁去复，采集名论，辑入自己的书中，还先后著有《雷公炮制药性解》《本草通玄》等。

李中梓不偏执于某家，而是全面继承各家之说，认为他们是根据各自的医疗实践来阐述经旨，从各个不同的侧面丰富和充实了祖国医学理论的发展。虽然其著作大都卷帙不多，但概括面较广，文字精简，深入浅出，便于初学，在那个年代可以作为医学生和自学者的教材使用，在医学普及方面发挥了重要作用。

脏腑辨证　重视脾肾

中医学历来重视脾肾，称肾为先天之本，脾为后天之本。肾主藏精，包括先天之精和后天之精。肾中精气支配、调节着人体的生长发育和生殖机能的成熟，以及人体的生理功能。脾主运化，胃主受纳，皆为“仓廪之官”。饮食物经胃的腐熟磨化后，精微物质由脾吸收，脾主运化，通过脾的运化作用将精微物质上输于肺，并通过肺布散于全身，从而在内营养五脏六腑，在外充养四肢百骸。

李中梓在脏腑辨证方面特别重视脾和肾，他在《医宗必读》中专门围绕“肾为先天之本，脾为后天之本”展开讨论，对后世影响很大。李中梓认为，治病求本，即要掌握生命之本。而生命之本，不外乎先天之本与后天之本两个方面。先天之本在肾，“肾为脏腑之本，十二脉之根，呼吸之本，三焦之源，而人资之以为始者也”。肾精充盛，则脏腑之精充足。元气为诸气之本，无论脏腑之气，还是经脉之气，均以元气为根。要保全生命，必须保护先天肾中精气。同时，他认为后天脾胃也十分重要。他在书中强调：“饷道一绝，万众立散。胃气一败，百药难施。一有此身，必资谷气，谷入于胃，洒陈于六腑而气至，和调于五脏而血生，而人资之以为生者也。故曰后天之本在脾。”五脏六腑由于水谷之气的不断滋养才得以发挥其功能作用，而水谷之气的化生有赖于脾胃，故脾的作用在人体生命活动过程中至关重要。这一思想与李东垣“脾胃为元气之本”的认识基本一致。

临证治疗方面，李中梓继承了李杲、赵献可、薛己诸家之说，从脾肾先后二天入手。《医宗必读·肾为先天本脾为后天本论》中说：“治先天根本，则有水火之分，水不足者，用六味丸壮火之主，以制阳光；火不足者，用八味丸益火之源，以消阴翳。治后天根本，则有饮食劳倦之分，饮食伤者，枳术丸主之。劳倦伤者，补中益气汤主之。”对于各家之间的“补脾不如补肾”和“补肾不如补脾”之争，李中梓在《医宗必读·卷十·不能食》中提出了自己的观点，主张脾肾并重同治，认为水为万物之元，土为万物之母，只有脾肾二脏安和，方可一身皆治，百疾不生。脾肾两脏均为人身之根本，有相辅相成之功，先天可济后天，后天可助先天。

医患沟通　不失人情

《医宗必读》第一卷以医论为主，包括《古今元气不同论》《富贵贫贱治病有别论》《不失人情论》《行方智圆心小胆大论》，均可视为对《黄帝内经》“知人事”思想的发挥，其中《不失人情论》中有关医患关系、医患沟通的论述颇为精彩。

李中梓在《不失人情论》中阐述人情，提出了自己的独到见解。他将人情一分为三，即与医疗活动相关的病人、旁人及医人。李中梓所说的病人之情，包括病人的体质、性情、喜好、贫富、生活际遇、就医时的心态等诸多方面。李中梓还特别提到有的病人“故隐病状，试医以脉”。这类“考验”医生的病人，即使在现代的医疗活动中也会经常见到，可见此类案例古已有之。李中梓为人严谨，从不故弄玄虚，提出古代先贤亦是遵从四诊合参的诊断原则，并不会舍望、闻、问诊，而独凭脉诊判断病情。李中梓所言的旁人，主要是在病人身边出谋划策，帮助分析病情、推荐医生的亲朋好友。有的“旁人”认为对患者的病情掌握得有理有据，其实可能只知其标不知其本；有的人对医生只认亲疏，不重才学，结果可能帮忙找的是不辨标本的庸医；或者是因该医生偶然治好一个人的某种病而荐举，甚至是为了庸医的酬劳而违心推荐的医托；更有人对医生好坏不分，乱加评论，或不明医理，或心存偏见，常常给正常的医疗活动带来干扰。李中梓所言医人之情，描述了庸医及医德低下医生的不良行为。例如花言巧语欺骗患者；利用语言恐吓病人；拉拢患者亲近的人推荐自己；假说自己的技术是神授或秘传；不懂四诊方法，用药不依法度，而自吹别人都不如他；嫉妒成性，排挤同事，对同事阳奉阴违等。

李中梓在《行方智圆心小胆大论》中，亦对医生的医德及行医规范提出了更高要求。李中梓从孙思邈提出的“行欲方而智欲圆，心欲小而胆欲大”中悟得了为医之真谛，强调医生应谨守医德，是谓行方；详察病人的体质，所处的社会环境和自然环境，是谓智圆；诊法宜详，辨证须细，慎下结论，是谓心小；诊之确切，遣方用药，析理详明，勿持两可，不畏峻剂，是谓胆大。这段阐述不仅在当时，甚至对现代的医务工作者，亦有很强的教育意义。

傅青主

傅青主（1607—1684），原名傅山，太原府阳曲县（今山西太原）人，字青竹（后改青主），号公它、公之它、朱衣道人、石道人等，是明清之际著名的道教思想家、书法家、医学家。

傅青主是个奇人，他精通书画诗歌、学问、医道等，而最令后人肃然起敬的是他做人的风骨和崇高的气节！按照民间说法，其“字不如诗，诗不如画，画不如医，医不如学，学不如人”。他的生平事迹虽然在正史中没有记载，甚至连地方县志、府志也仅有寥寥数语，然而他却是三晋大地几乎家喻户晓的人物，其威望和影响在全国也称得上是声名遐迩。

留取丹心照汗青

傅青主出身于世代官宦书香之家，从小受到严格的教育，经史子集无所不学，琴棋书画无所不精。他博闻强识，聪慧过人，从小便出类拔萃。15 岁时参加山西的童生考试，被录为博士弟子员，20 岁时成为一名廪生。后来，傅青主就读于三立书院，成为其中的佼佼者。

31 岁时，傅青主为老师袁继咸平反冤案而闻名天下。他所就读的三立书院由山西提学袁继咸复建，袁氏不仅革新了书院的讲学制度，还不拘一格选拔人才。傅青主因其为人与才学深受袁继咸器重，师生感情深

傅青主像

甲午李经纬题

癸巳岁海滨敬绘

（作品由王海滨创作，李经纬题款，李俊峰提供）

厚。袁继咸为官清廉耿直，因此得罪了阉党之流，后被捏造罪名陷害入狱。傅青主为老师四处奔走，他组织山西的同学步行赴京诉冤请愿，带领大家通过散发揭帖，包围首辅请愿示威等行为替老师鸣冤，直到最后惊动了崇祯皇帝，袁继咸的冤案才得以昭雪。此案震惊全国，傅青主也因此名扬天下。

明朝灭亡后，傅青主悲痛欲绝，写下“哭国书难著，依亲命苟逃”的著名诗句，从此开始了反清复明的斗争。为对抗清廷，傅青主坚决不剃发，并出家为道，身着红色道袍，自号“朱衣道人”。傅青主曾与人密谋起义，失败被清军抓获，关押在太原府监狱。羁押期间，傅青主备受折磨，遭受严刑逼供却始终没有屈服。他曾绝食九天，只求一死，表现出崇高的气节。一年后，经友人与学生多方营救被释放。此案就是轰动一时的“朱衣道人案”。出狱后，傅青主复明之心不改，先后与顾炎武、屈大筠等抗清名士来往。晚年，眼看复明无望，傅青主只好返回山西，一直隐居于晋祠的云陶洞。

后来，清廷为了笼络人心，强行邀年逾古稀的傅青主进京应试做官，并且命令阳曲知县戴梦熊亲自送行。傅青主称病卧床不起，拒不接受。戴梦熊只好命人抬着傅青主的床押送赴京。行至离京师二十里时，傅青主誓死不入京城。清廷内阁大学士冯溥等众多公卿都前来拜望劝诱。后来，康熙皇帝破例封他为“内阁中书”。按规定，受封后傅青主必须亲自到午门前叩谢皇恩，但傅青主继续称病，卧床不起，大学士冯溥只好又让人抬着傅青主的床前来谢恩。康熙皇帝对傅青主此举无可奈何，只好放他还乡。晚年隐居期间，傅青主自号“侨公”，寓意明亡之后，自己已无国无家，只是到处做客罢了，表达了自己宁死不屈的民族气节。

书画诗文显才情

梁羽生的武侠小说《七剑下天山》中，有一位反清复明的宗师傅青主，他医术精湛、武功绝伦且文采出众，他的原型其实就是傅青主本人。

傅青主一生命运多舛却博学多才，他百家皆通，且能够独树一帜。书法家、诗人、文人、侠客、剑客、神仙……这些看似迥异不同的身份却奇迹般地出现在一个人身上！在诗、文、书、画诸方面，傅青主皆善学妙用，造诣颇深。

傅青主的书法以真、行、草为主，旁及篆、隶，兼涉篆刻，被时人尊为“清初第一写家”。他书出颜真卿，并提出了“宁拙毋巧，宁丑毋媚，宁支离毋轻滑，宁真率毋安排”的著名书法箴言。其书法尤其是大幅行草最具特色，肆意挥洒，具有任情恣性、我行我素的特征，在清初书坛独树一帜，成为明末清初浪漫书风的绝响。后人评价他的书法作品言：无论是端严峻拔、遒劲刚正的大幅楷作，或是高古典雅、淳厚沉静的小楷手札，还是旋骇奔驰的草书条幅，或是置于汉碑而毫无逊色的隶书，以及他那盘马摩空、气势如龙的篆刻艺术作品，在整个书法史的长河中，都是第一流。傅青主不愧是一位划时代的书法大家！

相较于傅青主的书法而言，他的绘画作品数量并不多。但他的画也达到了很高的艺术境界，所画山水、梅、兰、竹等均十分精妙。清代画史著作《国朝画征录》就评价说：“傅青主画山水，皴擦不多，丘壑磊砢，以骨胜，墨竹也有气。”他的字画渗透着自身孤傲的品格和崇高的气节，流溢着爱国主义的气息，得到后人的高度赞赏。

傅青主曾在《览息眉诗有作》中发出“不喜为诗人”的叹息，也曾说过“文章小道”“文人无用”等话，然而他的文学造诣却达到了高山仰止的境界，所流传作品的数量和质量都被公认是明清时期第一流的诗人。傅青主的诗歌注重创新，反对一味追求拟古、摹古的形式主义诗风，其诗论中最突出的表现，就是对明代文坛盛行的复古主义进行批判。他主张诗品高洁，鄙视诗歌媚俗。傅青主所作诗文多有散佚，后人辑录余篇成书，命名为《霜红龛集》。书中还有许多品评类文章，是他在读书时以批注、题跋等形式记录下来的随笔式的感受，观点独到，发前人之未发。

此外，傅青主精于音韵、训诂，他运用文字学、音韵学知识，对诸

子学说研究做出了重大贡献，有《评注〈金刚经〉》《庄子评点》《淮南子评点》《荀子评注》等著作，有些笺注至今尚被称为睿见卓识。梁启超曾指出："史家谓其学大河以北，莫能及之。"其指的即为傅青主。

擅医之名遍山右

清康熙年间阳曲县知县戴梦熊撰有《傅征君传》，其中写到傅青主"又以余力学岐黄术，擅医之名遍山右，罔弗知者……避居远村，惟以医术活人"。明亡后，傅青主交游天下，虽以行医卖药为生计，但他深入钻研医学，以独到的医术和高尚的医德闻名三晋地区。清代刘绍攽撰《傅青主先生传》时指出，傅青主"用药不依方书，多意为之。每以一二味取验。有苦痨瘵者，教之胎息，不三月而愈。年八十余卒。无能传其术。至今晋人称先生皆曰仙医"。

对傅青主而言，以医为业与其秉承家学有一定关系。全祖望在《阳曲傅先生事略》中写道："先生既绝世事，而家传故有禁方，乃资以自活。"傅青主出身书香门第，家里珍藏有不少医书，其中一些还是秘传的禁方钞本，由此可见，傅青主的医术一部分得益于幼时所学。傅青主精通临证各科，而尤以妇科为最。后人认为，傅青主精于女科的一个重要原因是怀念他的妻子。戴廷栻在《石道人别传》中说傅青主"自谓闻道，而苦于情重"。傅青主的妻子叫张静君，出身书香官宦人家，识文达理，为人贤淑。傅青主的诗作中记载了他们之间深厚的感情。然而，傅青主26岁时，与妻子一同上山春游，其妻失足跌伤，血崩不止而亡。妻子的离世在傅青主心灵上留下很深的创伤，他终身没有再娶，与独子傅眉相依为命。傅青主深研妇科，就是为了弥补无法挽救妻子病痛的遗憾。

据传，傅青主流传于世的医学著作有《傅青主女科》《傅青主男科》《青囊秘诀》《本草秘录》等，《傅青主女科》是清代最有特色的妇科专著，影响深远。近年来，山西省发现了傅青主的手稿，其中有他亲笔所写的"行医招贴"，自述说："世传儒医，西村傅氏，善疗男女杂症，兼理外感内伤。专去眼疾头风，能止心痛寒嗽。除年深坚固之沉积，破日久闭结之滞瘀。不妊者亦胎，难生者易产。顿起沉疴，永消烦苦……”由此可以看出，傅青主确实长于妇科，还擅长内、外、儿、眼科，同时对预防医学、老年医学也有研究。此外，傅青主的《霜红龛集》中也曾提及他在幼科、女科方面确实写有医著。

《傅青主女科》有方有论，提出了很多独特的学术见解。书中简要论述了妇女经、带、胎、产诸疾 80 症，列方 83 首。其中，最有名的就是“生化汤”，全方仅五味药，至今仍被广泛应用于妇科临床中。除生化汤外，他创设的清经汤、健固汤、调肝汤、固本止崩汤、完带汤、疗儿散、生津止渴益水饮、通乳丹等，在临床上都是经过反复验证的有效方剂。

《霜红龛集》中有一首傅青主所作、名为《青羊庵》的诗文：“芟苍凿翠一庵经，不为瞿昙作客星。既是为山平不得，我来添尔一峰青。”文中充分表达了傅青主的孤傲。在纷纷乱世中，傅青主独树一帜、才高气盛，正是一座挺然屹立、不肯同流合污的青峰。

汪昂

汪昂（约1615—1698），字讱庵，初名恒，晚号浒湾老人，徽州府休宁县（今安徽黄山休宁）人，明末清初著名医家。汪昂是中国医学史上当之无愧的“畅销书作家”兼“出版家”。其所著《本草备要》堪称我国本草学发展史上最畅销的著作；所著《医方集解》自1682年成书至今，先后刊印发行达60多次。可以说，汪昂为中医药知识的推广和普及做出了卓越贡献。

弃儒转医

汪昂出身于富庶的商人家庭，少年攻读经史，长于文学，曾著有《讱庵诗文集》。由于改朝换代，放弃攻读儒学。汪昂认为，医术为“举世之所恃赖，日用之所必需，其功用直与礼、乐、刑、政相为表里”。于是明亡入清后便决定弃儒从医，专意岐黄之学。汪昂并不仅仅行医，还从事医书编纂和刊印出版工作。

汪昂在杭州开了店铺，名钓矶楼，还曾以延禧堂和还读斋的名号从事书籍刊刻出版。当时处于明末的动荡岁月，尤其1637年，后金改国号为清，对中原地区虎视眈眈，一时之间武学书籍大受重视。汪昂发现这些书受武举考生的喜爱，便出版了一批武学书籍。他还在书前写有鼓励

（作品由崔景哲创作，李经纬题款，李俊峰提供）

文人多读武学书籍的文字，试图以此挽救危难之中的大明王朝，可惜积重难返。

1644年，清兵入关，明清易祚。不愿剃发易服的明朝遗民被清军大肆屠杀，扬州十日、嘉定三屠使得昔日繁华之地血流成河。汪昂身边就有许多乡里被杀，其中包括他的密友兼同乡金声。金声是崇祯元年进士，清军攻打南京时，金声亲自组织军民据守，后兵败被俘而亡。金声曾给汪昂提供很多医学资料，为其编撰刻印提供了帮助。

出版专家

明末为国捐躯者众多，至清初，晚明遗民多选择采取回避的态度。汪昂也多次隐晦迂回地表达了对清廷的抗拒，并自此彻底放弃仕途，与同族的杭州儿科名医汪淇一起，在苏州继续刻印书籍。初时还刊刻有匡扶前朝之意的书籍，后来内容逐渐侧重医书。他在刻书过程中广交朋友，结识了一批博学之士，从而更有助于选书、校书、编书，这不仅为那些在朝代更迭中失去生计的饱学之士提供了生存之道，同时这些人的才学也为汪昂所用，得以编出一批优秀的书籍。

汪昂本人在出版方面匠心独运，颇为成功。他对许多出版书籍的定位是“上达宰相，下及妇孺”，善于在书中附入注释，或增加附录等有助于理解文意的内容，以满足不同层次读者的需求；他还在书上印广告，根据武学、史书、诗书、医药、卜算、经商、生活等不同类别，广告也各有特色。此外，他还提出，书名页要写明原书的主旨，让人一目了然，还要能起到吸引眼球的作用。例如《妇科要略》，封面上就表达了这部书主要面向专业人员，也适合一般读者收藏的意思。这是汪昂的出版策略之一，可以扩大专业书籍的读者范围，使医学专业书籍普及化。

汪昂利用读者对专业技术类问题的好奇心，时常声称书中揭露了一些鲜为人知的秘密。这是一种很好的宣传策略，因为很多人认为医术只能透露给内行人，不鼓励没有系统学习、不懂操作的人掌握。但汪昂却认识到医书中的知识可以帮助病人，因此予以大量发行，以便让更多的人了解。他还针对不同的书籍采用不同的装帧设计，让书籍看起来不单调、更有设计感。例如军事书籍，就设计出在正文和评论中间用水平线隔开，其他不同种类书籍水平线的位置均不相同。他还为读者设计了阅读场景，让一些书易于携带，可以放在随行的箱中，行船或坐车时阅读都很便利。

这些对读者需求、特点、应用场景等方面的大胆尝试，都经过了汪昂缜密的思考和逐步尝试,不同程度地起到了吸引读者的作用,实属创举。据不完全统计，由他出版的书籍保存至今的就有近 70 种。这位成功的出版者，其值得关注的成就不仅于此，还有更重要的一点是亲自著书立说。

著畅销书

汪昂著述颇丰，其中《素问灵枢类纂约注》《本草备要》《医方集解》《汤头歌诀》被后世称为汪氏四书，体现了汪昂的写作功力。

《素问灵枢类纂约注》是汪昂对《黄帝内经·素问》《黄帝内经·灵枢》的编纂、节选、注释，他认为原书文字古奥，内容繁多，让人茫然无措，难以掌握。有些内容医家尚且难懂，何况文人。于是，就将原文精心节选，删除了针灸方面的内容，引用历代注家见解，还加入自己的观点进行注解，删其繁杂，畅达文义，多画龙点睛之笔，少长篇大论之文，让读者阅之了然。

《本草纲目》代表了明代药学成就，载药 1892 种，但汪昂认为“舟车之上，携取为艰”，原书体量较大，携带不便，内容完备而未能摘其要；另外《药性歌赋》等书过于简要而内容不完备，写作又拘泥于文字对偶，造成缺略过多，于是他编写出了一部适中的《本草备要》。初刊时该书载药 402 种，后再刊增订为 479 种。按照药物的自然属性分为草部、木部、果部等 8 部。每味药的大字正文按药名、功效、性味、归经、主治、配伍、适应证、禁忌症、产地、形态等分别介绍；小字引申正文以注文解释，将前人论述结合己见加以阐发。引用他人者注明出处，自己的见解则注明“昂按”。引书共有118种，来源不限于本草及医书，其余文史、宗教、志怪、笔谈等，只要有相关内容的都加引用。所选的药物至今有七八成与现代不同版本的中医药类高校《中药学》教材重合，可见选药较为恰当实用。

《本草备要》一书简明扼要，浅显易懂，还加入了医案和轶事。例如，宋徽宗宠妃患咳痰，面肿，不寐。有位李御医治了3天不见效，按律当诛。这位李御医急得在外边走边哭，忽然听见市场上有人在卖咳嗽药，一文钱一帖，说服用后当晚就能入睡。李御医购买后首先自己尝试，感觉没有太多异常，就冒险送给了妃子。谁知这位妃子服用后效果很好，用药当晚咳嗽即止，第二天面肿亦消。皇帝了解后非常高兴，重赏了李御医。此时的御医尚不了解原方剂的组成，于是再次跑去重金买了配方，这才得知原来是用一味蛤粉，再加米汤调服。像这样的故事既有助于理解，又容易让人记住。为了便于不懂医学的人使用，原书还加入大量治疗病症的实例，以指导读者运用，使得《本草备要》大受欢迎。

《医方集解》是汪昂的另一部畅销书，收载正方380余首，附方488首，还附有急救良方22首。“集解”顾名思义，是方解采录多家之言进行注解，作者自己的见解则用“昂按”注明，以示区别。书中没有延续以往按病证进行分类的模式，而是改为依方剂功效进行门类划分。该书与《本草备要》类似，力求简明扼要，尽可能向读者提供各家的论述和经验，且多注明出处。由于著书内容切合实际，方论精当，出版后深受医者和病家的好评。清代孟河名医费伯雄曾说：“当时之医，每以《医方集解》一书奉为枕秘。”据统计，该书所载方剂占现行不同版本《方剂学》教材内容的一半左右，至今仍有较高参考价值。

《汤头歌诀》是汪昂将200余首方编成七言歌诀而成的另一部书籍，内容高度概括，选方力求实用，同时又朗朗上口，便于记忆和掌握。原书一经问世，便风行海内，深受世人赞赏。

张璐

张璐（1617—1698），字路玉，晚号石顽老人，江南长洲（今江苏苏州）人，著名的“清初医学三大家”之一。

医界国手归故园

明末清初，改朝换代，注定是一个不平凡的时期，张璐便生活在这样一个时代。他出身于官宦之家，十分聪慧，且文思敏捷，少年时所学博贯儒业，诗文颇具晚唐风范。受“医儒同道”“医儒一事”观念的影响，张璐学习儒学的同时还兼习医业。原本习医为闲暇爱好，攻举子业，步入仕途才是张璐的人生目标。然而生不逢时，明末朝纲混乱，国势衰落，1644年，明朝灭亡后，张璐走仕途的愿望落空！无奈，生遭世变，琐尾流离，面对乱世，张璐认为自己没有经国之才，无法济世救民于水火之中，只好专心于医学，希望换一种方式实现自己的“济世”愿望。于是，他隐居在洞庭山中，苦读医书，精研医道，同时以著书自娱。《清史稿》曾经评价其“自轩岐迄近代方法，无不收览”。

清顺治十六年（1659年），张璐见清政府自入关以来政权已日趋稳定，决定重新回到苏州。赋归故园后的他继续从事医业，经过十多年的不断学习和积累，医学造诣已经达到了出神入化的境界！周中孚在《郑堂读

（作品由杨藩创作，薛永年题款，李俊峰提供）

书记》称其“察脉辨证，补虚祛实，应如鼓桴。能运天时于指掌，决生死于须臾”。当时吴中地区医学界人才济济，高手云集，张璐因其高超的医术和渊博的学识而享誉吴中，被誉为“国手”！当地许多名医慕名前去与其交流，如叶阳生、程郊倩、李修之、沈朗仲、尤生洲、王公俊、吴雨公、郑月山、汪缵功等都曾与他往来切磋医术。

五十寒暑磨一剑

回归故里后，张璐将隐居15年间的医学笔记整理成书，命名为《医归》，意寓隐居后归医。尽管撰成了《医归》，但张璐对著作的出版态度十分严谨，他自认为该书“多所未惬，难以示人”，于是继续补充完善该书。张璐曾经说过：“艺术之学，惟医林最繁，汗牛充栋，莫可名喻。”他认为医学著作过于繁多，典籍汗牛充栋，堪称艺术领域之最。如何在这些典籍中找到医学理论的精髓所在，让从事医学者掌握真正的行医知识，是摆在众多医家面前的一个难题。尤其，当时医学界“诸家各殊，恒不能一”，且“医书愈多，医学愈晦”，令初学者无所适从。于是，张璐在结合己见的同时广征博引，将《医归》修改十多次，最终补充成一本贯通各家而切用于临床的医学著作。晚年，张璐又再事检点，命次子将《目科治例》加入其中，又命三子将《痘疹心传》加入。至此，张璐认为《医归》内容已补充完整，便将书名改为《医通》（又名《张氏医通》）。

《医通》是一部内容十分丰富的综合性医书，是张璐学术思想的代表之作，其中凝聚着他50多年的临床心得和医疗经验。1705年，适逢康熙皇帝南巡，张璐三子将《医通》恭进，康熙皇帝下令交当时的御医张壑查看此书，张壑给出了“此书各卷原于《内经》，可比《证治准绳》”的评语。于是，《医通》很快得以刊行。全书内容以内科为主，兼及其他各科，分门列证，引历代医学文献，并结合张璐自己的临证实践经验，具有很高的实用价值。不久，《医通》便被辑入《四库全书》，对清代的医学发展产生了重要影响。后来，日本人加藤谦斋专门研究了《张氏医通》，并撰写有《张氏医通纂要》。由此可见，张璐学术思想传播之广，影响之深。

精研细读品经典

张璐一生中重视对经典的研究，他认为轩岐、仲景之说是一脉相承的，十分重视对《黄帝内经·素问》《黄帝内经·灵枢》《伤寒论》《金匮要略》的研究与学习。张璐在《医通》中指出，为医者不仅要研习《黄帝内经》《伤寒杂病论》等经典著作，还要将其学术思想放在很高的位置上，为此，他专门撰写了《伤寒缵论》《伤寒绪论》二书，以总结伤寒的学术特点。

对于《伤寒杂病论》的学习方法，张璐有自己的独特见解，特别适合初学者借鉴。首先是精读，张璐通过“精研密谛，绵历岁时，暑雨祁寒，不敢暇逸”的精神，经历30年寒暑，精读伤寒及各家注解，不放过任何微细的内容。然后是开悟，在广求秘本，反复研读的基础上久而久之就会有所领悟，因此，品读好的注本、玩味好的秘本是非常重要的学习过程。最后是领悟，从只言片语的感悟，慢慢到能够融会贯通，成为一体。张璐正是在经历了这三个阶段后，才开始编纂、注释伤寒。由此其著书的态度与对待学术的严谨可见一斑。

在精通医理、善于临床的同时，张璐也熟悉本草，对药物学理论也有相当深入的研究，晚年又著《本经逢原》一书。在张璐心中，本草学也有经典，那就是《神农本草经》。张璐认为《神农本草经》有着神圣的地位，如同工匠手中的绳墨，是药物学的一种标准。然而，令他不满的是，当时的医家不宗《本经》主治，不得《本经》要旨，在用药过程中有“舍本逐末”“朱紫之混”的流弊，没能充分发挥《神农本草经》的学术作用。因此，他撰写《本经逢原》，以《神农本草经》为基础，补充其未收载的常用药物，又参考《本草纲目》的分类方法，对于前人引文的不足、谬误之处予以更正，并对当时的用药流弊进行了驳斥。张璐指出，当时的庸医之流，喜用黄连为清热剂，殊不知黄连泻实火，如果是虚火而妄投黄连，反而会损伤中气，导致出现阴火逆上的弊端。

儒医大家定十戒

古代“医”字有不同的写法，如“醫”“毉”等。张璐对此提出“轩辕氏以治兵之余治病，于是医字下笔从医……中藏矢殳，内攻脏腑之疾，与用兵不异。其下从酉，乃古酒字”的说法，他认为古人服药，多以酒相助，但是后世不理解从“酉”的缘故，就认为是“巫”，以至于生病时就从于巫术，以致害人性命！从对古代“醫”字的解释，张璐引出了他对医德修养的认识。医者应该做什么，不能做什么，或者说医者不能拥有哪些陋习？张璐把这些内容归为十种，称为“石顽老人医门十戒”，主要包括：薰莸时习戒、恃才妄作戒、任性偏执戒、同流合污戒、因名误实戒、师事异端戒、贵贱混治戒、贫富易心戒、乘危苟取戒、诋毁同道戒。

张璐认为，作为医者，不应该有方术之气，不能被不良社会风气熏染。为医者除非具有特殊的天分，否则没有捷径可走，只能端正态度，怀揣本分，刻苦研读医学经典，循序渐进，才能顺其自然习得医学的真谛。习医过程中不能妄想师承异端邪说，用巫术故弄玄虚，为人所不齿。行医是一种解救他人疾苦的职业，也是一种谋生的手段。因此，医者在行医过程中会不可避免地牵涉到同道之间、医患之间的关系及酬劳等事宜。张璐极力反对同道之间相互诽谤和自私保守的作风，提倡广交同道，切磋医术，这样才能互资相长。医患之间也应互相信任，医者不能乘人之危索取非分之财，不可因病人贫富而改变济世之心，更应充分体恤贫困患者的艰难处境，尽力为其救治。

此外，张璐提出反对“贵贱混治”。当然，这并不是因为他嫌贫爱富，而是因为考虑到了富庶与贫困之家的患者长期以来在饮食习惯上有很大差异，不同的生活习惯可能造成病者不同的体质、不同的病因机理，所以需要选用不同的方法与药物来进行治疗，所谓因人治宜。

著书临诊之余，张璐还非常重视医学教育，培养了一批医学人才，除私淑及再传弟子外，已知门人就有十多人。甚至张璐年逾古稀行走不便时，仍躺在床上为弟子解疑答难，诲人不倦，无愧吴中“国手”的称号。

陈士铎

陈士铎（约1627—1707），字敬之，号远公，别号朱华子，又号莲公，自号大雅堂主人，山阴（今浙江绍兴）人，明末清初医家。嘉庆八年（1803年）《山阴县志》记载："陈士铎，邑诸生，治病多奇中，医药不受人谢，年八十卒。"

陈士铎以"精于辨证"著称于世，其言辨证常常独出心裁，谈论证治更是自出机杼。国医大师张灿岬曾说："当你临证束手时，若能用陈士铎的方法辨证用药，常能收到意想不到的效果。"

精于辨证

重视辨证是陈士铎的一大特色，这一点从他的多部著作均以"辨证"二字来命名可窥见一斑。在《辨证录·自序》中言："夫医道之难，不辨脉，罔识脉之微；不辨证，罔识证之变。今世人习诊者亦甚多矣，言人人殊，究不得其指归。似宜辨脉，不必辨证也。虽然辨脉难知，不若辨证易也。古虽有从脉不从证之文，毕竟从脉者少，从证者众，且证亦不易辨也。"文中强调了辨证的价值所在。

探究陈士铎辨证论治的特色，不外乎阴阳、气血、水火、虚实、寒热，但在临床应用中却常常出人意料，获有奇效。《辨证录·咽喉痛门》记

（作品由余宏达创作，李经纬题款，李俊峰提供）

载了这样一则病例：患者喉间肿痛，日轻夜重，疼痛感不是很强烈，只是觉得咽喉处干燥之至，饮水咽下能稍稍缓解，水喝下不久，腹部又觉得不适，吐出清水样的涎液，当时的大夫都认为是阳证，用泻火药治疗后，反而加重了病情。陈氏抓住此证日夜轻重之不同，认为乃“少阴肾火，下无可藏之地，直奔而上炎于咽喉也”，阴虚阳浮，定为阴蛾。对症治疗以引肾火归藏，方用引火汤（熟地黄、巴戟天、茯苓、麦冬、北五味子），一剂痛消，二剂痊愈。方中以熟地黄大补肾水，麦冬、五味子滋肺为佐，旨在金水相生；水足又益以巴戟天之温，以达水火既济之效；再用茯苓为之前导，则水火同趋而共安于肾宫。由此可见其辨证之准、用药之精。

劝医六则

医患关系是古今医者都要面对的问题。陈士铎在《本草新编》中提出“劝医六则”，对于缓解当今的医患矛盾、改善医疗环境均有着重要的借鉴意义。

一劝世人未病先防。陈士铎认为，人若忧愁怨恨、嗔怒斗争不断，耗精损气，疾病就会随之而至。因此医生应告诫患者节欲，使身心泰然，则可保体健态康。一旦身体出现不适，也不应讳疾忌医，应及时治疗。

二劝医者持重稳行。陈士铎解释说，疾病往往起于日积月累，非一日之成，故病愈也不是一朝之功。医者不应好利图酬，欲速则不达，对待疾病应在辨证基础上攻补兼施，损益并用，使邪去正扶，令患者终身受惠。

三劝患者勿惜酬功。陈士铎认为，疾病事关生死，患者不能在危急之时悬赏重金求治，而病痊愈后却背约不报，不应轻身而重物。

四劝行医切莫重财。陈士铎告诫医者应实心实意治病救人，不能观病家富有就生出觊觎之心，也不要因病家贫困就懒散怠慢，更不能养痈遗患，恐吓患者，谋取钱财。

五劝医者深究医理。陈士铎劝告医者应深究医理，虚心向他人学习，

应做到知阴阳、识经络、洞脏腑、悟寒热虚实、攻补滑涩之各异。只有不断地学习穷理，才能真正达到习医用药的目的。

六劝医者虚怀若谷。他认为医道愈讲愈明，集众人之力共同讨论，有助于增长见识，不能不求新知，思维固化。学医的人更宜虚怀若谷，勤求博采。

著述等身

陈士铎一生作品颇丰，堪称著述等身。《山阴县志》记载陈士铎著有《内经素问尚论》《素问新编》《灵枢新编》《本草新编》《辨证录》《石室秘录》等 23 种，可惜的是这些著作多已散佚。现存世著作有讲内科为主的《石室秘录》《辨证录》，有讲外科的《洞天奥旨》，有讲脉法的《脉诀阐微》，有讲药物学的《本草新编》，有讲理论的《外经微言》等。尽管流传下来的著作比较少，但理法方药俱全，且涉及临床各门学科，构成了完整的辨证论治体系，具有很高的学术价值。

其中，《辨证录》是陈士铎的代表作，该书包括内、外、妇、儿科医案，分伤寒、中寒案 120 门，700 余症。每一个病案，体例均为前列症状，后辨析证情，立论新颖，论述透彻。除一个主方之外，另外附有备用方，以全药效。且配方多出自临床实践经验，具有较高应用价值。《石室秘录》共 6 卷，以治为宗，论及正治、反治、内治、外治、上治、下治、先治等 128 法，在中国医学史上，以治疗法则为纲目的医书不多见，这可能是陈士铎的创见。该书以内容新奇、治法灵活、方药简捷为突出特点，亦具有较高的实用价值。

陈士铎的学术思想可以概括为阴阳互根、阴中有阳、阳中有阴的辨证学说；五行与脏腑亢害承制论；命门水火与生理病理关系；脾胃学说；外科内治与手术及在药物学方面的发展等。其学术思想系统而全面，无论是理论还是临床应用，均有很高的参考价值。

朱纯嘏

朱纯嘏，字玉堂，江西新建县人。他少习举子业，后攻医术，擅长儿科，尤其对痘疹之证研读尤深，著有《痘疹定论》。该书详细介绍了人痘接种术预防天花的方法。

修建避暑山庄的初衷

清顺治十八年（1661 年）正月，清世祖驾崩，三天后，不满八岁的玄烨继位，成为名传千古的康熙大帝。此前顺治皇帝心仪的继位人选是次子福全，而孝庄皇太后则比较倾向于三子玄烨。双方争执不下之际，顺治皇帝询问了在宫中当差多年的西洋传教士汤若望。汤若望以玄烨出过天花，已经获得终身免疫为由，说服顺治皇帝立玄烨为帝。由此可见，天花在大清皇帝眼中的分量。

天花，又称"痘疮"，是一种烈性传染病，早在清廷入关之前，统治者已经对天花有了非常深刻的认识。入关以前，蒙古族和女真族（满）生活在寒冷的塞外，那里气温比较低，天花不易广泛流行。但是，随着军事上的扩张，在南下过程中，蒙古族和女真族开始接触并感染天花。天花的高传染性与高死亡率很快便引发了蒙古人和满人的恐惧。1627 年初，刚刚继任汗位的皇太极便提出："倘遇时行痘疾，可令我未出痘之

（作品由孙成河创作，李经纬题款，李俊峰提供）

诸贝勒及蒙古未出痘之诸贝勒还。”要求在前线打仗、还没有得过天花的满蒙贵族将领，在天花流行的时候尽快撤回，以避免传染。这说明，当时满蒙统治者已经认识到天花的传染性，并且认识到得过天花的人会获得免疫，终生不会再感染。因此，蒙古人把得过天花的人称为“熟身”，没有得过天花的人称为“生身”。后金时期，满人还设置了专门的“避痘所”，在天花流行之际，对没有患天花的人进行强行隔离。

入关以后，天花依然对清朝的政治有着一定影响。一直以来，蒙古都是清廷最重要的同盟者，清廷一直优待蒙古的王公贵族，采用联姻亲善的安抚政策。每年都会有很多的蒙古王公贵族进京“朝觐”，但是，对中原地区天花的恐惧却成为这种政治交往的一大障碍。顺治皇帝就曾经下令，多年不接见来京的外藩首领，后来又规定没有得过天花的蒙古王公可以不用入京觐见皇上。在康熙皇帝统治时期，则采取了更为妥善的办法，在今天的河北围场，设置了以“习武绥远”为目的的木兰围场，借围猎为由接见蒙古王公，以联络感情，消除他们进京的恐惧。此后便逐渐在现在的承德修建了行宫，也就是今天的承德避暑山庄，避暑山庄也成为清朝第二个行政中心。

草原上的皇家种痘师

修建避暑山庄虽然可以减少蒙古贵族传染天花，但并不是最佳方案。自幼得过天花的康熙皇帝自即位以来，便开始寻找更有效的防治天花的方法。由于江南地区气候暖湿，天花当时已经有过多次流行，人们不仅对这种传染病有着清晰的认识，民间还出现了人痘接种术来预防天花的发生。明末清初，江南的人痘接种术便已广泛流传，并且出现了专门的痘师，以接种人痘为生。

朱纯嘏就是一位专职种痘师。朱纯嘏非常崇拜同是江西人的聂尚恒。聂尚恒原本为官，做过宁化县令，但他精通医理，著有《奇效医述》《医学源流》《活幼心法》《痘科慈航》等医书。朱纯嘏曾说过：“聂尚恒

以乡进士出任宁化县令，卓有政声。惜当时以儒臣显，不列名医林。”他认为聂尚恒虽然一生为官，但更应该以医术著称于世。朱纯嘏学习并继承了聂尚恒《活幼心法》中有关痘疹的叙述，又结合自身在临床实践中对痘疹的病因、病理、诊断、症状的认识，撰写《痘疹定论》4 卷，详细介绍了应用人痘接种术预防天花的方法。经过多年的实践，朱纯嘏接种人痘的技术日益长进，精湛的接种技术引起了宫廷的关注。

康熙十七年（1678 年），皇太子出痘。在此期间，有个叫傅为格的候选知县，因为侍奉皇太子出痘有功，被升为武昌通判。康熙皇帝通过傅为格了解到，民间有种痘预防天花的医术。两年后，康熙皇帝再次把傅为格召入宫中，专门负责为皇子们种痘。此后，为了彰显皇帝对种痘的重视，太医院专门开设“种痘局”。康熙二十年（1681 年），为加强宫廷种痘的力量，康熙命内务府广储司郎中徐廷弼到江西寻求痘医，当时督粮道参政李月桂选中了技术精湛的朱纯嘏，通过试种考核后，朱纯嘏与陈添祥一起被调入太医院种痘局为皇室子孙种痘。不仅如此，康熙皇帝还派朱纯嘏到蒙古地区，专门为蒙古人种痘、医痘。朱纯嘏在大草原种痘二十多年，不仅把人痘接种术推广至蒙古，而且取得了良好的效果。为了表示感谢，蒙古贵族给朱纯嘏赠送了很多礼物，包括鞑靼（指蒙古高原东部操突厥语族的鞑靼）盛产的马匹、皮毛等。康熙皇帝与王公大臣谈及此事时曾感慨地说：“国初人多畏出痘，至朕得种痘方，诸子女及尔等子女，皆以种痘得无恙。”

传教士口中的种痘方

让康熙皇帝十分得意的种痘方到底是什么呢？康熙年间来华的法兰西传教士殷弘绪（Francois-Xavierd’Entrec-olles）在给神父的信中提到，当时他从宫廷医生那里得到三个种痘方子，并加以详细介绍。这三个方子大同小异，都是让被接种的孩子人为感染轻型天花以获得免疫。首先，需要选种。找一个 1 岁至 7 岁，痘疹发得比较稀疏而没有任何恶性症状的孩子，在他发病的第13天或第14天时，当痘疮干瘪结痂后，痂皮掉落，把这些痂收集起来，晒干后盛放在瓷瓶里作为种苗。其次，小心接种。一种是用痂皮，中间夹一粒麝香，或者少量雄黄，用棉布包紧紧塞进被接种者的鼻孔里；一种是用雅葱和甘草熏蒸过的痂皮放在蚕茧中，塞进鼻孔；一种是用温水把痂皮调稠状，放到一个棉布兜里，塞进孩子的鼻孔。另外，在种痘前还要仔细观察被接种者，一定要健康、强壮，没有任何疾病。有时接种前或接种后还要服用汤药调理。

从殷弘绪的描述中，我们大致可以了解康熙皇帝时期，宫廷人痘接种术的主要方法。殷弘绪还将当时中国与英国的种痘法相互比较，认为“中国人给孩子接种疫苗的方法比英国式的接种疫苗更温和，危险性更小些”。法国思想家伏尔泰（Voltaire）了解中国的人痘术后，也曾说过：“倘若我们在法国曾经实行种痘，或许会挽救千千万万人的生命。”

叶天士

清康乾年间，有这样一位医家，他治病多有奇效，医名盛于天下，被誉为“天医星”。他创立了温病学派，被尊为温病学派的宗师。他，就是清代大医叶天士。

吴中大医　博采众长

叶天士（1667—1746），原名叶桂，号香岩，晚号上津老人。江苏吴县（今江苏苏州）人。他出身世医之家，祖父叶时通医理，尤精通小儿科，救活儿童甚众，名噪吴中。父亲叶朝采也精于医术，轻财好施，吴中诸地争相求治者日夜不绝。叶天士自幼聪颖过人，读书过目不忘。他白天攻读经书，晚上从父研习岐黄之学。对《素问》《难经》及汉唐宋诸名家著作，无不旁搜博览，颇有领悟。不幸的是，在他 14 岁时，父亲去世。他幼孤且贫，为维持生活，只好一面开始行医应诊，一面随父亲的门人朱某习医。朱君以平日叶氏之父叶朝采处学习的知识教之，叶天士聪慧过人，很快就能理解老师的蕴意，其见解往往超出老师之上，但仍然学而不厌，信守“三人行必有我师”的古训。一旦听到良医善治某症即往拜师学习。7 年中他先后拜 17 位医家为师，曾在苏州陈敬通处学习中药的炮制与司药，又向王子接、徐时进、马义元、周扬俊、祁正明、

（作品由刘文斌创作，李经纬题款，李俊峰提供）

张路玉、柯韵伯、魏荔彤等名医求教，兼采各家之长，深得周扬俊等名家的教诲，不但精于内科，对幼科、妇科、外科等也多有建树。他还精于诊断，看病时必切脉、望色、听声、察形四诊合参，故其言疾病之所在，如同见到了五脏症结，且治病时也不会固执己见。

叶天士治病，总是从病人实际出发，灵活机动，不墨守成规。治疗疑难杂症，或者自拟处方，或者善用他医之方，有时甚至根本不用药，只是让患者调理好居住条件或饮食营养，或者在没得病时积极预防，临证效果极佳。当时，大江南北都以叶天士为宗，上自朝野名人，下至平民百姓，远至邻省外服，无不知天士之名。《清史稿》称："大江南北，言医者，辄以桂为宗，百余年来，私淑者众。"顾景文、华岫云等名医均出自他的门下，吴瑭、王士雄、章楠等名家亦私淑于叶氏。

泛舟讲学　传承医理

温病，指感受四时不同的温邪所引起的多种急性热病的总称，包括传染性和非传染性两大类。尽管"温病"这一名称早在两千年前就已经出现在《黄帝内经》中，但关于温病的病因、病机和治疗却缺乏系统的论述。温病与伤寒虽然同属于外感疾病，但温病的治疗方法被归于《伤寒论》的六经辨证体系中。宋代以后的医家们已经逐渐注意到了《伤寒论》六经辨证体系中对温病论治的不足，并提出了更加丰富的治疗方法。明末清初，江浙一带经济、文化、科技迅速发展，人口密度逐渐增加，而且这一带气候暖湿，河流密集、交通便利、人口流动性大，因此温热病、湿热病流行越来越频繁。面对热病流行，当地医家在温病的医疗实践和理论上不断创新，以叶天士为核心，在温病的理、法、方、药方面形成新的理论体系，从而使温病学成为独立于伤寒的一门学科，既补充伤寒学说的不足，又与伤寒学说互为羽翼。

由于平时忙于医务，叶天士无暇著书立说。晚年时，他在诊疗之余带领门生泛舟太湖洞庭山，讲授自己毕生在温病诊治中的医疗经验和心得体会。学生顾景文将叶天士口述的内容记录整理成《温热论》，学生华云岫将叶天士的病案整理成《临证指南医案》。《温热论》和《临证指南医案》系统记载了叶天士在温病学方面的新成就，为建立温病学说体系奠定了基础，也促使温病学说盛行于大江南北。

温病大师　开山立宗

叶天士对中医学的最大贡献，是创立了温病学派。他上承《黄帝内经》、张仲景、刘完素、吴又可诸家之说，通过大量医疗实践，勇于探索和创新，大胆脱离《伤寒论》以六经论治的思路，另辟蹊径，把温病发病概括为卫、气、营、血四个阶段。叶天士指出，温邪侵犯人体的诊治原则是“卫之后方言气，营之后方言血”，治疗大法则是“在卫汗之可也，到气才可清气，入营犹可透热转气，入血就恐耗血动血，直须凉血散血”，并提出辛凉解表、辛寒清气、清气透营、清营泄热、醒神开窍、凉血散血等一系列相应的治疗方针。

在诊断方面，他创立了比较完整和系统的察舌、验齿及辨识斑疹、白痦的诊查方法，其法简便直观，行之效验，富有特色，对于了解和判断病邪部位、病情轻重、津液存亡和预后转归，更为精细、准确和可靠。他还最先注意并描述了猩红热的舌象：“喉痛，丹痧，舌如朱。”从温病的病因、传变、诊断、辨证和遣方用药等方面，构建了一个崭新的完整体系，与张仲景比肩而立。从此出现了热病治疗学上“寒温并立”的局面，牢固确立了温病学在中医学中的地位。叶氏之说，自清迄今一直被医家所遵循，视为临证圭臬。他对温病的治法和方剂，后经吴鞠通的整理而成为广泛应用的效验名方。

两百年来，私淑其学说的代不乏人，温病学派由此而形成，而叶氏也被尊为温病学派的宗师。

尤在泾

尤在泾（约1679—1749），原名尤怡，字在泾，一作在京，号拙吾，江南长洲（今江苏苏州）人，清代著名医家。尤在泾晚年淡泊名利，隐居花溪，诊病之余，稍有闲暇，便读书、浇花、养鹤、观鱼，自得其乐，故自号饲鹤山人。他擅工诗文，笃学好思，淡泊名利，终生不仕，以弱冠之年广涉医学，师从清代名医马俶，尽得其传，晚年医术益精，治病多奇效，成为一代名医。

以笔写心诉衷肠

尤在泾祖辈曾富甲一方，至父辈有田千亩，之后家道中落。据其孙尤世楠记述：某年除夕夜，家无粒米，尤在泾的妻子无奈带着幼子枯坐一室。迫于生计，尤在泾只好在寺庙售卖字画，起早贪黑，仅得数十钱。即便如此困苦的生活，也没有磨灭他的意志，反而造就了他沉静恬淡的性格。诗文虽是他藉以生存的手段，但更是他抒发情怀的窗口。清代著名学者、诗人沈德潜在《清诗别裁集》中收录了尤在泾创作的多首诗文，赞其写诗“不求人知，而重其诗者，谓唐贤得三昧，远近无异词”。后人观其诗文，在感叹文学功底深厚之余，更敬佩其性淡荣利，豁达质朴的胸怀。

（作品由姚秀明创作，李经纬题款，李俊峰提供）

尤在泾·杂感其一

春至阳气动，轻雷殷方鼓。

晴川泛朝光，草树沐新雨。

农人负耒出，操作及童竖。

有生宁不劳，俯仰各有取。

曰余本拙懒，逝将事农圃。

所急在治生，岂伊慕高古。

贫贱惜筋力，忧伤亦何补。

除卖字为生外，尤在泾还亲自务农。虽然生活贫苦，但田间劳作在他的笔下却有一种怡然自得之感。春至、轻雷、晴川、草树、新雨，田间的美丽风光让他自得其乐；农人、孩童，跟随着他们日出而作，日落而息，让他怡然自得，更让他开始思慕先贤智者“高下不相慕、安于本位”的境界。

尤在泾·杂感其三

驽马策蹇足，驰望昆仑丘。

自非千里姿，焉得追骅骝。

斥鷃翔数仞，黄鹄四海游。

岂不愿高举，羽翼非所俦。

慎尔失故步，蹣躚乃贻羞。

天分固有定，躁进非良谋。

或许有人质疑卖字务农的艰苦生活让尤在泾失掉了文人气节。为此，他在诗中自谦道：并非没有鸿鹄之志，但奈何财力有限，时运不济。尤在泾反对躁进，选择脚踏实地、循序渐进地通过不断努力获得成功。这与时人急功近利、好高骛远之风相反，令人心生敬佩！

尤在泾·山居杂兴

晨起草木湿，林霏散清曙。

始知东峰云，夜作涧上雨。

光风叶上泛，新泉草下注。

群鸟林际鸣，游鱼水面聚。

万物各有分，劳生转多慕。

幸中成虚名，多为来者误。

君看区中缘，扰扰曷有数。

诗中描述万物兴歇皆自然，凡尘琐事都是镜花水月，与其追名逐利牵绊一生，不如顺应自然恬淡适己，表现了尤在泾淡泊名利，超然世外的高尚心境。

投身医海声名显

青年时期，尤在泾积累了深厚的文学功底，这为他之后的医学事业奠定了良好的基础。他曾言："予自弱冠，即喜博涉医学，自轩岐以迄近代诸书，搜览之下，凡有所得。"尤在泾在博览群书的基础上，逐渐对医学产生了浓厚的兴趣，开始潜心习医。他不慕荣利，闭门潜修。他师从清代江南名医马俶（字元仪），深得老师赏识，逐渐在众多同门中脱颖而出。马俶曾对夫人赞道："吾今日得一人，胜得千万人矣。"马氏年过七旬时，着手增订其师沈朗仲的《病机汇论》一书，对尤在泾委以重任。师徒二人志同道合，协力参订，一时传为佳话。后来马氏曾说："门人尤子在泾，以儒家子攻医业，其于《灵》《素》诸书，颇能抉其精微。风晨雨夕，辄过余讲究斯理，与余相得甚欢，因与参订《汇论》一书。误者正之，缺者补之，是书遂益可观，而吾志亦可以遂矣。"对这位弟子给予了很高的评价。

然而尤在泾的行医之路却并不平坦。初时他经历了无人问津、入不敷出的阶段，无奈之下，尤在泾一家仅凭妻子的针线活维持生计。久而久之，妻子积劳成疾，溘然早逝。尤在泾悲痛万分，作诗句"明月流素影，照我室中帷。清光缺夏满，佳人难再期。宝镜不复开，玉琴生网丝。翩翩双黄鸟，巢我庭树枝。雄衔原上草，雌啄泽间泥。辛苦被流沴，一旦伤其雌。身死亦何言，悲此巢中儿"以表达哀惋之情。在经历了家道中落、卖字为生、贤妻逝世的一系列打击下，尤在泾并未一蹶不振，他将全部身心投入到医学事业中，经过多年的刻苦钻研，至晚年医术精湛，

治病多有奇效，与当时苏州名医叶天士、徐大椿、王子接等人齐名，成为医林中独树一帜者。

著作颇丰创新见

东汉末年医圣张仲景撰《伤寒杂病论》，由此确立了辨证论治这一重要中医学理论体系。尤在泾在此基础上，撰有《伤寒贯珠集》，对《伤寒论》进行了以法类证、分经辨析的研究，全书提纲挈领，分析详明，犹如轮珠在手，故曰“贯珠”。文中将治法分为正治、权变、斡旋、救逆、类病、明辨、杂治法等，对临证诊治具有广泛的指导意义。章太炎曾评价：“能卓然自立者，创建大义，莫如浙之柯氏；分擘条理，莫如吴之尤氏，嗟乎！解伤寒者百余家，其能自立者，不过二人，斯亦稀矣。”《金匮要略心典》《金匮翼》二书，前者是尤在泾经过十年的不懈努力，考证注释仲景原文精义的成果；后者为仲景内伤杂病诸法的临证体会，更是《金匮要略心典》的补充之作。上述三种书籍，注释汇集了前贤论述，条理清晰，简明扼要，是后人研读《伤寒论》《金匮要略》的必备之书，至今仍然广受推崇。

尤在泾学习勤奋，一有心得，辄笔诸简端，敢于思索。他撰写《医学读书记》征引、阐述经典医理及诸家之言，每篇一论，其中研究仲景理论的心得体会多有精妙之论。《静香楼医案》为临证医案汇编，附刻于《医学读书笔记》末，后由清末柳宝诒精选抄本，收入《柳选四家医案》中。全书涵盖内伤杂病、伏气、外感、妇人等32门，文中处处可见尤在泾善用经方，灵活化裁的特点。柳宝诒评论说：“乃观此案，论病则切理餍心，源流俱澈，绝不泛引古书，用药则随证化裁，活泼之地，从不蹈袭成方……其沉酣于仲景之书，尤不可谓不深。”

综上所述，尤在泾的著作中既有外感内伤，又有医案临证；既尊古崇古，又敢于创新；既注重理论知识，又不忘临床实践。如此严谨的治学思想，值得后学效法。

薛雪

薛雪（1681—1770），字生白，号一瓢，又号槐云道人、磨剑道人，又署抱珠轩、南园、河东、牧牛老朽等，清代吴郡（今江苏苏州）人，著名医学家、书法家，其尤擅治疗湿热病，著有《湿热条辨》，是清代温病学派的代表人物之一。

以医术立世

薛雪出身于书香世家，曾祖薛虞卿是明代著名画家。薛雪少年学诗于吴江著名诗人叶燮，他精于诗文，现有多种诗著传世，如《一瓢斋诗存》《一瓢诗话》等。后来因为母亲生病，他开始由儒转医，研习《黄帝内经》，学习医理，并得到当时名医王子接、周扬俊等人指点，在医学方面逐渐成熟，尤其擅长湿热病的治疗。薛雪著有《湿热条辨》，该书系统阐述了湿热病的病因病机及辨证施治，极大地丰富了温病学的内容，书中专论湿热时病，每证都附有他自己的注解，是他的临证心得的记录，凝聚了他多年探索的心血。薛雪由此成为清代温病学派的代表人物之一。

薛雪论治疾病，不循常法。相传有位厨师王小余病疫已死，即将殓棺埋葬时，正巧被薛雪碰见，他诊视后拿出一粒丸药，捣石菖蒲汁调和灌入死者口中，并叮嘱家属：鸡叫时当有声音，后来厨师果然死里逃生。另一厨师张庆得了狂异症，看日光如见雪，吃一点东西就肠痛欲裂。薛

（作品由刘文斌创作，李经纬题款，李俊峰提供）

雪诊视后断为冷痧，并应用刮痧疗法进行治疗，之后厨师便逐渐痊愈了。他还曾治一洞庭山人，此人伤寒甚剧，他给出的方子是第一日用枣3枚，葱根3个，生姜3片，次日其量各减为二，又次日减为一，患者三服后果然痊愈，因此把这个方子命名为“三妙汤”。他别出心裁写下的处方可谓非常巧妙。还有一个病人患休息痢，数年不愈。这种病是指痢疾时发时止，久久不愈，以长期或反复发作的腹部隐痛、粪质稀软或便中带血为特点。这位患者脉数而细，其他大夫都从脾胃论治，但均未见起效。薛雪则诊断为肾伤，用熟地黄、补骨脂、菟丝子等补肾药十余剂，病人便痊愈了。

传诗文佳话

薛雪不仅医术高明，还兼工书法，又学东坡居士，善画兰竹。平日喜好养生，庭中常蓄龟数十只，自谓效仿龟息，寿九十而卒。薛雪志趣高雅，多结交名士，与清代著名文学家袁枚交往甚密，两人虽相差35岁，却是忘年之交，曾诗词唱和，留下一段佳话。二人相识是源于袁枚染病后慕名前往薛府求医，差人递了名片后，袁枚忐忑地等在门口。此时，颇有医名的薛雪亲自打开大门，热情接待了袁枚，二人相谈甚欢。袁枚遵医嘱安下心来调养，很快便痊愈了。时隔数年袁枚再次病发，薛雪听闻后不顾已逾七旬之躯，立即乘船前往诊疗，并再次药到病除。袁枚赋诗曰：“先生七十颜沃若，日剪青松调白鹤，开口便成天上书，下手不用人间药。”薛雪回复：“吾之医与君之诗，共以神行，人居室中，我来天外。”

薛雪游洞庭东山，与后学名医徐灵胎相遇，曾赠诗《东山逢徐灵胎》，曰：“相值东峰下，相看鬓欲霜。年华共流转，意气独飞扬。四座惊瞻顾，连城且蕴藏。如余空说剑，无路扫欃枪。”薛雪胸中丘壑，诗作水平可见一斑。薛雪于诗论也颇有创见，他认为写诗的人才情各有不同，有的偏传统，有的偏变通，有的传统与变通各半，只要合乎基本的法则，尽可以畅抒己见，自成一家。徐世昌说薛雪“诗名为医所掩”，可见世人认为薛雪医术高超，其实诗词方面的修养也不比医术逊色。

留轶事趣闻

关于薛雪，还有两件趣事。薛雪自号一瓢，其来源有两个说法。第一种说法是《宋元明清名医类案》中记载薛雪“晚年颇澹泊自甘，有先贤颜子之乐，故又号一瓢”。“颜子之乐”出自《论语》中孔子赞颜回的典故：颜回一箪饭、一瓢水、住在简陋的小屋里，别人都忍受不了这种穷困清苦，他却没有改变好学的乐趣，可见颜回的品质多么高尚。薛雪以颜回为榜样，故有此号。第二种说法出自《吴县志》，里面记载了这样一段小故事。薛雪在路上见到一个“僧人”，肩上背着一只瓢儿，上面清晰地镌刻着“吃尽天下无敌手”七个大字。薛雪见这僧人与众不同，便邀到家里，欲与其一同饮宴。席间用瓢承酒，每瓢之内，注酒有一斤左右。“僧人”喝了三十六瓢，薛雪仅喝了一瓢，从此便自号“一瓢”了。这体现了薛雪为人洒脱不羁的风格。

薛雪居住的山庄名“扫叶庄”，关于它的来历，也有两种说法。一种说法见于陆以湉《冷庐医话》中的记载：清朝乾隆年间，苏州一带疫病大流行，当地政府设置医局免费救治贫苦百姓，当地名医每天争先前来应诊。有一打更人，身面浮肿，浑身发黄，前来医局求医。薛雪诊脉后，断为不治之症。但同为名医的叶天士则认为是烧柴薪熏蚊受毒引起，开了两副药给患者。后薛雪闻知此事，对叶天士心生嫉妒，便把书房改为“扫叶庄”，而叶氏也建有“踏雪斋”以作回应。这一说法可能表现了叶天士、薛雪的治疗思路不同，但如此所作所为与二人平日行事作风颇不相符，因而故事不可全信。另一种记载源自薛雪的师兄沈德潜在《归愚文钞·扫叶庄记》中的描述，“扫叶庄”之名其实有两个含义，一是薛雪在编著《用易粹义》时，书稿屡定屡更，就像扫去落叶，旋扫旋生；另一层含义是薛雪著书所在的郡城南园，树木葱郁，常为落叶封径，行人迷迹，需要童仆经常扫去落叶。沈德潜与薛雪师出同门，其记载应该更为可靠。

徐大椿

徐大椿（1693—1771），又名大业，字灵胎，江苏吴江人，因晚年隐居于洄溪，自号洄溪老人，清代著名医家。徐大椿的一生可谓博学而不穷，笃行而不倦。作为医者，他无师自通，自学成才，临证如神，医德高尚，奋纠医道，誉满杏林。作为学者，他专心探求各种实学，在诗、文、书、画、天文、历算、音律、武术、医学、水利等领域所向披靡、遍地开花。可以说，徐大椿是一位天才型的传奇人物，但就是在这位天才荣耀的背后却蕴含着他无尽的汗水。他锲而不舍、勤学不息、坚韧不拔的治学精神值得后世学习。他正直质朴、善于思辨及针砭时弊的处世态度又给后人以深刻的启迪。

出身名门　全知全能

徐大椿出身于名门望族，书香之府。祖父徐釚，号虹亭，晚号枫江渔父，菊庄老人，工诗词、善书画，是清代著名的辞章家，曾参与纂修《明史》。父亲徐养浩，字直方，号尊江，精通水利之学，被巡抚张清恪特聘负责江南水利工程。

正是在家人的影响下，徐大椿自幼精研经史，7 岁入私塾启蒙，立志要从最难的《易经》入手研究经学。然而，徐大椿的经学之路却是自

（作品由李欣创作，邵大箴题款，李俊峰提供）

学成才。他取出家中所藏《易经》所有注释版本，悉数查阅，每遇到不懂之处，便翻阅资料，尽心推敲，不久便对《易经》颇有心得。此后，他又对《道德经》产生了浓厚的兴趣，于是又按照之前的方法研习，并着手开展注解工作，后来这本《道德经》注释本被收入了《四库全书》中，得到了后世的高度评价。

18 岁，徐大椿在父亲的建议下，参与了对东南一带水利的治理和研究工作，并展现出了他在水利方面的超高造诣。面对新领域、新挑战，徐大椿选择了迎难而上，他一边自学水利诸书，一边亲历各地勘察地形水势，通过不断学习和摸索，终得其要领，并编撰了《江南水利书》。此后数年，徐大椿仍心系百姓，多次对运河修建提出中肯意见，著书立说，造福万民。他还参与修辑了《吴江县志》和《震泽县志》中的地图、疆域、星象分野、河流水利诸篇。20 岁，他成为名家周庭意的高徒，后顺利考中秀才。也正是这一年，他又发掘了自身武学方面的崭新技能。先是通过逐渐性增重的方式抬举石头，增加身体力量，两年后成为了一个能举起 300 斤石头的大力士。后又通过坚持不懈的努力，将散打、枪棍等武艺逐一精通。自此，徐大椿由一名文弱书生成长为一名气魄武者，文献中多将其形容为身材修长、额头宽阔、声如洪钟、卓尔不群的潇洒形象。

自学医道　德艺双馨

徐大椿天资过人，是个天赋异禀的全才，如果在所擅长的领域发展下去，日后必有一番作为。但是，他的人生轨迹却向医学方面前行，而且势如破竹，最终成为举世闻名的一代大医。引发他这一转变的是家族中“骨肉数人相继死亡”的悲惨境遇。

徐大椿 30 岁时，其家人多病。三弟患痞病，父亲虽遍请名医诊治，仍回天乏术。随后其四弟、五弟、二弟相继不治而亡，令父亲悲伤得病，终年医药不绝。原本和睦美满的一家，在顷刻间分崩离析、天人永隔，这给徐大椿带来了巨大的打击。他在深感医学重要的同时，更对当时庸医误人的社会现况悲愤不已，于是决定改习医学。在医学道路上，他又一次采用了自学的方式，取来家中所藏的数十种医书，上溯《灵枢》《素问》《难经》《神农本草经》《伤寒杂病论》等经典著作，下汲唐宋等诸家典籍，朝夕披览，反复揣摩，日久广通其义。回首这段时光，徐大椿曾描述为“终日遑遑，总没有一时闲荡，严冬雪夜，拥被驼绵，直读到鸡声三唱；到夏月蚊多，还要隔帐停灯映末光”。可见其研学经典医书的艰辛与努力。当学有所成之后，徐大椿并不满足于现状。他开始大量临证，不仅把书本知识与临床实践联系起来，积累了丰富的医学实践经验，还将前人的经验加以整理提高，写出了十余部很有价值的医学著作。他的《难经经释》《医学源流论》《神农本草经百种录》《医贯砭》《兰台轨范》《伤寒论类方》等医籍，均被后世奉为圭臬。

清代诗人袁枚曾请徐大椿医治臂痛，并在《徐灵胎先生传》中描述了徐大椿精湛的医术：“每视人疾，穿穴膏肓，能呼肺腑与之作语。其用药也，神施鬼设，斩关夺隘，如周亚夫之军从天而下。诸岐黄家目瞠心骇，帖帖慑服，而卒莫测其所以然。”可见，徐大椿的医术有见病知源的医术。徐大椿所著《洄溪医案》中的治病实例也体现了他的胆识和气魄。据记载，有一次，徐大椿见病人在酷暑天气大汗不止，脉微肢冷，面赤气短。问其家属得知，当地众多医生以暑邪为由，按照热证治疗，给病人开出了大量寒凉药物。经徐大椿诊断后，认为病人是因热而大汗不止，继而出现了亡阳之证，之前庸医辨误，用药相反，导致情况十分危险，他断定急需用参附汤救治。结果，病人家属面露难色，毕竟夏天酷暑，病人大汗，似乎按照热证治疗更加稳妥。因此，他们不敢贸然接受这种方式的用药。眼看病人处在危难之间，徐大椿斩钉截铁地保证道：“如果病人出现问题，我愿意以死来偿命！”看到此情此景，患者家属不再犹豫。当患者勉强喝下这些大热之药后，神奇的事情发生了，一剂药服进，病人的大汗就止住了！冷凉的身体也逐渐变得温暖，睡眠也有了很好的改善，十天之后，病人便痊愈了。这则病案生动地描述了徐大椿在临床中善于辨证论治，虽面临至重之疾，却能手到病除，可见其医术精湛，更体现出其无畏的大医精神。一句“死则甘愿偿命”，既是对自身实力的高度自信，又是对病人健康安危的至高尊崇。为此，他不惜用自己的生命来证明“医者”这一职业的神圣与操守、重任与挑战。

徐大椿在行医过程中，不仅对自己要求严格，对当时医界的诸多陋习，也提出了尖锐的批判。例如，明清之际，社会上温补之风流行。许多庸医为迎合病家心愿，骗取病家钱财，不论何病均用温补，导致了病轻者重、病重者死的严重后果。面对这种现象，徐大椿告诫医者应怀有救人、爱人之心，不要滥用名贵补药以求谋利。他认为：“大凡人非老死即病死，其无病而虚死者，千不得一。”教导病家在求医过程中，除了谨慎择医、信任良医之外，还应当在一定程度上知医，避免被愚医蒙骗。他甚至作《行医叹》一首，道：“绝多少单男独女，送多少高年父母，拆多少壮年夫妻，不但分毫无罪，还要药本酬仪。问你居心何忍？王法虽不及，天理实难欺。”这深刻抨击并揭露了那些庸医的恶行。久而久之，徐大椿凭借扎实的医学功底、丰富的临床经验、实事求是的严谨态度，最终成为名医中为数不多的中医评论家之一。

奉诏赴京　两度面圣

徐大椿医术高明，医德高尚，为人正直敢言，不附权贵。在行医过程中，不管是达官贵人还是平民百姓都一视同仁。随着时间的推移，他的声名便很快在江南乃至京城内外传颂。《清史稿》记载，乾隆二十四年（1759年），文华殿大学士蒋文恪生病，众太医施治，仍未见起色。蒋公乃朝中重臣，他的病情令乾隆皇帝十分牵挂，于是向诸大臣访求天下名医，刑部尚书秦蕙田首先推荐了吴江名医徐大椿。次年，徐大椿奉旨进京，与太医同诊蒋公疾病，经过一番望、闻、问、切之后，断言蒋公已药石罔效，回天乏术，熬不过七天，结果第七天蒋公果然驾鹤西去。乾隆皇帝十分赏识徐大椿的高超医术及其真诚质朴的品行，在紫禁城、圆明园多次接见，并连下六道特旨，着意让其留京效力。但徐大椿以年老多病、乞求归乡为由请辞。皇帝念其年事已高，批准了他的请求。徐大椿虽因入京面圣而名闻天下，但他并未因此倨傲。放归后的徐大椿淡泊名利，一心归隐田园，他将太湖吴山南麓的画眉泉边作为自己的隐居之地。那里小桥流水、溪涧交错、茂林修竹，一派美景。徐大椿便在此静养修身，治病救人，著书立说。

20年后，乾隆皇帝再次征召他到京师。已经79岁高龄的徐大椿本可婉拒，但最终还是毅然前往。他自知衰老力弱，千里奔走，恐难返还。于是让儿子徐爔带着为自己准备的寿棺一起进京。果然，徐大椿到京城后第3天便去世了。他离世当日仿若已预知死期，大谈阴阳生死出入之理，并自拟墓前对联曰："满山芳草仙人药，一径清风处士坟。"到了晚上，谈笑而逝。皇帝对此十分惋惜，赐金赠官后，传旨让徐爔护柩回乡。第二年，入葬于吴县，后迁葬吴江。

沈金鳌

沈金鳌（1717—1776），字芊绿，号汲门，晚年自号尊生老人，江苏无锡人，清代医学家。沈金鳌儒学功底深厚，尤擅诗文；医术高超，精通内、外、妇、儿各科；勤于著述，撰有医学丛书《沈氏尊生书》（7种72卷），展现了其对各科的深刻认识及严谨的治学水平。

弃儒从医

沈金鳌生活在清代康乾盛世时期，自幼好学，博览群书，经、史皆通，且擅长诗文，著有《易经随笔》《左传列国》《毛诗随笔》《体画吟》《离骚读》《屈原名物汇考》《楚辞笺》《芊绿堂文稿》《尚书随笔》等。他于乾隆年间曾中举，成为候选训导，可惜直到中年，考进士仍是屡试不第。他曾说："吾辈读书，无论事之巨细，皆当怀利济天下之心，非沾沾于制举文字，博功名，便一己为也。"可见其志向早已不局限于仕途，最后放弃科举之路，转而从医。他说："昔人云'不为良相，当为良医'，余将以技济人也。"沈金鳌师从名医叶天士的同门孙庆曾。孙庆曾医术高明，精通临床各科，沈金鳌尽得其传。

沈金鳌深厚的儒学功底为其转攻医术打下了坚实的基础。对儒学的深入理解，使他能更好地融汇所学，临证时切中要害。

（作品由张静创作，邵大箴题款，李俊峰提供）

有一次，名士周文俊患肝病，医生都按湿证治疗，用了大量的燥湿药。周文俊服药20余日，不但未见好转，而且逐渐出现口干舌燥、津液枯竭之感，甚至牙齿和上下腭都发黑了，整天无法入睡，他自认为这次必死无疑，后辗转请到沈金鳌诊视。沈金鳌认为，此证并非湿证，而是肝火旺盛，于是力排众议，投以平肝清火之剂，周文俊服药后果然很快便痊愈了。

治学严谨

医生这个行业关系着人的生死，沈金鳌认为，遣方用药或著书立说时均要审慎对待，否则必然会贻误后世。学医的人一定要从实践出发，不可妄言，他本人也正是这样做的。

明清之际，儿科有麻、痘、惊、疳四大证，其中痘指的是痘疹，即天花，是一种病死率很高的烈性传染病。沈金鳌在他的儿科著作《幼科释谜》中详细记载小儿病证，但独缺痘疹这一儿科大证。他认为，幼科中独痘疮一证，证候凶险，变化百出，必须有人临症指示，而后才能悉其精微，知其蕴奥。他的老师孙庆曾本来精于痘疹，可惜沈金鳌在受业时未跟随老师亲临痘疹患者家中，也没听到关于痘疹的教诲，所以关于此病症不敢发表见解。沈金鳌认为，虽然治痘的名家众多，他也读了很多相关著作，道理也都了然于心，但这不等于晓然于手、于目，岂敢口出妄言，所以在该书儿科病证的论述中独缺痘症。

著述宏丰

沈金鳌不仅医术高超，精通内、外、妇、儿各科，且治学严谨，务实求效，加之笔耕不辍，先后著成《脉象统类》《诸脉主病诗》《杂病源流犀烛》《伤寒论纲目》《幼科释迷》《妇科玉尺》《要药分剂》7种医籍。受儒家思想影响，他认为“人之生至重，必知其重而有以尊之，庶不致草菅人命”，所以将这7部著作合为丛书，以“尊生”命名，总

括为《沈氏尊生书》。

其中尤其值得推崇的是《脉象统类》，全书以浮、沉、迟、数、滑、涩6脉为纲，统27种脉象，条理清晰，脉理透彻。沈金鳌觉得《脉象统类》虽然很详细，但内容比较琐碎，难于记忆。于是又写了《诸脉主病诗》，把27种脉象主病的详细内容都写成了诗句，朗朗上口，便于记诵。例如沉脉病，他总结为“沉潜脉主阴经病，数热迟寒滑有痰，无力而沉虚与气，沉而有力积兼寒”，又将寸沉、关沉、尺沉的不同再总结成一首诗，想到诗句就把整个沉脉病简要明晰地加以记忆，为读者提供了便利。

《杂病源流犀烛》，全书将92种病证一一探其由来，究其流传，悉其病症，考其证治，参考了从《黄帝内经》到宋、元、明历代名著的精华，阐发个人诊治的独到见解，较有特色。《伤寒论纲目》以张仲景《伤寒论》原文为纲，以后世医家注解为目，又加入沈金鳌的按语，从中可看到其立足临床辨证、务求实用的精神。《妇科玉尺》以玉尺命名，是因为尺是用来量长短的，务求准确，以玉做的尺，划上分寸久久不会磨掉，所以寓意为准之又准。书中体现沈金鳌为妇科病诊治寻求规矩准绳的想法。《要药分剂》选取常用药400多种，无论是从功效主治到药性归经，从前人论述到服用禁忌，乃至炮炙方法，皆录入其中。

整部《沈氏尊生书》，不仅体现了沈金鳌对各科的深刻认识，更体现出著者严谨客观、务求实用的态度，全面系统地展现了他的学术水平和治学精神，值得后学认真研读。

吴谦

《医宗金鉴》是清代朝廷钦定御制的一部医学丛书，它是最早具有教材性质的医学典籍。它的主编就是吴谦。吴谦（1689—1748），字六吉，安徽歙县人，生活于清代康熙至乾隆时期，与张璐、喻昌并称为清初医学三大家。

乾隆眼中的优秀主编

吴谦博学多才，曾任太医院院判，由于医术精湛，屡被恩赐。吴谦在临证之余广收博采，他认为医学虽为小道，但却与天下苍生性命相关，非其他技艺可比。他大量阅读医学典籍，发现《神农本草经》《黄帝内经》《汤液本草》《难经》《伤寒论》等早期医学典籍，均因年代过于久远，文字艰涩难懂，后世医书虽日渐增多，但大家各执己见，或博而不精，或杂而不一，令初学者读起来颇多疑惑。吴谦认为，应该改变这种情况，系统整理注释各家医籍，分别诸家是非，以便后学者使用。

乾隆皇帝即位后，十分重视医学的发展。鉴于古医书年代久远，词奥难明，尤其自晋代以后，医书数量迅速增长，但良莠不齐，且博而不精。到了清代，医学界甚至出现了“医书驳杂，人不知宗”的情况。面对这种状况，乾隆皇帝下令，征集天下医籍，进行系统的分类，采其精粹，

（作品由姜伟玲创作，李经纬题款，李俊峰提供）

补其未备。乾隆皇帝要编修一部荟萃精华、可以传世的医学典籍，以规范医学理论，树立权威，使后世医有所宗。为了便于编写医书，朝廷专门设立了编书机构——医书馆。

皇子弘昼和大学士鄂尔泰被乾隆皇帝指派负责医书馆相关事务。由谁来总体把握医书的学术标准呢？鄂尔泰首先想到了医文兼通、博学多闻的吴谦。经过严格选拔，医书馆最终敲定编写团队人员，包括纂修官（编辑）14人、副纂修官12人、校阅官（校对）10人、收掌官（收集保管书稿）2人、誊录官（誊写）23人、纸匠（供应撰书用纸）2人、供事4人，组成了强大的编写班底。在弘昼和鄂尔泰的协调下，人员、书籍、工银等所费之物一一备齐。弘昼在写给乾隆的奏折中提到，吴谦认为以前的医书大多有法无方，经《伤寒论》《金匮要略》等书创立，始有法有方。吴谦先对古籍详加删订，后稍加增减，以备总体纂修之用，做了大量准备工作。乾隆非常赏识吴谦的才华和医术，他曾对人说，吴谦“品学兼优，非同凡医，尔等皆当亲敬之”。

皇家御制的医学教材

作为《医宗金鉴》的总修官，吴谦为医书的编纂付出了大量心血。首先，吴谦请求清廷提供收藏全部医书，并下令各省全面征集提交医学书籍。除了市面上流行的出版医书外，还包括无版的旧医书、未刻的新医书、家藏医学秘籍及世传经验良方等。吴谦要求地方官员通过收购、抄录等方式进行广泛征集，尽可能搜集各种医学典籍，做到广收博采。这些医书全部被送往太医院的医书馆，以备纂修之用。由此可见，为了编修《医宗金鉴》，清政府举全国之力广泛收集了国内的各类医籍文献资料，并将所有医书进行分门别类、剔伪存真，为书籍的编修做了极其充分的准备。

阅读典籍是古代中医教育的重要内容之一。尤其，自南北朝以后，医学界出现学校教育模式，并逐渐发展起来。对于这种集体性的学习方式，

用于教学的书籍就显得十分重要。从唐代太医署到清代早期，医学校所使用的教材通常都是《伤寒论》《金匮要略》《难经》《黄帝内经·素问》《神农本草经》《脉经》《诸病源候论》《千金要方》等经典医学著作。自金元时期以后，医学流派纷呈，各家学说兴起，各家各派为发展本派医学理论及推行个人观点纷纷著书立说，从而出现一大批私修医学教材。清朝建立以后，统治者为了禁锢知识分子的思想，大搞“文字狱”，在这种文化高压政策的影响下，知识分子开始提倡尊经复古和烦琐考据，中医界也出现了考据之风，乾隆时期尤为盛行。医学界尊崇经典成为风气，对经典医书进行注释盛极一时。这种考据风气的盛行，导致对医学理论进行注释的各派学说达到了顶峰。

吴谦认为，尽管不同时期的医学资料各具特色，但对于初学者而言，医书应以简明实用为指导原则。他主张将历代学说精华收于书中，破除门户之见，兼收并蓄，以起到汇通医理与医术的引导作用。在这种撰写思想的指导下，《医宗金鉴》文字简洁，大部分采用歌诀韵文的形式加以叙述，特别适合初学者学习。正是由于这样的理念，《医宗金鉴》成为皇家御制的医学教材，为医学界树立了教材的规范。

习医必读的《医宗金鉴》

历经三年，吴谦等所编医书大功告成，乾隆赐名《医宗金鉴》。该书于乾隆七年（1742 年）出版。为表彰编纂此书的有功人员，主要编纂者除每人加升一级俸禄外，还赏给《医宗金鉴》一部，随书赏赐的还有特制小型针灸铜人一具（针灸铜人目前在上海中医药大学医史博物馆有藏）。据不完全统计，《医宗金鉴》自初版至今，共出了近 50 种版本，影响甚广。

《医宗金鉴》全书 90 卷，分为 15 个部分。内容涵盖内、外、妇、儿、眼、刺灸等临床各科，内容极其丰富，是一部既重经典又重实践，既有理论又有临证的著作，也是一部“酌古以准今，芟繁而摘要”的中医百科全书。其中《订正仲景全书伤寒论注》17卷、《订正金匮要略注》8卷，均由吴谦亲自编写，水平很高，为后世关注并广泛应用。

《医宗金鉴》十分重视对经典古籍的阐释，特别对《伤寒论》和《金匮要略》两部古典医籍进行了深入探讨。《医宗金鉴》中通过“注”“按”“集注”三种方式对《伤寒论》和《金匮要略》进行阐释。先是“按”，即修正并对条文解释进行发挥；后是“注”，即逐条解析仲景条文；再是“集注”，即汇集前人注释条文的精华，对经典古籍的整理与研究提出了很多新见解，颇具启发意义。

《医宗金鉴》汇集了各科名著的临证经验。每一科主要讨论临床各种急慢性疾病，每病每方均先列歌诀总括，介绍疾病特点，再用文字注释。治疗方法涉及针法灸法、正骨重定、牵引固定、熏洗外敷、水煎内服等，并绘图数百幅插于各篇之中，使之图文并茂，易于理解。《医宗金鉴》还记载了当时在世界上具有先进水平的人痘接种术。

作为清代具有代表性的医学统编教材，《医宗金鉴》是习医者必读之作，《四库全书总目提要》评价《医宗金鉴》：“根据古义，而能得其变通，参酌时宜，而必求其征验，寒热不执成见，攻补无所偏施。”

郑宏纲

郑宏纲（1727—1787），字纪元，号梅涧，又号雪萼山人，清代新安喉科名家。郑宏纲幼从父学喉科，精研理论，医技精湛，擅长针药并举治喉症。其所创养阴清肺汤为治疗阴虚燥咳的经典名方，最早用来治疗白喉，是治疗白喉的圭臬。

白喉疫史警钟鸣

白喉是感染白喉杆菌所引起的一种急性呼吸道传染病，患者会出现发热、咽痛等症，在患者鼻、咽、喉等处产生一种白色的膜性渗出，又称为“假膜”，假膜不易剥脱，严重者还会引起心肌脂肪变性及外周神经损伤。1890 年，德国科学家贝林（E. A. von Behring）首次用白喉抗毒素血清治愈了白喉，由此获得 1901 年诺贝尔生理学或医学奖。在白喉抗毒素血清发明以前，中国医家如何治疗白喉呢?

清代以前，中国古籍中没有关于白喉的描述和记载。白喉是清代传入中国的传染病。18 世纪 30 年代，白喉曾经在新英格兰肆虐，它以传染速度快、发病频度高、暴发规模大而闻名于西方世界。随着海外贸易的发展，18 世纪末到 19 世纪初，白喉传入中国并迅速传播。

据记载，清乾隆年间中国开始出现白喉病例，尤其在小儿之间传染

（作品由安佳创作，李经纬题款，李俊峰提供）

迅速。到了清道光年间，白喉已经蔓延至全国。同治初年，湖南、安徽、江浙等地成为白喉暴发的重灾区。清代喉科名家沈青芝在《喉科集腋》中描述：“庚寅季春，白喉风症时行，而邗江尤甚，城乡患者不一而足，竟至朝发夕死，传染者不可胜屈，十八之中得其生者，抑不过二三人而已。”描述了白喉肆虐的惨状。由于白喉是外来疾病，当时中国医者缺乏对白喉的认识。很多医家沿用伤寒之法治疗，或者用治疗普通喉症的方法治疗，均没有疗效。虽然我国古代医籍中曾经记载过“马喉痹”“缠喉风”“锁喉风”等病名，但具体症状与白喉并不完全相同。

1775 年，白喉大流行。受清代著名医家叶天士“温邪上受，首先犯肺，逆传心包”的观点影响，喉科医家们逐渐形成了“咽喉诸病皆属于火”的共识，认为白喉属于实证，应该按照实证的方法治疗，医家们尝试使用辛温发散，或者苦寒降泻，或者表散寒凉等方法治疗，收效甚微，枉死者不计其数。

养阴清肺见效奇

在无籍可考、无方可选的情况下，新安医家郑宏纲、郑承瀚父子通过仔细观察后，提出了白喉的病因是肺肾阴虚感染燥邪的观点。他们认为，白喉是因“伤燥及感受疫气”，之所以会感受疫邪，究其源头是由于肾水不足造成。由于肾水亏虚，肺金不润而燥，加上感染疫邪，加重了津液的损伤。在治疗中不能用发散的方法，更不能用苦寒的药物，应当用养阴清润之法，并大胆创制“养阴清肺汤”。实践证明，郑宏纲的思路是正确的！在这次白喉大流行中，郑氏父子获得了成功。此后，父子二人又一起经历了 1785 年的白喉大流行，再次验证了养阴清肺汤的确切疗效。两次白喉大流行后，郑宏纲父子积累了丰富的实战经验，他们结合临证积累，首次提出了白喉 (白缠喉、白腐) 的病名，明确指出白喉的发病与肺阴不足而伤燥邪密切相关。

清代先后发生了四次白喉大流行，郑宏纲父子的“养阴清肺汤”挽救了无数白喉患者的生命。中医运用养阴清肺理论辨治白喉对后世白喉的治疗产生了深远影响。此后相继问世的50余种白喉专著中，几乎全部继承了阴虚肺燥的病机说，提倡用养阴清肺之法治疗。一直到白喉疫苗使用前，养阴清肺汤都是治疗白喉的主要方药。随着中医学的发展，时至今日，养阴清肺汤不仅用于咽喉疾病的治疗，而且广泛应用于五官科、内科、妇科、肿瘤科、眼科等40余种疾病的治疗，扩大了多种阴虚肺燥病证的治疗思路。

两园喉科美名传

郑宏纲父子是新安地区的喉科世家。郑氏家族世代居住在安徽歙县郑村。明代嘉靖初年，郑氏家族中的郑赤山最早开始从事医学，此后至清康熙五十年（1711年），郑于丰与郑于蕃兄弟俩在江西南丰受业于医家黄明生。黄氏专长喉科，尤其擅用针灸治疗喉科疾病。兄弟二人尽得其传，学有所成。康熙六十年（1721年），郑于丰与郑于蕃兄弟分家，郑于丰居于“南园”，郑于蕃居于“西园”，后来当地便有了“南园喉科”与“西园喉科”一源双流的美名。迄今为止，新安的郑氏喉科已传承500年。

其中，“南园喉科”的郑宏纲是郑氏喉科中的佼佼者。郑宏纲自幼便跟随父亲郑于丰学习喉科，医技精湛，擅长用汤剂和针灸治疗喉症。他以父亲的授业恩师黄明生的授徒秘本为底本，结合自己的临床经验，将家传的《喉科三十六症》增订成《重楼玉钥》二卷。道家称咽喉为“重楼”，“玉钥”比喻这本书是喉科的入门工具书。《重楼玉钥》上卷阐述喉科疾病的基础理论与治法，记载内服药24方，咽喉局部吹药28方，熏、含、敷药6方；下卷记载喉症的针灸疗法。后来，郑宏纲的儿子郑承瀚重新整理为《重楼玉钥续编》。他认为《重楼玉钥》中所载方药虽然治验神速，但是没有详细论述喉病的脉与证，担心后世医家不知通变之法，耽误治疗，于是郑承瀚在书中增加了按语，对喉症的色、脉、辨证、用药加减，均慎重详细地加以阐述。

郑氏喉科深入辨证、针药并举，立足养阴清肺、护养津液，成为后世中西医治疗耳鼻咽喉口腔科疾病的重要参考。

陈修园

陈修园（1753—1823），名念祖，号慎修，福建长乐溪湄村人。陈修园学识渊博，医理精湛，不仅是一位富有创见的中医理论家和医术超群的临床家，同时也是一位杰出的中医科普大家和教育家。

官场良医

陈修园的一生亦官亦医，半治举子业，半事刀圭家。陈修园幼年丧父，家徒四壁，祖父陈居廊怜其孤苦，便将他带在身边亲自抚养。陈居廊在当地颇负名望，不仅博学多才，还精通医术，有较高的医学素养。习儒之余，他曾指导陈修园诵读医书，是他的医学启蒙老师。陈修园勤奋好学，遍读医书，在他的著作中几乎引用了历代名医的言论，足见其读医书范围之广。

1787 年，陈修园肄业于福州鳌峰书院。1792 年，在福建乡试中举后便北上入京。留在京师期间，恰逢刑部郎中伊云林患中风症，不省人事十余日，遍请名医均不治。陈修园诊后仅用两剂药便使其苏醒，由此名震京师。后来陈修园又治愈了内阁大学士和珅的足痿，和珅为了拉拢他，请他担任太医院使。为避开和珅，陈修园以生病为由辞而不就，返回福建。回到家乡后，他先后在吴航书院、清源书院讲学，同时跟当地名医

（作品由夏荷生创作，李经纬题款，李俊峰提供）

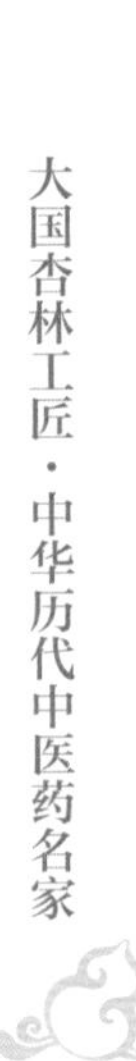

蔡宗玉学习，精进医术。1800年，和珅被革职后，陈修园才再次赴京应试。次年，他被派到保阳（今河北保定），由于京畿大水，当地温疟流行。陈修园一边组织救灾，一边为灾民看病。他“审天时，问世俗，相人体之肥瘠寒暖，制药丸三品，散给城乡，全活无算”。在救治过程中，陈修园选取有效方剂，编成《时方歌括》一书给当地医生使用，救活了不少人。1808年，陈修园出任磁州（今河北邯郸）、枣强（今河北衡水）等县知县，又升同知州，代正定知府等职。他为官“善体民情，不事鞭挞；遇事能断，绰有贤声”。陈修园始终认为“文章报国，尚挟时命而行，而能为良医者，随在可以活人”。为官期间，他仍不忘研究医学，悬壶济世，成为官场中的良医。

尊经复古

清乾嘉时期，考据学风盛行，医学界也大力提倡尊经复古和烦琐的考据，在学术上多遵从《黄帝内经》《神农本草经》《伤寒论》《金匮要略》等经典著作，重视汉唐以前的医籍，尊古薄今，对汉唐以后的医家与方剂却颇有微词。陈修园就是尊经复古的典型代表之一。

陈修园注重古代经典的学习和研究。他深谙《黄帝内经》的重要性，认为《黄帝内经》在古代医学中的地位，犹如四书在儒家中的地位，其影响力万古不废；他重视《伤寒论》的研究，尊崇仲景，笃信经方，认为张仲景的原文不可随意更改，提出“理不本于《内经》，法未熟乎仲景，纵有偶得，亦非不易矩矱”。他毕生致力于《伤寒论》《金匮要略》的研究，从原文入手，参以《黄帝内经》《难经》，条分缕析，撰《伤寒论浅注》《金匮要略浅注》。这两本书是《伤寒杂病论》的著名通俗注释本，其言辞简练，深入浅出，说理透彻，其中不乏精辟论述和独到见解，可供后世参考学习。

虽然陈修园崇古尊经，偏于保守，甚至攻击过李时珍的《本草纲目》，而且对金元以后的医家多有微词，但他并非泥古不化。他在注释经文时，不是一味地照搬，而是深入体会经文的含义，既不拘泥于古说，又不望文生义。例如，他在所著《神农本草经读》中就曾改经文 23 处，在《金匮要略浅注》中改经文 18 处。为了使后人用药不至于混淆，他把药名中的古字改为今字，如改“假苏”为“荆芥”，改“金沸草”为“旋覆花”，以便于后学者阅读理解。他对金元以后医家的长处也能肯定并予以借鉴。尽管陈修园曾经批判过张景岳，但对其所创“十问歌”却推崇备至，在《医学三字经》《医学实在易》中都有转载，而且在《医学实在易》中还专门写了 300 多字的批注，以加深学习者的理解。

科普达人

“学医之始，未定先授何书，如大海茫茫，错认半字罗经，便入牛鬼蛇神之域”，这是陈修园一生致力于医学知识普及的重要原因。他认为，学医之始，入门正则源头正宗，入门错则始终皆错。为此，他以《黄帝内经》《神农本草经》为基础，以《伤寒论》《金匮要略》为中心，结合自己的临床经验，用通俗浅显的文句，用歌赋体编成《医学三字经》《医学实在易》《时方歌括》《医学从众录》等书籍，简便实用，便于习诵，为后学打开了医学启蒙的大门。

其中，《医学三字经》流传最广泛。“医之始，本岐黄，《灵枢》作，《素问》详，《难经》出，更洋洋。越汉季，有南阳，六经辨，圣道彰。《伤寒》著，《金匮》藏……”这是《医学三字经》的开篇。陈修园仿效宋代王应麟《三字经》的体式，以三字为韵，用千余言概述医学源流、医学理论及常见病证治，有论、有方、有药。该书简明扼要，字字珠玑，合辙押韵，不仅易诵、易记、易懂，而且深入浅出，便于初学者背诵和概览全局，被视为最佳中医入门著作。该书在首发时曾托名叶天士，利用名人效应招揽读者。后来，因为著作本身价值甚高，再次刊印时，陈修园便在《小引》中陈述原委，说明由来。此后，陈修园通过《医学三字经》打开了知名度。在《医学实在易》中，陈修园首先以四个易知，即“脏腑易知”“经络易知”“四诊易知”“运气易知”，简述中医基础理论；其次按表证、里证、寒证、热证、虚证各类详述疾病的发生与发展，并在每种疾病之后，附以歌诀，提示要领；最后按各类疾病介绍方剂，这本书成为后世医学的重要门径读物之一。《时方歌括》是陈修园选取张仲景以后医家所制的临床常用方 108 首，以歌括形式叙述了方剂组成及主治，并详解配伍，还集录了历代名医的论述。

晚年，陈修园告老还乡后，在福建长乐嵩山井上草堂讲学，广收弟子，传授医学，是清代一位杰出的医学教育家。陈修园普及医学，著述丰厚。清末名将林则徐曾提出“近世业医者，无能出其右也”，认为陈修园是晚清时期最杰出的医学家。

吴瑭

吴瑭（1758—1836），字配珩，号鞠通，江苏淮安府山阳县（今江苏淮安）人，清代著名温病学家。吴瑭怀救世之心，嗜学不厌，体天格物，博采众家之长，不拘常法，勇于创新，最终撰成《温病条辨》一书。该书创造性地提出温病的三焦辨证纲领，建立了完整而系统的温病学理论体系，完善了外感病中医辨证体系。

矢志学医

吴瑭出身于江苏淮阴一个清贫的知识分子家庭，其父是位教书先生。幼年时，他随父亲学习，准备参加科举考试，从而踏入仕途。可惜天不遂人愿，吴瑭19岁时，生病一年多的父亲撒手人寰。这一年多来，他因不懂医学，对父亲的病情不明所以，只能任由父亲被庸医摆布，眼见父亲的病情逐渐加重，最终病逝。父亲的离世令本为孝子的吴瑭愧恨不已，哀痛难平，觉得不学医实在无颜立足于天地之间。于是他开始购买医书，伏案苦读，毅然放弃了科考之路。

三年之后，吴瑭到京城游历。机缘巧合，当时四库馆正值大量用人之际，他得到了参与检校《四库全书》的宝贵机会。靠着这份工作，他不仅能够养活自己，还有机会看到宋元以来的大量医书。经年累月，他

（作品由王岚创作，李经纬题款，李俊峰提供）

精心研习《黄帝内经》《难经》《伤寒论》《金匮要略》这样的经典医著，对很多医学理论的来源有了解。又通过仔细阅读历代诸家医论，比较各家异同，对医学各科有了广泛的涉猎和较为深入的认知。偶然间，他读到明代医家吴有性所著的《温疫论》，顿觉不凡，认为该书所论宏阔，发前人所未发，于是更加细心揣摩。可是，他仔细考察书中所提到的各种热病治法后，又觉得这部书的内容略显支离凌乱、驳杂不精，与晋唐时期那些编排精当的医书相比，还有一些差距，由此产生了著书立说的想法。

温病大家

温病是多种急性热病的总称，也是外感热病的一大类，以高热为主症的疫病也属于温病的范畴。千百年来的多次大疫起伏，医家逐渐积累了经验，直至明清之际，温病学迎来了蓬勃发展的鼎盛时期，温病学理论逐渐走向成熟，涌现出许多温病学家，其中吴瑭就是温病学派的代表人物。

吴瑭认为，医圣张仲景所著《伤寒论》为后人树立了用伤寒治疗外感病的范式，后来相当长一段时间无人能出其右。宋金元时期，医家始知其不适用于温病，但此时又没有形成一套治疗温病的完备方法。直到明清之际，才诞生了一些温病相关著作。吴瑭一方面仔细研究这些医家的论著，一方面观察临床中的疾病进展情况，历经十年才觉得有所体悟。在此期间，因缺乏临证经验，生性严谨的吴瑭未敢轻易收治患者，直至京城暴发了一场突如其来的温疫，真正开启了他的行医之路。

很多朋友知道吴瑭对热病很有研究，纷纷劝他出手给百姓治病，这时候很多患者的病情已经十分严重，他抱着尽力一试的心态，没想到却治好了数十人。吴瑭十分感慨，天下苍生何其无辜，不死于疾病，却死于医者之手，有医不如无医。学医不精，还不如不学，这更加坚定了他撰写医书的决心。

著书立说

吴瑭首先采辑历代先贤名医的著述，去掉其中杂乱谬误的部分，取其精微。由于慎之又慎，不敢轻易落笔，又历时六年积累临证经验，方才审慎地写下自己反复思考及验证的内容，整合著成《温病条辨》一书。

成书付梓之前，城中再次暴发了温疫，同乡显贵汪先生催促他赶快把书印出来，也许能及时传播出去，用来救治百姓。吴瑭觉得自己才思不够敏捷，顾虑万一书中方子没有疗效，岂不贻害无穷，罪过甚大。他担心自己本存救世济人之心，却获欺世盗名之罪，但又觉得这部书如果不出版，得失无法见分晓。经反复斟酌之后，于是自谦不揣简陋，勉强成书，意请世人批评指正。

出乎吴瑭意料的是，他的著作一经问世就受到医学界的广泛关注，后来翻刻重印达数十次之多，王士雄等温病大家纷纷出了评注本。直至今日，《温病学》教材也很重视该书的理论，选取了诸多内容。

温病重典

《温病条辨》的可贵之处在于建立了完整而系统的温病学理论体系，尤其创造性地提出温病的三焦辨证纲领。按照三焦即上焦、中焦、下焦划分，分别对应人体心肺、脾胃、肝肾。上焦，也就是心肺有病得不到治疗就会传到中焦脾胃，中焦、下焦以此类推，从而说明温病的发生发展规律，阐明温病的治疗原则，补充和完善了之前叶天士提出的温病卫气营血辨证的不足。这两种辨证纲领相得益彰，使温病学的辨证论治体系更加完备。

《温病条辨》中将温病分为风温、温热、温疫、温毒、暑温、湿温、秋燥、冬温、温疟九种，纲举目张，确立了很多温病名称，说明了温病是多种外感热病的总称，规范了温病的基本概念和特征，使后世学者有章可循。在论及具体疾病时，他还详细记载了病因病机、传变规律、诊断、治法、禁忌、方药等，重视描述疾病初期症状，让临床医生能有效进行早期诊断，并与伤寒等其他疾病做出鉴别，从而大大提高了疗效。

吴瑭对舌诊十分重视，《温病条辨》原文中，舌诊的内容占了全书篇幅的近三分之一，这也被视为吴氏在温病诊断方面的特点。他发现很多疾病虽说症状相同，但舌象表现不同，则治疗用药相去甚远。而且舌象还可用来预判疾病最后的走向，因为患有温病时，人体津液存亡至关重要，故舌润则很可能病愈，舌燥则是凶险之象，生死存亡全可体现于舌。他见微知著，细心体察，不受旧学桎梏，发现了舌诊这一有效的温病诊断手段。这一诊断手段至今仍被中医临床家所重视。

王清任

王清任（1768—1831），字勋臣，直隶玉田县（今河北唐山玉田）鸦鸿桥河东村人。王清任是清代一位有胆有识、具有革故鼎新思想的杰出医学家，是古代医学界的一股清流。其所撰《医林改错》纠正了许多古人脏腑形态认识的错误，创造性地总结了活血逐瘀法则。研究清代学术最有影响力的学者梁启超在《中国三百年学术史》中概述清代医家的学术成就时，对绝大部分医家均一笔带过，却特别指出："唯有一人不可不特笔重记者，曰王勋臣……所著书曰《医林改错》，诚中国医界极大胆之革命！"

医学界的一股清流

清末民初，西方医学开始源源不断地传入中国，建立在精准解剖知识上的人体观和医疗观逐渐对中国的传统医学产生巨大冲击。人们在对比中国古代解剖学历史时惊讶地发现，清代医家王清任在西方解剖学进入中国前，已经开始深入探析人体脏腑的解剖知识。

王清任出身于书香门第，有良好的文化素养，并且自幼习武，是武庠生。王清任青年时考取武秀才，后来通过捐资得千总衔（武略骑尉）。他为人磊落，耿直不违，好打不平。任职千总期间，因不满玉田县知县

（作品由张猛创作，李经纬题款，李俊峰提供）

推行“官桥官渡”制度，蛮横收取百姓过桥渡船费，便带头为民请愿，抵制收费，结果得罪了县太爷。最后，遭知县陷害，被迫远离故乡，常年在京津一带行医。后来，王清任在北京开设药铺“知一堂”，渐渐在京师小有名气，又为公卿所推许，尤其与四额驸（驸马）那引成交好，并结为异姓兄弟。道光十一年（1831年），王清任病逝于四额驸府中。由于客死异乡，王清任毕生著述散失殆尽，只有《医林改错》一书流传了下来。

《医林改错》并不是教人治病的书，而是一本记录脏腑形态的著作。王清任提出：“古人曰：‘既不能为良相，愿为良医’，以良医易而良相难，余曰不然，治国良相，世代皆有，著书良医，无一全人。”为什么王清任不认同古代医书还要自己写一本关于脏腑形态的书呢？原来，王清任发现经典医籍中记载的脏腑形态存在诸多错误，他觉得，如果医者连脏腑形态都没搞清楚，那诊病岂不是痴人说梦？治病何异于盲人夜行？为了观察脏腑形态，王清任曾去乱葬岗观察暴露在野外的尸体。他30岁时，恰逢河北滦州（今河北滦州）小儿痢症流行，很多病死小儿因家贫只用竹席裹埋。由于当地流行不深埋小儿尸体的乡俗，尸体多被野狗拖咬得内脏外露。王清任不嫌臭秽，每天都去观看小儿尸体的脏腑形态。后来，他在奉天和北京时，还找机会去刑场偷偷观察刑尸及其内脏三次，以了解人体脏腑结构。经过长达40多年的观察和研究，王清任把所观察到的人体脏腑形态绘制成《亲见改正脏腑图》，连同相关医学论述，著成《医林改错》。

改对了还是改错了

有些人评价王清任的《医林改错》是“医林改错，越改越错”。那么，《医林改错》到底改对了什么？又改错了什么呢？

《医林改错》的著书目的就是要纠正古医籍的错误，所以，王清任先列出了“古人所绘脏腑图”12幅，包括肺、大肠、胃、脾、心包络、心、小肠、膀胱、肾脏、三焦、胆、肝。后又列出了自己绘制的《亲见改正脏腑图》13幅，进行对比修正。他根据亲眼所见，描述了颈总动脉、主动脉、腹腔静脉及全身血管中动、静脉，还描述了大网膜、小网膜、胰腺、胰管、胆总管、肝管、会厌及肝、胆、胃、肠、肾、膀胱等的形态和毗邻关系。其中，王清任观察到肺有两叶，光滑无孔，改正了前人关于肺有六叶两耳、二十四孔的错误说法；还纠正了古人关于肝脏是左三叶、右四叶的说法，认为肝有四叶，大面向上，后连于脊，胆附于肝右第二叶，接近现代解剖学中肝为左右两叶、上界合于膈穹隆、后缘贴于后腹壁的说法；他明确指出灵机记性不在心而在脑，而且脑有支配人体运动系统的功能；此外，王清任还是中国医学史上第一个区分动脉和静脉的学者，对动静脉的描绘和区分完全符合现代医学认识。

一方面，从现代解剖学的知识来看，由于王清任所处历史条件的限制，他所观察到的人体脏器解剖形态确实存在着许多错误，这也是后世医家批判他“越改越错”的原因。例如：王清任将人体主要动脉称为“气总管”及“气门”，认为动脉内流动的不是血液而是气，将人体的主要静脉称为“荣总管”，认为血液及营养等靠这些“荣总管”供应，这显然是错误的。另一方面，王清任对脏腑形态和功能的描述，颠覆了传统医学中“肝藏血”“肾藏精”“三焦”“心主神明”等经典理论的认识，其观点与传统中医理论产生了矛盾。尤其，自秦汉时期起，解剖学对于中医学来说虽不可或缺，但作用非常有限，尽管王清任发现了动静脉、胰腺等器官，但这对整个中医理论体系的构架和概念并没有产生动摇和影响，传统中医学理论并不是建立在解剖学基础上的，这也是当时有人不认同并拒绝接纳王清任观点的原因。

丰富中医瘀血理论

尽管有人批判《医林改错》中的错误之处和离经叛道的观点，但这部书在王清任死后的120年间再版了40次之多！

其实，大家接纳并重视《医林改错》的原因是它所载治方的神奇疗效。王清任在《医林改错》中提出了著名的“气血学说”和“瘀血学说”，并创造性地总结了活血逐瘀法则，丰富了中医治疗学的内容。王清任认为，气与血皆是人体生命的源泉，但同时也是致病因素。不论是外感，还是内伤，人体损伤的原因都是伤于气血而非伤于脏腑。而且，气有虚实，实为邪实，虚为正虚；血有亏瘀，亏为失血，瘀为阻滞。他认为瘀血是由于正气虚而推动无力造成的，所以血瘀证皆属于虚中夹实。由此，王清任提出“补气活血”和“逐瘀活血”两大法则。

此外，根据《黄帝内经》中“血实宜决之”的观点，王清任提出了活血八法，并根据身体不同部位的瘀血创立了 22 首活血化瘀的方剂，如治疗头面、四肢、周身血管血瘀的通窍活血汤，治疗胸中血府血瘀诸症的血府逐瘀汤，治疗肚腹血瘀之证的膈下逐瘀汤等。针对半身不遂、口眼歪斜、抽风、痘疹、痹证、癫狂、痫证等 50 余种病症，王清任总结了自己的诊治经验，创制了诸如补阳还五汤、止泻调中汤、保元化滞汤、助阳止痒汤、黄芪桃红汤、癫狂梦醒汤等治方，大大丰富了中医瘀血理论和活血化瘀法的临床实践。

王清任学术观点的孰是孰非应交予历史来判断，我们不能站在今天的立场上去质疑古人的是与非，反之，我们应该对王清任大胆质疑古人的革新精神肃然起敬！

吴其濬

清代杰出植物学家吴其濬的陵墓位于河南固始县城西南的汪棚乡大皮村。陵墓正门大匾上写着“状元公馆”四个大字，旁有道光二十六年十二月十九日宣宗旻宁为吴其濬颁发的恤赐祭葬上谕：“山西巡抚吴其濬由翰林院入直南书房，洊跻卿贰，外擢巡抚，学优守洁，办事认真，兹闻溘逝，殊深轸惜，著加封赏，加太子太保衔，照巡抚例赐恤，寻赐祭葬。”由此看来，状元、巡抚、植物学家，这些身份应是吴其濬一生的缩影。

状元及第　学优而仕

吴其濬（1789—1846），字季深，一字瀹斋，别号吉兰，自称雩娄农。吴其濬出身官宦世家，吴氏乃当地望族，家住固始县城关，当地人称为状元府。吴其濬父辈及叔伯兄弟 11 人中共出了 6 名进士。父亲吴烜官至礼部右侍郎，胞兄吴其彦官至礼部侍郎。在“一门皆鸿儒”的世家风骨熏陶下，吴其濬自幼受到良好的教育，聪慧好学。他于清嘉庆十五年（1810 年）为顺天乡试第 31 名举人，后通过捐纳被授为内阁中书。清嘉庆二十二年（1817 年）丁丑参加会试，中试第 231 名，殿试升为一甲一名进士，成为清代河南省唯一的状元，被授予翰林院修撰。道光元年（1821 年）充实录馆纂修官。在此期间，吴其濬父子三人均为朝廷效力。

（作品由唐秀玲创作，李经纬题款，李俊峰提供）

清嘉庆二十四年（1819 年），他和兄长共同主持科考，一度被翰林院称为佳话。

归乡守孝　耕读传家

1821 年秋至 1829 年间，吴其濬父亲、兄长、母亲等人的相继病逝，令其悲痛万分。在家乡丁忧守孝期间，吴其濬寄情于田园。不同于时隐时仕、归隐自然的陶渊明，亦不同于不媚俗世、修道山水间的孟浩然，吴其濬的田园生活充满了少志得酬的慰藉之情。据固始民间流传，自幼聪明的吴其濬因少时未解仙人掌是否开花结果的问题，一直耿耿于怀，于是立志深研植物学。嘉庆二十四年（1819 年），吴其濬任广东乡试正考官期间，适逢广柑上市。他在品尝之余，深入到柑橘园实地考察，探讨繁殖育种的栽培技术，并购买了千株幼苗移栽家乡，经嫁接后取得成功。在他待客品尝之时，兴致勃然告乡里："淮河之滨不宜种桔，非不可能也，乃气候矣。"或许正因此机缘，令他感受到亲身实践的重要性。同年，便在家乡固始县城东建立了中国古代第一个以科学研究为目的的植物园，取名"东墅"。为了将其经营完善，他阅读了大量古代植物学方面的书籍，在此基础上总结了植物培养的经验，钻研植物种植和培育实验，自此过上了"种桃八百株，栽柳三千株""编槿为篱，种菜数亩"的恬静生活。据《固史县志》记载，东墅门前曾有一副对联曰："荒地十亩亦种奇花亦种菜，茅屋数间半藏农具半藏书。"可见吴其濬在东墅生活的九年中，不仅亲身耕种，潜心研究植物，还不忘读书立著，秉承了元祖耕读传家之志，其自谦"雩娄农"，实至名归。

封疆之臣　心系草木

如果说东墅植物园的躬耕生活是吴其濬观察植物乃至成为植物学家的重要经历，那么宦游天下的从政之路，则为他的植物学研究带来了更多机遇。

道光九年（1829年），吴其濬进京补官，相继任教习庶吉士、擢南书房行走、提督湖北学政、擢鸿胪寺卿等职，于道光二十年（1840年）起，官途遍布湖北、湖南、浙江、云南、福建、山西等地。无论走到哪里，他随时留意身边植物的身影。通过体验各地风俗民情、生活习惯，吴其濬深刻意识到植物学的重要性，他曾有言："先王物土之宜，务封殖以宏民用，岂徒入药而已哉！衣则桑麻，食则麦菽，茹则蔬果，材则竹木；安身利用之资，咸取给焉。群天下不可一日无，则植物较他物为特重。"为了能够正确认识植物用途，使之为民所用，吴其濬利用公务之余采集植物标本进行试验，并记录植物性能。在赴山西途中，为了弄清当地党参的性状，纠正民间医生的错误，揭露药市售伪的现象，他派人采集植物标本，亲自观察和品尝药苗性状，得出"颇似初生苜蓿，而气味则近黄耆"的结论。只要条件允许，吴其濬便亲自培育植物。例如他曾移植甘蓝于湘中，发现其久不发芽，不适宜生长；而移植到滇南，却发现其终岁可得，夏秋季尤其肥美。他还把薏苡随手扔到房屋两侧和砖缝中，发现它依旧开花结果，并非难以种植。有时因为季节或环境等客观因素所限，屡次尝试仍无法得到植物标本，吴其濬不免时时挂念，引以为憾。如油头菜一物："岭南之鹾与牢盆，擅薪油盐饴之利，五岭之间一都会也……余屡至，皆以深冬，山烧田菜，搜采少所得，至今耿耿。"由此体现了他对植物研究工作的无限热爱之情。

吴其濬非常注重对原植物的绘制工作，在各地巡视途中也时刻留意草木，并及时对照绘制图谱。他曾于途中偶然发现鬼臼草一株，适遇山民担以入市，花叶高大。因该草生于深山中，北方人少见，他马上绘图留存。另外，当遇到难以鉴别的植物时，吴其濬便将植物形状绘制成图，以便后续考证，从不妄下结论。十分难得的是，他深刻意识到"乡人"要比"士大夫"了解更多植物学知识，曾指出：南方以稻为主食，北方以麦与粱为主食。黍稷是乡下人常食用的主食，士大夫由于不经常食用，而误以黍稷是黄粱米。因此，田野中劳作的老农、圃丁，随处可见的舆台者、樵夫，乡邻间的牛医、草医，乃至走街串巷的小贩商贾，都是他从事植物学研究的良师益友。得益于这种民间调查方法，他收集到大量准确的一手资料。如芜菁，就是我们现在吃的大头菜，很多人认为芜菁就是萝卜，这明显是错误的，只要询问一下老农就可以辨识清楚，这体现了他务实、严谨、求真的科学品质。

著述图考　功垂后世

吴其濬青年时期与植物结缘于东墅——农耕、栽种、阅读、实验；壮年时期与植物接触于山河——考证、采集、记录、制图。这些宝贵的经历为吴其濬在植物学领域谱写炫彩华章奠定了坚实的基础。经多年积累沉淀后，吴其濬的《植物名实图考长编》和《植物名实图考》两部著作应运而生。

《植物名实图考》是具有相当高学术价值的本草学著作。全书38卷，内容涉及植物学、农学、药学、林学、园艺学等方面，共收载植物1700余种，并将药物分为谷类、蔬类、山草、隰草、石草、水草、蔓草、芳草、毒草、群芳、果类、木类等12大类，文中对所载植物的名称、产地、品种、形态、性味、功用均作了详细的叙述。该书收录品种比《本草纲目》增加了519种，书中植物形态图绘制较为精细，且对植物的药用价值，以及同物异名或同名异物的考订特别详细，纠正了前人之误，为植物分类提供了宝贵资料。该书于道光二十七年（1847年）成稿，但遗憾的是，吴其濬未看到著作付梓便卒于山西巡抚任上。一年以后，由继任山西巡抚陆应谷代为刊刻，从而得以流传于世，并备受中外学者推崇。

吴其濬是一位集状元、封疆大臣和植物学家于一身的人。他凭借在治学过程中锲而不舍、求真务实的科学态度，除了在植物学上建树颇丰外，在农业、矿物、水利等领域也成果丰厚，著有《念余阁诗钞》《滇行纪程集》《滇南矿厂舆程图略》《云南矿厂工器图略》《军政辑要录》《奏议存稿》等著作。吴其濬被誉为“希世之才”实乃当之无愧。

王士雄

王士雄是清代后期著名医家，他生于乱世，一生境遇坎坷，但敏而好学，矢志不移，潜心医学，勤于临证，学识过人，著有《温热经纬》，全面总结了晚清以前的温病学说，促进了温病学的发展。他对霍乱的研究精深，著有《霍乱论》《随息居霍乱论》，完善了中医对时疫霍乱的认识，在霍乱流行的当时亦发挥了重要的防病救治作用。

生平坎坷　矢志学医

王士雄，字孟英，小字篯龙，晚年改字为梦隐，又作梦影，号半痴山人、随息居士、华胥小隐、睡乡散人等。居室题名“潜斋”“归砚”“随息”。生于清嘉庆十三年（1808年），卒于清同治五年（1866年），另说卒于1867年或1868年。他的字、号、别称、室名不断变化，这与动荡时局对生活、心境的影响不无关系。王士雄祖籍安化（今甘肃庆阳），后迁至盐官（今浙江海宁）。乾隆年间，因海宁水患，其曾祖父王学权便携其祖父和其父迁居浙江杭州。其母是杭州人，生育王士雄兄弟六人，可三位兄长均幼年夭折，因此他虽然排行第四，却字孟英。王士雄曾祖父希望他将来能与彭祖，即传说中的彭祖同寿，因此命其小字为“篯龙”。

王士雄祖上三世都以行医为业，曾祖父王学权著有《重庆堂随笔》

王士雄像

甲午薛永年题

（作品由王岚创作，薛永年题款，李俊峰提供）

流传后世，可惜王士雄少年时期父亲去世，未能尽得家学真传。母亲独力支撑一家，仅靠父亲遗留的薄产度日，幸得舅舅照顾，勉强维持生计。他自认为不适合做官，不喜欢八股文，故而未习举子业，只是闲暇时浏览史籍、古诗文。后为负担家计，曾去金华盐业当会计。《王氏医案三编·庄仲方序》中提到“父尝诫山人曰：为人必期有用于世。山人志之不忘。因思有用莫如济世，济世莫如良医，遂研究轩岐之学”。由此可见，他受父亲的影响，最终选择了学医这条道路。

王士雄的业医之路并非一帆风顺。王士雄一生历经战乱频繁的嘉庆、道光、咸丰、同治四朝，尤其是咸丰、同治二朝，更是中国局势发生巨变的时期，对外爆发了第二次鸦片战争，内部太平天国运动正如火如荼。当时，王士雄生活行医主要集中于恰是战乱之地的浙江、上海。为避战乱，他只能屡次举家迁居。多番逃难令他穷困潦倒，仅剩一砚傍身。

他在《随息居重订霍乱论》中提到：“携一砚以归籍，然贫无锥地，赁屋而居，或问故，曰：余继先人志耳。乃颜其草堂曰‘归砚’。辑《归砚录》以见志。”虽屡次迁居，居无定所，却贫而不改其志，精研医学，医名渐盛，所到之处登门求医者满室。

著述甚丰　泽被苍生

王士雄虽一生困苦，却笔耕不辍，著有《霍乱论》《随息居饮食谱》《温热经纬》《归砚录》等，辑有《潜斋简效方》《潜斋医学丛书》《四科简效方》等，还整理了许多医学文献，如校订魏之琇《续名医类案》，录其中按语，并加评按，成《柳州医话》；评校徐大椿《洄溪医案》，参订徐大椿《慎疾刍言》而成《医砭》；参订沈尧封《女科辑要》而成《女科辑要按》等。

道光十七年（1837年），江浙霍乱流行，次年王士雄便著《霍乱论》刊行。此时，30岁的王士雄医名已显。他发现流行的霍乱与以往医书中的记载大不相同。《诸病源候论》《三因方》等医籍中均说霍乱原因是风冷，这使医家的思维大受局限，王氏也目睹了许多误治的患者。为对抗霍乱，挽救黎民，他发奋翻阅医籍，潜心研究，发现霍乱有寻常吐泻霍乱和流行性真性霍乱的区别。以往医籍中记载的多为寻常霍乱，往往由于起居不慎，感受风冷，肆意吃冰冷的瓜果等引起，此为“寒霍乱”，不足为虑，早有治法。而真正流行广泛的烈性传染病霍乱是“真性霍乱”，这种多属“热霍乱”，是现代医学所指的由霍乱弧菌引起的烈性传染病。真性霍乱凶猛无比，所到之处常常举家染病并相继死去，蔓延之势令人措手不及。官府虽然采取一系列措施救治，奈何疫情太迅猛，一时间忙乱不堪。因亲历惨况，不忍生灵涂炭，王士雄很快著成了《霍乱论》，以广其说。后旅居上海时，正值霍乱猖獗，他又将原书重订，更名为《随息居霍乱论》。书中对霍乱的病因、病机、辨证、防治加以辨析，根据自己的临床经验，总结出一套遣方用药方法。曹炳章在《中国医学大成总目提要》中称赞这部书“实为治霍乱最完备之书”。医家依照他的方法治疗，常常收效显著。王士雄为霍乱疫情的控制做出了重要贡献。

在食疗养生方面，王士雄提倡充分发挥食物“处处皆有，人人可服，物异功优，久服无弊”的长处，著有《随息居饮食谱》，该书有关药食两用的记载中非常值得后世参考。他将饮食原料分为水饮、谷食、调和、蔬食、果食、毛羽、鳞介七类，几乎涵盖了生活中所能涉及的种类。他引用《中庸》之语，强调“人莫不饮食，鲜能知味也”。因此，在学习前人食疗理论的基础上，通过亲自品尝、比较、总结食物的性味，积累了丰富的经验，详细记载了 326 种食物的防病、治病功效。他指出，有的食物单味就可代替药物，例如梨汁为“天生甘露饮”，具有润肺、养阴、濡燥之效，应推而广之。书中不但广纳前人之论，吸取民间验方，还以其亲身实践为依据，提出新的食疗方法，推动了中医食疗理论的发展。如书中介绍苋，首先谈到原物具有补气清热、明目滑胎、利大小肠的作用，遇蛇、蜂、蜈蚣蜇人时，可捣苋汁服，渣敷患处，之后又摘录徐大椿验案，曰“尝见一人头风痛甚，两目皆盲，遍求良医不效，有乡人教用十字路口及人家屋脚边野苋菜，煎汤注壶内，塞住壶嘴，以双目就壶熏之，日渐见光，竟得复明”，以说明采用苋煎汤热熏法可治好目盲。最后又谈了自己的认识：“本草苋通九窍，其实主青盲明目。而苋字从见，益叹古圣取义之精。”

博采众长　温病大家

王士雄著述甚多，尤以《温热经纬》一书流传最广，影响最大。此书以《黄帝内经》等医经论述为经，以叶天士、薛雪等人的论述为纬，集温病学说之大成。书中关于温热病的病因病机理论多源于《黄帝内经》《伤寒杂病论》，治疗理论多取自叶天士，风温病证治多取自陈平伯，疫病论治取自余霖，可谓广采众家之长。同时，该书以按语的形式表达王士雄自己的观点，对前人论述有所阐发。与他人不同的是，王士雄对《素问·热论》中的“今夫热病者，皆伤寒之谓也”并不认同，他认为伤寒和温病是两种不同的病。在对温热病病因的认识方面，他归结为外感温邪与伏气致病两点，并指出两者的传变方式也有很大不同。在尊经崇古的思潮下，他能对《黄帝内经》中的理论进行思辨，实在难能可贵。

《温热经纬》承前启后，对温病学进行了较系统的整理，融合了伤寒学说和温病学说。书中王士雄结合自身临床经验，创建了一系列温病论治方法，完善了温病学说。该书一定程度上反映了晚清温病学说发展的水平，是学习温病诊治的重要参考书。该书对前人的认识深入，又包含许多独到见解，故而传播非常广泛。《温热经纬》自刊行以来，已被反复刊刻传抄数十次，足见其在温病学发展中具有的重要学术价值。

唐宗海

吾乡唐子令来宾，喜无同年劝缴凭。罗城咫尺芳规在，清官有谱知相承。老桑怕夺柳州席，掀髯一笑岂所朋。况子活人有奇术，馀事亦并荆关称。我帆南溟上罗浮，阳朔山水到未曾。政嫌试写象州山，寄将无惜墨一棱。

——《送唐融川大令宗海之任来宾》

此为唐宗海赴任广西来宾知县前，“戊戌六君子”之一的刘光第赠予他的一首送别诗。诗中除饱含刘光第对同乡友人的惜别之情外，还表达了对唐宗海到任后成为一名清正廉明、爱民如子的官员的无限期许，同时盛赞唐宗海“活人有奇术”的高超医技。唐宗海是谁？是何缘故，让身为官员的他在医学方面也有了惊人的造诣，令素有“高洁独行”之称的刘光第为之赞叹？

唐宗海（1847—1897），字容川，又作蓉川，四川彭县（今四川成都）人，祖籍江西，祖上于清初入蜀。唐宗海善治血证，汇通中西。在西学东渐的独特历史时期，唐宗海发扬祖国医学，提倡中西医汇通，是中西医汇通的早期代表人物，他的学术思想对新时期的中医药事业有重要启迪作用。

（作品由何馥君创作，邵大箴题款，李俊峰提供）

一朝登科列二甲

唐宗海自幼天资聪颖，随广汉的李本生习文，后又从新都名宿王利堂习理，勤奋好学，经史书画无一不通。16岁开始接受学堂教育，学有益进。虽然少年时家道日渐衰落，但唐宗海母亲却非常贤明，不允许他辍学，最终完成学业。

光绪十一年（1885年），他考中举人，其学识与人品为人所重，至此名闻三蜀，居家筑室授徒，各地前来求学者常数十人。光绪十五年（1889年），他考中进士，名列二甲，任礼部主事。光绪二十二年（1896年），唐宗海在京候补，后授广西来宾知县一职。然而，唐宗海虽步入仕途，但被人广为传颂的功绩却在医学方面。

治疗血证效立现

因父亲体弱多病，唐宗海自觉为人子者不可不知医，故在习举子业期间开始涉猎医学。同治十二年（1873年），其父骤得吐血之证，继而又转为下血，唐宗海查阅医书，施治罔效，又延请名医，仍无所得。数年后父亲病故，丧父之痛促使他下定决心精研岐黄之术。通过学习《黄帝内经》《难经》《伤寒论》等经典医籍，唐宗海博采各家之长，触类旁通，终豁然心有所得，逐渐总结出一套治疗血证的方法。光绪五年（1879年），妻子冯氏亦患血疾，唐宗海亲制方剂治愈妻疾，自此声名远播。于是，慕名而来的患者络绎不绝，唐宗海均一一诊治，哪怕是急症患者半夜求诊，仍然披衣辄往，未尝告倦，且不计资酬。稍有积蓄，他还常常周济亲族、邻里。也许正是因为有这些经历，才让举业为志的唐宗海发出"大丈夫不能立功名于天下，苟有一材一艺稍足补救于当时，而又吝不忍传陋哉"的慨叹，表达了自己将致力于悬壶济世的雄心壮志。他在继承中医传统理论的基础上，不断钻研医学知识，并有所创新发展。他以长期临床实践为基础，围绕血证为核心加以详细阐述，撰成了《血证论》八卷，弥补了此前血证理论和临床证治的空白。该书详列各种血证的辨证施治，尤其提出了治疗血证之“止血、消瘀、宁血、补血”四法。在治疗方针上，他通过总结临床经验，根据脏腑的生理功能和气血特点，强调应以调气和血为主要原则。这种思路被后世医家所遵奉，并广泛运用于内、外、妇、儿各科。

周游各地医名显

光绪十四年（1888 年）起，唐宗海通过以医会友的方式，在上海、北京等地开展医事活动并游学往来。同年秋季，唐宗海抵达上海，与四川夔门（今三峡瞿塘峡的西部入口地）名医邓云笠及其弟邓其章交往。邓氏称赞唐宗海：“时每有疑症，问之辄应如响。凡人身脏腑经络……其谈三焦，更能发人所未发……章不能疗者，一经唐宗海诊治，沉痼顿除，人俱惊为神奇。”同在上海行医的邓其章曾遇难证一例，束手无策，延请唐宗海诊治，一经用药，沉痾顿除。这一妙手回春之举，使上海医界为之震动，邓氏更对其十分钦佩，奉之为“津梁”。光绪十六年（1890 年），唐宗海赴京，他将所著《血证论》出示于众，医者皆折服，之后闻名于京师，求诊者络绎不绝。当时，总理衙门总办陈兰秋前来求诊，唐宗海见此人皮肤干燥粗糙得像鱼鳞一样，小腹微痛，前阴缩小，漏尿，大便不通畅，右耳硬肿如石，于是诊断为肾系之证。陈兰秋一听，勃然而起，说西医也断定病在腰背筋髓内，割治了三次还不能止漏，无药可用，先生你是不是也没办法了？唐宗海耐心地解释道，西医只知道病在腰，但你耳朵为什么肿，大便为什么不通，他们能说出原因么？陈兰秋一想，的确如此。唐宗海接着解释说，肾即命门，连着三焦，三焦经络绕着耳，所以耳朵肿，肾开窍于二阴，所以大小便都有问题，随即开了方药，陈兰秋不久便康复了。

著书立说汇中西

晚清，时值西学东渐，社会各界对此众说纷纭，褒贬不一。他们或竭力要求抵制西医，以正中医之名；或主张以西医取代中医，以顺应时代潮流。唐宗海常年往复游学各地的经验使他逐步认识到西医的先进之处。他率先提出“中西汇通”一说，认为中西医各有所长，西医长于“形迹”，中医长于“气化”，主张“去彼之短，用彼之长，以我之长，益彼之短”，达到“不存疆域异同之见，但求折衷归于一是”的目标。在汇通中西医思想的指导下，他编写了《中西汇通医经精义》《伤寒论浅注补正》《金匮要略浅注补正》《本草问答》四书，连同《血证论》，于1894年由上海袖海山房合印成书，名曰《中西医汇通医书五种》。

《中西医汇通医书五种》是一部在中国医学的历史发展进程中试图汇通中西医学的早期论著。谢利恒曾评价道：“唐氏容川著中西汇通五种……不无牵强附会，然能参西而崇中，不得新而忘旧……不可谓非吾道中之先知先觉者也。”可见，尽管由于时代及科学水平所限，唐宗海某些观点难免有失偏颇，但他敢于大胆引用西医的知识来印证、解释中医的革新精神实属可贵。与此同时，唐宗海中西汇通的思想及著作更对中医学术的发展起到了一定的促进作用，如中西医汇通学派代表人物之一的张锡纯便深受唐宗海《中西医汇通医书五种》的影响，张锡纯曾言：“细阅一过不觉欣喜欲狂……自见此书后，觉灵明顿开，遂撰《医学衷中参西录》，自一期续至七期莫不本斯书以推衍之。”张锡纯据此撰写出的《医学衷中参西录》一书，成为影响广泛的中西汇通著作。

张锡纯

生石膏是一味中药，具有清热泻火、除烦止渴的功效；阿司匹林是一种西药，具有解热镇痛的作用，这两种药物看似毫无关系，尤其在近代西医刚刚传入中国时，中西药之间似乎有着不可逾越的鸿沟。第一个大胆跨越这个鸿沟的医家就是近代中医学界泰斗——张锡纯。张锡纯不拘一格，将中西药原理互参，尝试在临证中将中西药物共用，被誉为“实验派大师”，他也是近代中西医汇通派的代表人物之一。

笃学不倦

张锡纯（1860—1933），字寿甫，河北沧州盐山人。张锡纯祖上累世业儒，在当地颇有名望。“济世利天下”是儒家对人生最高理想的期许。由于医药的社会功能与儒家经世致用的思想比较接近，自古以来，儒生们便把从医作为仅次于求仕的人生选择。正因如此，张锡纯的祖父定下了“读书之外，可以学医”的祖训。自幼受父亲教导，张锡纯在熟读经史百家以外，又兼习医学。他天资聪颖，十多岁就能写一手好诗。在父辈的期许下，张锡纯一心准备参加科举考试。然而，接连两次科考失败使他感到非常沮丧，直到 33 岁，他依然只是个秀才，只好在私塾里教孩子们读书写字。张锡纯不甘心自己而立之年仍然一事无成，他看到

張錫純像

甲午 李经纬题

戊戌年夏月三行繪

（作品由杨斌创作，李经纬题款，李俊峰提供）

穷苦大众经常缺医少药，被疾病困扰，于是开始利用业余时间苦读医书，立志要成为一名济世活人的苍生大医。

西学东渐之际，张锡纯开始接触到一些西方科学，并对这些知识产生了浓厚兴趣。他自学了化学、生物等西方科学。1904 年，中国废科举，兴学校，张锡纯彻底放弃科考，并通过自学成为盐山县唯一一位可教代数和几何学的教员。同时，他依然坚持自学医学，利用业余时间从事临床实践。19 世纪中期的医学界，中西医俨然对峙，各分壁垒，一方面，崇尚维新者侈谈西学，视中医如草芥；另一方面，一些中医界的人顽固守旧，排斥西医学。在西方科学思想的冲击下，中医药受到质疑，甚至被否定。在这种时代背景下，张锡纯对传统中医学进行深刻反思的同时，将西方医学的理论与方法运用于中医学中，萌发了汇通中西医的思想，并开始撰写《医学衷中参西录》。

汇通中西

辛亥革命以后，德州驻军统领黄华轩十分欣赏张锡纯的医术，邀请他到军队里做军医正。张锡纯欣然从军，开启了专业行医的生涯。担任军医期间，他辗转于武汉、邯郸、邢台、德州等地，其精湛的医术受到军中上下的一致尊重。后来，奉天税捐局局长齐自芸在看过《医学衷中参西录》后，将书中的一个方子推荐给一位朋友，以治疗其妻的癥瘕。结果，患者服药后疾病竟慢慢好了。齐自芸对张锡纯十分敬佩，他找到了大帅府的秘书刘尚清，提出把张锡纯请到奉天来。1918 年，刘尚清在奉天乡绅及天地新学社的资助下，开办了我国最早的中医院——奉天立达中医院，并请张锡纯担任院长。在担任院长期间，张锡纯提倡中西医合作。他在西方医疗的管理模式下，引进西医诊疗仪器，积极开展中西医汇通工作，将中西医汇通思想付诸实践。当时中国的医院都是西医医院，而且日本人也已经在奉天开办医院，但在张锡纯的带领下，奉天立达中医院治愈的病人越来越多，医院的名气也越来越大。中医院的名声甚至压住了日本医院的风头，这充分证明了中医卓越的临床疗效。

张锡纯勇于探索，开辟了在药理上汇通中西的途径，研制出大量新方剂。阿司匹林作为一种强有力的解热镇痛药物在近代传入中国，按照中医思维，张锡纯将阿司匹林当作解表药来使用。麻黄汤是传统的中医解表方，有很好的发汗作用。有一次，张锡纯给患者开麻黄汤发汗，但是，患者喝了以后还是没有出汗，于是他就在麻黄汤的基础上，加用了西药阿司匹林，开出了“麻黄阿司匹林汤”，在麻黄汤与阿司匹林双重作用下，患者很快就汗出热退，获得了良好的临床效果。在治疗癫痫时，他将西药镇静剂与中药清火、涤痰、理气药相互配合使用。

张锡纯是最早接受并使用西药的中医，他提出：“西医用药在局部，是重在病之标也；中医用药求原因，是重在病之本也。究之标本原宜兼顾。”在临证中，张锡纯从不故步自封，永远敞开大门，吸收新的研究结果。他是近代中医界中西药并用的第一人。

教书育人

近代以来，学校教育逐渐成为医学教育的主流。然而，中医教育始终没有被列入正规的教育体系中，中医高等教育更是长期缺失。为此，中医界同仁进行了不懈的探索和努力，积极筹办各种中医学校，编写中医各科教材及讲义，以传承中医、培育人才。

1926年，已经73岁高龄的张锡纯在天津悬壶之际，设立国医函授学校，开创了中医函授教育的先河。为改变历代中医传承中“人自为师”“家自为政”的旧式教育模式，张锡纯将西医教育理念和教育模式融入中医函授教育中，他曾经说过：“吾老矣，今将未了之事，托诸函授，四年之后，吾门中必有人才辈出，以行吾志，则可息影田园，乐吾天年也。”创办中医函授学校就是要发展壮大中医人才的队伍，使中医后继有人。为了建好国医函授学校，他白天省病诊疾，夜晚撰写教材、回复学生的信件，同时还亲自担任教务，制定国医函授学校的各项章程与课程科目。

为了培养出高水平的中西医汇通人才，他在函授教材中引入西医学知识，如《药物学讲义》。这本教材就是《医学衷中参西录》中第四期的内容，它的前四卷是“中药解”，记载了70味常用中药；第五卷是“西药解”，记载了45种西药。张锡纯结合自己的临床体会，在书中讲述中西药的药理知识和使用经验，阐述了很多新观点。国医函授学校学生众多，虽然大部分人都没有亲眼见过张锡纯，但是，通过书信问答沟通，张锡纯的名声早已传开，因为所有来信和问题他都会一一亲自回复，尽心尽力解答。由于年事已高，加上日夜操劳，积劳成疾，张锡纯于国医函授学校开设的同年不幸病逝。张锡纯对中医教育的贡献是巨大的。他在天津培养学生500余人，遍及全国各省市，桃李满天下。

在那个青黄不接的年代，张锡纯为中医后继人才的培养做出了贡献，为中医流传保留了火种。他的学术思想遍及大江南北，远播东南亚，被誉为“轩岐之功臣，医林之楷模”。他所编写的讲义为后世中医教材的编写提供了范本。

70位中医药名家画像的诞生

2006年年底的一天，我与几个年轻中医大夫和画家朋友在一起畅聊中医时，我们突然不谋而合地有了这样一个想法——要创作中医药发展史最具代表性人物的标准肖像，如扁鹊、华佗、张仲景、孙思邈、李时珍等，用中国画的方式将他们展现出来。大家都认为这是一件非常有意义的事，于是便开始了这项艰辛而漫长的创作工程——“中国中医药发展史代表人物标准肖像绘制工程”。

古人讲“十年磨一剑”，“中国中医药发展史代表人物标准肖像绘制工程”从萌生计划到四处调研史料，再到描绘创作、反复评审，最终制作完成，整整历时15年，涵盖代表人物70位。我记得工程在完成不足1/3时，国医大师邓铁涛老先生鼓励沉不住气的我，说：“你的年龄还不到我的一半。”是啊，我还有时间，回首过往，我觉得自己初心如故。

2015年12月5日，我去广州看望邓老，向邓老汇报中医工作时，他谈到“二十一世纪是中医腾飞的世纪”。我说：“要实现中医的腾飞，要靠一个又一个具体的项目。”我认为，“中国中医药发展史代表人物标准肖像绘制工程”就是为中医腾飞之路添砖加瓦。

肖像绘制工程推进过程中，发生了太多事，一件件、一桩桩，历历在目，让我终身铭记。项目费心最多的各领域最权威的专家，一位是中医界医史泰斗李经纬老先生，另一位是历史服饰界总顾问黄能馥老先生，还有一位是美术界总顾问薛永年老先生。正是有了这三位顾问对项目的

认真、严谨、用心，才让如此恢宏、史诗般的作品有机会展现给世人。

记得李经纬老先生病重初愈，我把扁鹊画像拿给他审阅，李老激动地一把抱住了我，竖起大拇指说："俊峰，你做的这是一项顶天立地的工程！"这是九死一生后家人重逢的欣喜。首都师范大学美术学院院长孙志钧教授在创作中华民族的祖先、中华医学的始祖——轩辕黄帝像时，为了更接近、更还原史实，不惜第二次创作，连夜绘制，呈现出了让大家都满意的画卷。当我带着轩辕黄帝像专程去广州给邓老看时，邓老既高兴又认真，还严肃地对我说："你也是中华民族的子孙！"这是邓老对此项目的认可和肯定。此后，每当想起这句话的时候，我心中都燃起一种使命感。"人民英雄"张伯礼院士对中医药文史有着精深的研究，创作过程中我给他邮寄了很多画稿，每一幅画稿他都审得细致入微，他对中医的热爱与执着追求，将永生振奋鼓舞着我。

对中医深入研究的中国社会科学院老哲学家刘长林教授曾对我说："从哲学的角度讲，人生想做到真正的完美是不可能的。因此，追求完美人生的人会很辛苦，会比其他人付出更多。"是的，不是每一份付出都会有收获，但每一次收获都必须付出努力。只要坚持，持之以恒地奋斗，多么伟大的梦想都是可以实现的。邓铁涛老先生"专一事，终一生，生是中医人，死是中医魂"，这也是我的心声，我接受短暂的失败，但不能接受放弃，为"中国中医药发展史代表人物标准肖像绘制工程"，我曾竭尽所能，拼尽全力。

付梓之际，中国国家博物馆首展70位医家画像的事也在逐步落实中，之后，将会在国内外各大主要城市进行巡展，并启动"中华民族名医故里寻踪暨道地药材考察、传播中医药学、中医药文化30年工程"的相关活动，希望与大家共同见证。

我在梦想的路上，永不停歇……

李俊峰

2022年5月